Michael Moser, Maria Polinsky (Eds.)

Slavic Languages in Migration

Slavische Sprachgeschichte

herausgegeben von

Michael Moser

Band 6

LIT

Slavic Languages in Migration

edited by

Michael Moser and Maria Polinsky

LIT

Sponsored by the Austrian Science Fund (FWF)

Bibliographic information published by the Deutsche Nationalbibliothek
The Deutsche Nationalbibliothek lists this publication in the Deutsche
Nationalbibliografie; detailed bibliographic data are available in the Internet at
http://dnb.d-nb.de.

ISBN 978-3-643-90328-0

©LIT VERLAG GmbH & Co. KG Wien,
Zweigniederlassung Zürich 2013
Klosbachstr. 107
CH-8032 Zürich
Tel. +41 (0) 44-251 75 05
Fax +41 (0) 44-251 75 06
E-Mail: zuerich@lit-verlag.ch
http://www.lit-verlag.ch

LIT VERLAG Dr. W. Hopf
Berlin 2013
Fresnostr. 2
D-48159 Münster
Tel. +49 (0) 2 51-62 03 20
Fax +49 (0) 2 51-23 19 72
E-Mail: lit@lit-verlag.de
http://www.lit-verlag.de

Distribution:
In Germany: LIT Verlag Fresnostr. 2, D-48159 Münster
Tel. +49 (0) 2 51-620 32 22, Fax +49 (0) 2 51-922 60 99, E-mail: vertrieb@lit-verlag.de

In Austria: Medienlogistik Pichler-ÖBZ, e-mail: mlo@medien-logistik.at
In Switzerland: B + M Buch- und Medienvertrieb, e-mail: order@buch-medien.ch
In the UK: Global Book Marketing, e-mail: mo@centralbooks.com
In North America: International Specialized Book Services, e-mail: orders@isbs.com

Table of Contents

Introduction

This volume is a collection of articles based on presentations given at the conference "Slavic Languages in Migration," which met in Vienna on December 10 and 11, 2011. The conference was organized within Michael Moser's START project "1000 years of Ukrainian language history in Galicia" and generously sponsored by the Austrian Science Foundation (Fonds zur Förderung der wissenschaflichen Forschung, FWF), by the University of Vienna (Universität Wien), and by the City of Vienna (Stadt Wien). The conference was also organized by the Commission for Language Context of the International Committee of Slavists headed by Professor Gerd Hentschel from Oldenburg, Germany, of which Michael Moser is a member. We would like to thank Kathleen Beger, Katarzyna Hibel, Marina Höfinghoff, and Philipp Hofeneder for their assistance in organizing the conference and editing this volume, and Marta Olynyk and Marina Bolotnikova for her help with the editing of the papers in English.

Participants at the conference commented on the broad range of languages discussed and the breadth of viewpoints that were presented. It is our hope that this volume can recreate in part the richness of discussion at the conference, although, unfortunately, not all papers delivered at the conference are included in this book. The conference focused primarily on Ukrainian, but it was also open to the topic of "Slavic languages in migration" more broadly. The prevalence of North Slavic languages has been typical of the project from the outset. Originally, Natal'ja Golubeva-Monatkina would have presented on "Столетний путь эмигрантской русской речи во Франции и Канаде," Gunter Schaarschmidt was supposed to speak on "Doukhobor internal and external migrations: Effects on language development and structure," and L'ubor Matejko was scheduled to deliver a paper on "The Slovak language in emigration and remigration: A story from America;" however, these three scholars were unable to attend the conference. Two contributions on Polish were presented at the conference but not submitted as articles (Roman Laskowski's "Bilingualism of second generation migration minorities and the problem of their national identity"; András Zoltán's "Из языковой истории польской эмиграции в Венгрии. Период второй мировой войны"). Two presentations were devoted to Belarusian: Gerd Hentschel spoke on "Interne Land-Stadt-Migration und die gemischte weißrussisch-russische Rede," and Sjarhej Zaprudski analyzed the "Дискурс о белорусском литературном языке на страницах белорусской

газеты 'Бацькаўшчына' (Мюнхен, 1947–1966)." But the conference's focus on Ukrainian would have been no less visible even if we could have included these articles in our volume. Beyond Ukrainian, the remaining Slavic languages, large and small, standard and vernacular, spoken monolingually and bilingually, and representing different migration patterns, also received close attention from different vantage points and methodologies.

We have attempted to arrange the papers systematically. The first three papers are more general. Paul Robert Magocsi offers an overview of "Slavic immigrant cultures in North America," Klaus Steinke discusses "Sprache und Konfession in der Migration (am Beispiel der Altgläubigen im Osmanischen Reich und der Banater Bulgaren)," and Aleksandr Duličenko presents his theses on "Slavia migrationis как потенциальный фактор создания новых стандартных языков (наброски к теме)." The remaining papers focus on specific languages and migration patterns.

Michael Moser opens the section on Ukrainian with his contribution on "The 'mirror from overseas': The history of Modern Standard Ukrainian as reflected in the North American Ukrainian newspaper *Svoboda* (the early years: From 1893 to the 1930s)." Philipp Hofeneder offers some observations on "Das Bild der Emigration in Galizien," Marina Höfinghoff takes a look at the Ukrainian language in South America in "Ukrainische Emigration nach Argentinien und Brasilien und ihre sprachlichen Folgen," Světla Čmejrková analyzes "Украинцы и украинский язык в Чешской республике," and Oleksandr Taranenko offers his insider observations on "Мовна присутність української західної діаспори в сучасній Україні."

A smaller yet no less intriguing section is devoted to the two "large languages" of the North Slavic sphere, namely Russian and Polish. Irina Dubinina and Maria Polinsky present an up-to-date account of "Russian in the U. S.," and Juliane Besters-Dilger reports on "Russian in Germany: Intermediate results on L1 attrition." Tomasz Kamusella writes on "Migration or immigration? Ireland's new and unexpected Polish-language community," and Katarzyna Hibel offers a view of "Język polski w Izraelu."

Several papers in the volume address general issues of migration and are rich in historical facts (Magocsi, Steinke, Hofeneder, Newerkla). A number of papers combine attention to the past with a view into the future, exploring the new issue of language preservation in multilingual societies, such as Canada (Magocsi), the U.S. (Magocsi, Moser, Dubinina and Polinsky), Europe, with an emphasis on Western Europe (Besters-Dilger, Kamusella, Duličenko, Steinke, Čmejrková), or Israel (Hibel). In a number of these papers, language change is

evaluated through the prism of language history, language policy, and societal attitudes, both from within the immigrant community and from the outside (Hofeneder, Höfinghoff, Moser).

Several papers discuss language contact and its effects on the Slavic languages in contact with English or German, addressing lexical changes and stylistic changes and exploring these changes through the analysis of published sources (Moser, Höfinghoff) as well as everyday speech (Dubinina and Polinsky, Besters-Dilger). However tempting it may be to think that immigrant languages are always on the receiving end of language change, it is important to bear in mind that speakers of these languages are also in contact with the people in their home countries and can therefore influence the language there. This is explored in several papers on Ukrainian that specifically compare the variety of language used in migration and the variety used in the country of origin (Moser, Taranenko).

Another important issue raised at the conference and reflected in this volume pertains to the criteria for identifying a particular linguistic variety as a separate language rather than dialect. This question generally concerns smaller languages, such as the ones discussed in Aleksander Duličenko's contribution. The final determination depends on a number of factors that may carry different weight for different researchers: use of the language in publications, the relationship between the language and national or ethnic identity, and acceptance or rejection in the country of migration. Of course, the identification of ethnic minority groups includes many different indicators of identity, of which language and culture are important but not sole markers. But scholars who are used to the objective criteria of language vs. dialect determination should be cognizant of societal and cultural pressures and should frame their debates in the context of minority group sensitivities and needs.

Language is a vehicle for cultural and literary efforts, and almost all the papers in this volume emphasize the rich culture sustained by Slavic languages. As global boundaries become more permeable due to the internet and the ease of language transmission, cultural traditions of home countries and countries of migration are likely to intertwine and enrich each other. But this is not something that can happen overnight. The road to cultural enrichment has many lanes: connections between home countries and host countries, mutual respect between the two cultures, and acceptance (or, in some cases, rejection—as discussed in the article by Čmejrková) of cultural norms in the host country.

Stefan Michael Newerkla concludes the volume with his article on the "Linguistic consequences of Slavic migration to Vienna in the 19th and 20th cen-

turies." The study suggests that Slavic languages in diaspora have long had a strong impact on the linguistic environment of the former imperial city of Vienna.

Slavic languages are an integral and apparent part of the new, faster moving world of the early 21st century, and it is our hope that the material presented in this volume will stimulate further discussion of these languages and of other language groups in migration.

Vienna, Austria
Cambridge, Massachusetts, USA
9 July 2012   The Editors

PAUL ROBERT MAGOCSI (TORONTO)

Slavic Immigrant Cultures in North America:
The Language Factor

The goal of this essay is to provide a general overview of Slavic immigrant cultures, with a particular emphasis on language and its development among diasporan groups in North America—the United States and Canada. Of particular concern is when and how Slavic languages appeared in North America and by which mechanisms they have been maintained. The level of success in language maintenance differs, depending on whether one speaks the standard—that is, written—or nonstandard form of a given language.

The question of when and how Slavic languages appeared in the New World is rather straightforward. It is the result of the immigration of Slavic speakers from various parts of central and eastern Europe.[1] As long ago as the seventeenth century, individual Slavic speakers made their way to what later became the United States and Canada. Because of the importance of length of residence and, therefore, historical precedence in immigrant countries (Canada even has two "founding peoples"—English and French), it is not surprising that patriotic chroniclers have been especially anxious to emphasize the oldest date possible for the arrival of the "first" person from their particular group.[2] Consequently, it is not uncommon to be told that the first Pole in America may have come on Viking ships or those of Columbus, even before the first documented Pole was recorded among the residents of the oldest British colony in what is today the United States, i.e., early seventeenth-century Williamsburg, Virginia. About the same time, individual Czechs and Ukrainians were allegedly among the first settlers in the Dutch colony of New Amsterdam (today's New York City), and Croat Roman Catholic missionaries among the Spanish colonists along the Gulf of Mexico and in California.

Large-scale Slavic immigration, which resulted in the creation of functioning ethno-cultural communities, is a more recent phenomenon, however. It basically dates from the 1870s and is connected with one of the largest human

---

[1] I deliberately use lower cases for central and eastern Europe, neither of which is a clearly defined specific space.

[2] Facts about "immigrant firsts" and a wide range of information about the Slavic immigrants and their descendants are found in individual group entries in Thernstrom 1980 and Magocsi 1999.

migratory patterns in history. For the next nearly half century until the outbreak of World War I in 1914, the United States, in particular, received the largest number of newcomers in its entire history. As part of what was known at the time as the New Immigration, just during the three decades between 1890 and 1920, no less than 18.2 million migrants arrived on America's shores. Of these, nearly half—7.5 million—were from countries in central and eastern Europe and were primarily Slavic-speakers of various ethnic and religious backgrounds, including Jews.[3] During these same pre-World War I decades, especially after 1900, Slavic immigrants also migrated to Canada although in much smaller numbers, less than four percent of the number who went to the United States.[4] After the hiatus of World War I, the receptivity of those two countries changed dramatically. As a result of United States restrictions (1921 and 1924) directed at southern and eastern Europeans, a much higher number of Slavs immigrated to Canada than to the United States during the interwar years of the twentieth century.

World War II brought another hiatus in migration from Europe. After the war, however, an estimated 350,000 Slavic immigrants entered, roughly in equal number, the United States and Canada as so-called Displaced Persons (DPs) during the late 1940s and early 1950s (Magocsi 2005: 171). Further immigration, whether to Canada or the United States from central and eastern Europe was reduced substantially in the 1960s and 1970s because of restrictions by Communist-ruled Slavic countries against emigration to the "capitalist West". Some restrictions began to be lifted in a few specific cases in the 1970s (Soviet Jews) and the 1980s (for post-Solidarity Poles), but it was not until after the Revolutions of 1989 that a new wave of so-called recent Slavic immigrants were able to leave more easily their home countries and make their way both to the United States and to Canada. By the last decade of the twentieth century, census data recorded a total of 19.7 million persons, immigrants and their descendants, who identified themselves of Slavic heritage—17.4 million in the United States and 2.3 million in Canada.[5]

---

[3] The countries included under the U.S. census rubric "central and eastern Europe" were: European Russia, Austria-Hungary, Romania, Serbia, Montenegro, Bulgaria, European Turkey, and Greece. The data are taken from Carpenter 1927: 324–325.

[4] Canadian census data for 1921 recorded 273,000 persons whose ethnic origin was listed under one of the following rubrics: Czech-Slovak, Polish, Russian, Ukrainian, and Yugoslavic. This figure also includes Canadian born, although the vast majority were immigrants, who arrived for the most part after 1900 (Burnet – Palmer 1988: 42).

[5] These figures are based on US census data from 1990 and Canadian census data from 1991.

The manner in which Slavic peoples have classified themselves and have been classified by the states in which they live has always been problematic. There are differences as well between the classification schemes used in Europe and North America. The primary source of information on the number and classification of Slavic immigrants discussed in to this essay comes from census data collected and published every ten years in the United States and every five years in Canada.[6] Not every census, however, contains information about the ethnic composition of the immigrants (foreign born) or the about ancestry/ethnic heritage of the resident population in either the United States or Canada. Data on language, or more precisely persons of "non-English mother tongue," have also been collected, but this has been done in an even more haphazard manner during the period from the 1880s to the present. For instance, United States census reports for 1900 and 1910 had remarkably detailed data on the mother tongue for two categories of people: "foreign white stock" and "foreign born." Thereafter, the U.S. census collected no data on language until 1970. In that year, it reintroduced the mother-tongue question, but then replaced it in 1980 with a question on ancestry. Since 1911 Canada has published relatively more consistent data on "ethnic origin" and "mother tongue."

Classification of the Slavic groups and language in United States and Canada census data is even more problematic. The recent multivolume *New History of the Slavonic Languages,* published under the auspices of an international committee of Slavists based at Opole University in Poland, distinguishes fourteen languages, with the implication that there are at least that many distinct ethnic/ national groups (Gajda 1996–2004). Aside from the commonly recognized Slavic languages, the Opole project also includes Kashubian, Rusyn (five variants of one language), Sorbian (two variants of one language), and Croatian and Serbian as separate languages. By contrast, the census classification for data on diasporan populations in the United States and Canada is more complex. For example, in 1990–1991 (the most recent comparative data), the United States census data under the rubric for "Slavic" listed 19 ancestry groups but only 7 language groups.[7] Meanwhile, Canadian

---

[6] On the problems of classifying Slavic and other ancestry/ethnic groups in the U. S. census, see Magocsi 1987.

[7] The Slavic language groups listed in the 1990 U.S. census (representing 1,398,000 persons who spoke a given language) were, in descending order of numerical size: Polish, Russian, Serbo-Croatian, Ukrainian, Czech, Slovak, and Slovene.

census data listed under ethnic origin 14 ancestry groups (although not the same ones as the U.S. data) and 12 language groups.[8]

The classifications in both the U.S. and Canadian censuses do not, however, coincide with the Slavic languages in the Opole University project. For instance, there have appeared at various times in the North American census reports the following six generic "ancestry" categories: "Czechoslovaks" (as well as Czechs, Moravians, and Slovaks separately); "Yugoslavs" (as well as Winds and four of the five former Yugoslav "nations"); "Soviet Union" (as well as Belarusans, Carpatho-Rusyns, Russians, and Ukrainians); "Slavic" (an ethnically vague response); "Ruthenian" (which may be Belarusan, Carpatho-Rusyn, or Ukrainian) and "Dukhobors" (who are mostly Russian speakers). On the other hand, authoritative encyclopedic works for Canada and the United States (Magocsi 1999, Thernstrom 1980) do distinguish yet other Slavic-speaking groups, including Bosnian Muslims, Old Believers (primarily Russian speakers), and Wends (Lusatian Sorbian speakers). The point to remember, as with statistical data in general, is that the numbers available for speakers of Slavic languages in North America can, at best, indicate only general trends and relative size relationships between various groups.

What are the mechanisms whereby Slavic diasporas have maintained their respective languages in North America? With regard to written or literary language, the primary mechanism has been through publications, and at least until recently those which are in print form. Among most of the Slavic groups, the two most important types of organizations which they established almost from the very outset of their arrival during the last decades of the nineteenth century were mutual-aid or fraternal societies (also commonly known as brotherhoods) and churches. The mutual-aid societies were designed to provide insurance for their members in case of unemployment because of sickness or work-related accidents causing injury or even death. Virtually every mutual-aid society published a newspaper which was sent to each member, usually as part of his or her membership dues. In this way the various Slavic immigrants had access to information about their mutual-aid societies as well as news about America and their home country in a language they could understand, even if in the case of some groups they were seeing the literary form of "their own" language for the first time.

---

[8] The Slavic language groups listed in the 1991 Canadian census (representing 266,000 "persons who spoke most often at home" a given language at the time of the census) were, in order of numerical size: Polish, Ukrainian, Croatian, Russian, Czech, Macedonian, Serbian, Slovak, Slovenian, Serbo-Croatian, Bulgarian, and Belorusan (Statistics Canada 1992).

Among the oldest and longest lasting newspapers, which usually appeared weekly, several times a week, or even daily, and whose circulation may have reached upwards and beyond 100,000 copies were: the *Amerikanski srbobran* (1906–present) of the Serbian National Federation; *Svoboda* (1893–present) of the Ukrainian National Association; *Zajedničar* (1904–present) of the Croatian Fraternal Union; the *Dziennik Związkowy* (1908–present) of the Polish National Alliance; and the oldest in this group, the *Amerikansky russky viestnik* (1891–1952) of the Greek Catholic Union of Rusyn Brotherhoods. There were also some successful newspapers not connected with any mutual-aid society, such as *Russkoe,* later *Novoe russkoe slovo* (1910–present), and the Polish dailies in Milwaukee, *Kuryer Polski* (1888–1963) and in New York City, *Nowy Świat* (1922–71).

Many of the mutual-aid and privately owned newspapers also operated publishing houses that produced specialized journals, magazines, books, pamphlets, and the extremely popular annual almanacs (*kalendary*). By World War II, and especially in the immediate postwar years, the large number of intellectuals and professionals who arrived in the New World resulted in the appearance of academic and literary publications whose main goal was to provide an alternative voice for scholarly and cultural expression that was not possible in the Communist-ruled homelands. Among the outstanding examples of such publications were: the Russian-language quarterly *Novyi zhurnal* (est. in New York City, 1942—still being published); several Czech literary works by dissidents in the homeland produced by the Toronto-based Sixty-Eight Publishers (est. in Toronto, 1971), and the scholarly books and journals produced by the Shevchenko Scientific Society (est. in New York City, 1947), the Ukrainian Academy of Arts and Sciences in the U. S. (est. in New York City, 1951), the Polish Institute of Arts and Sciences in America (est. in New York City, 1942), the Polish American Historical Association (est. in Chicago, 1944), and the Serbian Historical and Cultural Association Njegoš (est. in Chicago, 1958).

With regard to spoken language, the mechanisms have been much more diverse, ranging from the vernacular used in the private sphere among family members at home, to use in the public sphere in homilies and sermons by priests and ministers in churches, in speeches at civic and cultural events, in broadcasts on radio and television programs, and in school classrooms from the elementary to university level. Apart from one province, Québec in Canada (where in any case there are relatively small numbers of persons of Slavic ancestry), the language of public life and education in all states of the United States and in most provinces in Canada has been English. Therefore, throughout North America

English has been the dominant language with which Slavic speakers have had to interact outside of the family circle.

During the period of massive Slavic immigration before World War I, there were indeed ghetto-like sections of several towns and cities in the north-eastern United States and the for several decades after the war in the so-called block settlements in the prairie provinces of Canada (Manitoba, Saskatchewan, Alberta), where one or another Slavic language functioned in the public sphere. Some Slavic languages even became lingua francas used—or at the very least understood—by people of non-Slavic origin. Whereas such linguistic "islands" continued to exist throughout the interwar years, after World War II they gradually began to disappear largely as a result of ever changing demographic patterns in North America's urban centers. Nevertheless, a few new urban and rural Slavic-speaking ghettos have come into being during the second half of the twentieth century, such as Russian-speaking Brighton Beach in New York City's Borough of Brooklyn (mostly comprised of Soviet Jews) and self-imposed isolated rural communities in Oregon, Alaska, and Alberta (comprised primarily of Orthodox Old Believers). But these are today quite exceptional for the Slavic-American and Slavic-Canadian worlds.

Slavic languages also have been preserved and passed on to the American-born descendants of the immigrants through schools, at least at the elementary and, in some cases, secondary level. In the early phase of immigrant life, from 1890s to 1950s, schools operated by churches (Orthodox but especially Roman Catholic and Byzantine-Rite Greek Catholic) were the primarily vehicles by which a Slavic language might be used in some classes. After World War II, these church operated, or so-called parochial schools gradually discontinued classes in Polish, or Russian, or Slovak, or Ukrainian, etc. and adopted English-only as the language of instruction.

In the 1960s, the United States adopted for the first time laws which were directed at speakers of languages other than English. The Bilingual Educational Act of 1968 focussed specifically on persons with "limited English speaking ability." [9] Although ostensibly serving 70 groups, in fact the law by late 1970s was directed primarily at Hispanic peoples (especially from Mexico) and at American Blacks who were need of learning standard American English. Among the very few Slavic groups to benefit from the 1968 Bilingual Educa-

---

[9] The 1968 Act, also known as Title VII, was actually a series of amendments to the United States Elementary and Secondary Education Act of 1965. For details, see Abigail M. Thernstrom, "Language: Issues and Legislation," in: Thernstrom 1980: 619–626.

tional Act were rural Old Believer communities in Oregon, which received some government financing to teach Russian in state-approved elementary schools.

In Canada, the state has been more favorably inclined to using languages other than English in the public school system.[10] As early as 1897, the Public School Act in Manitoba allowed any school with ten or more children speaking a language other than English to receive instruction in that language during part of the regular school day. By the outset of the twentieth century, there were no less than 100 schools in the province of Manitoba alone with some instruction in Ukrainian. The Polish language was also taught in some schools, but only in two in Manitoba and in two or three in Quebec. When, after 1919, non-English instruction in state-run schools was ended, church-run parochial schools stepped in, in order to continue instruction in some of the Slavic languages, most especially Ukrainian and to a lesser degree Polish.

Beginning in the 1970s, Canada's federal government provided funding for so-called Heritage Language Programs, which were and still are administered by individual provinces. Should 25 or more parents submit a request, instruction in a language other than English or French is allowed in state-run schools, although after normal school hours, either during the week or on Saturdays. The prairie provinces in western Canada developed highly sophisticated pedagogical programs, whether in the form of bi-lingual schools as in Alberta, or in the form of specific classes in an "immigrant" language (amounting to between 20 to 50 percent of the school day) as in Saskatchewan and Manitoba. In particular, the Ukrainian and Polish languages were to be the primary beneficiary of Canada's Heritage Language Program. With regard to Ukrainian, over 9,000 students were receiving instruction in that language by the late 1970s in the three prairie provinces—Manitoba, Saskatchewan, and Alberta. Farther east in Ontario, despite opposition from Anglophone circles to non-English language education, by the early 1990s over 3,000 students received instruction in Ukrainian in state-run schools. At the same time, Polish was being taught to over 8,000 students at the elementary and high school levels. The only other Slavic group to take advantage of Canada's Heritage Language Program are the Croats, although the number of schools and students is much smaller than those with classes in Ukrainian or in Polish.

Slavic languages have also been taught at North American universities going back to at least to the early decades of the twentieth century. This is a

---

[10] The following statistical data is drawn from the entries by Henry Radecki on "Poles" and Frances Swyripa on "Ukrainians," in Magocsi 1999: 1073–1074 and 1299–1301.

complex and rich subject that would require perhaps an entire conference to discuss in any proper manner. Nevertheless, it might be noted here that North American university-level interest in Slavic languages has been quite selective. The vast majority of instruction has been—and still is—in the Russian language. Far behind in terms of courses and students is the Polish language and, smaller still, for what we used to call Serbo-Croatian. The only difference in this overall pattern is the situation in Canada, where Ukrainian replaces Polish and Serbo-Croatian in the number of university-level courses available after, of course, Russian.

Considering the Anglophone nature of most of North America, it is not surprising that all languages brought by immigrant populations, whether in their written form, and most especially in their spoken form, were inevitably and eventually quite heavily influenced by English. Not only do English calques and loan words abound in all the written and spoken Slavic languages found in North America, even syntax and pronunciation has been influenced by English. The result, of course, is that a native Slavic speaker from the European homeland can detect immediately if his or her language is being spoken by someone who has lived for even a relatively short time, or who was born in North America. On the other hand, it is not easy to distinguish, for example, an American speaker of Ukrainian from a Canadian speaker of Ukrainian, since both have been equally influenced in their Slavic speech patterns by English.

Another topic of interest is what might be called North American anomalies. One such anomaly has to do with the existence in North America of certain Slavic languages, which in the European homeland either have never existed in a sociologically complete form, or have died out in the course of the twentieth century. We know, for instance, that texts written in East Slovak dialects flourished in the wake of the Protestant Reformation, in what was then the northeastern Hungarian Kingdom, but that they were superceded by central Slovak dialects, which served as the basis for the modern literary language formed in the mid-nineteenth century. Nonetheless, the first newspaper for Slovak immigrants in the United States appeared in the East Slovak Spish dialect (*Amerikanszko-szlovenszke noviny*, 1886–89).[11] Moreover, it was written using the Hungarian form of the Roman/Latin alphabet. An East Slovak "national" identity known by ethnonym *Slovjak,* which for some also meant a pro-Hungarian political orientation, remained alive in the United States long after it died—or

---

[11] This newspaper continued to be published until 1922, but from 1889 it appeared in literary Slovak, *Amerikánsko-slovenské noviny* (Stolarik 1987).

was suppressed—in the homeland, so that no less than 22 newspapers using one of the East Slovak dialects appeared until as late as World War II.[12]

Somewhat similar were the Prekmurje Slovenes, known in English as the Winds (in contrast to the Wends—Lusatian Sorbs). Windish was proudly spoken by America's Winds, and publications were issued in Windish (using Hungarian transcription) for several decades in the first half of the twentieth century by a community numbering about 10,000 that was concentrated in Bethlehem, Pennsylvania.[13] Like the East Slovaks, or Slovjaks, who were reluctant to identify with Slovaks, so too, did the Prekmurje Winds distance themselves from the Slovenes.

Perhaps the longest lasting North American Slavic language that evolved (at least until recently) in a manner different from developments in Europe was Carpatho-Rusyn. While in the course of the twentieth century, literary Russian or literary Ukrainian had become the dominant languages adopted by (or imposed upon) Carpatho-Rusyns in Europe, in North America an unstandardized Carpatho-Rusyn medium flourished between the 1890s and 1950 as a spoken language and, for a somewhat longer time, in written form. For well over half a century a wide range of newspapers, almanacs, journals, and individual literary works appeared in the United States, including the first novel in the Rusyn language.[14]

Another North American anomaly concerns alphabets. Alphabet controversies, which seemed to have ended among promoters of most Slavic languages in the late nineteenth century, were still being waged in North America in the twentieth century. Consequently, while East Slovak and Windish immigrants used a Hungarian-based Roman alphabet as a mark of ethnic and cultural distinction, Rusyn Americans were from the 1920s publishing in some form of an East Slavic language, but for practical reasons in the Roman/Latin alphabet (usually based on Czech orthography), not in Cyrillic. As for the Cyrillic alphabet, traditional forms were able to survive in North America, where for the longest time the vibrant Russian-language press and other publications deliberately—even aggressively—used the pre-Revolutionary etymological alphabet and

---

[12] For a description of the East Slovak language in these publications, see Lifanov 2005.

[13] The most prominent and longest-lasting Windish newspaper was *Amerikanszki szlovenczov glász,* which appeared in Bethlehem, Pennsylvania from 1921 to 1947.

[14] There is a rather well developed scholarly literature on the Rusyn language in North America (Bidwell 1971; Duličenko – Magočij 2004), including an anthology of texts (Duličenko 2008). The oldest and longest-lasting newspaper, the *Amerikansky russky viestnik,* has a detailed analytical index for its first nearly four decades (Evans 1979; Karlowicz 2000).

literary norms in order to distinguish themselves from any linguistic changes that could be associated with the Soviet Union.

In conclusion, Slavic languages have developed and at times have even flourished in North America in the course of nearly a century and a half, from the 1870s to the present. While Slavic spoken languages may have suffered geographic isolation from their respective European homelands and at the same time may have been subjected to the all-pervasive influence of English-language dominated American and Canadian societies, publications in Slavic languages by belletrists, scholars, and civic activists came into being in North America and remain part of a heritage worthy of scholarly attention. Not only do those publications provide an insight into the history of immigrant groups in the diaspora, they have also contributed to the intellectual heritage of Slavdom regardless of where its linguistic carriers may physically reside.

Bibliography

Bidwell 1971: Bidwell, Charles. The Language of Carpatho-Ruthenian Publications in America. Pittsburgh: University of Pittsburgh Center for International Studies
Burnet – Palmer 1988: Burnet, Jean R. – Palmer, Howard. Coming Canadians. An Introduction to the History of Canada's Peoples. Toronto: McClelland and Stewart
Carpenter 1927: Carpenter, N. Immigrants and Their Children. In: U.S. Bureau of the Census Monograph 7. Washington, D. C.
Duličenko – Magočij 2004: Duličenko, Aleksander – Magočij, Pavel Robert. Ameryka. In: Rusyn'skŷj jazŷk. Ed. by Paul Robert Magocsi. Opole: Uniwersytet Opolski, Instytut Filologii Polskiej, 305–315 and 385–392
Duličenko 2008: Duličenko, Aleksander. Karpatorusinskaja pis'mennost' Ameriki. In: Pis'mennost' i literaturnye jazyki Karpatskoj Rusi (XV–XX vv.). Užhorod: Izd-vo V. Padjaka, 510–704
Evans 1979: Evans, James M. Guide to the Amerikansky Russky Viestnik. Vol. I: 1894–1914. Fairview, N. J.: Carpatho-Rusyn Research Center
Gajda 1996-2004: Najnowsze dzieje języków słowiańskich, 14 vols. Series editor Stanisław Gajda. Opole: Uniwersytet Opolski, Instytut Filologii Polskiej
Karlowich 2000: Karlowich, Robert A. Guide to the Amerikansky Russky Viestnik. Vol. II: 1915–1929. New York: Columbia University Press/East European Monographs
Lifanov 2005: Lifanov, Konstantin. Jazyk vostočnoslovackix publikacij v SŠA, konec XIX – načalo XX vv. Munich: Lincom Europa
Magocsi 1987: Magocsi, Paul Robert. Are the Armenians Really Russians?—Or How the U.S. Census Bureau Classifies America's Ethnic Groups. In: Government Publications Review XIV/2. Elmsford, N. Y., 133–168
Magocsi 1999: Encyclopedia of Canada's Peoples. Ed. by Paul Robert Magocsi. Toronto: University of Toronto Press

Magocsi 2005: Magocsi, Paul Robert. In Step or Out of Step with the Times? Central Europe's Diasporas and Their Homelands in 1918 and 1989. In: Austrian History Yearbook XXXV, Minneapolis, 169–189

Statistics Canada. 1992: Home Language and Mother Tongue—The Nation: 1999 Census. Ottawa: Industry, Science, and Technology Canada

Stolarik 1987: Stolarik, M. Mark. The Slovak-American Press. In: The Ethnic Press in the United States. Ed. by Sally M. Miller. New York and Westport, Conn.: Greenwood Press, 353–368

Thernstrom 1980: Harvard Encyclopedia of American Ethnic Groups. Ed. by Stephen Thernstrom. Cambridge, Mass: Harvard University Press

KLAUS STEINKE (ERLANGEN-KRAKÓW)

Sprache und Konfession in der Migration (am Beispiel der Altgläubigen im Osmanischen Reich und der Banater Bulgaren)

Abstract. According to the German-language encyclopedia "Migration in Europa", "migration is part of the *conditio humana* like birth, reproduction, disease and death" and defines the *homo sapiens* as "homo migrans". Reasons for migration may differ, but religion has long been an important reason for changing location. Religious refugees included Jews from Spain, Hussites from Bohemia, or Huguenots from France. Less known are the Russian Old Believers, who left for the Ottoman Empire, or the Bulgarian Catholics in the Banat (in their own language *Pavlićeni*, Paulicanians). While religion was often the main reason for migration, language was just part of what the emigrants carried. On their way to the new homesteads the emigrants had usually no possibility to save their fortunes, but they always brought with them their own identity, culture and language. Once in a new location, their further relation to their mother tongue and the language of the new homestead was determined by a number of factors. One of the generalizations is that close-knit religious groups are highly resistant to cultural and linguistic assimilation.

1. Einleitung

Die Enzyklopädie „Migration in Europa" beginnt ihre Einleitung mit der allgemeinen Feststellung: „Migration gehört zur Conditio humana wie Geburt, Vermehrung, Krankheit und Tod" (Bade 2008²: 19) und definiert den *Homo sapiens* geradezu als *Homo migrans*. Die europäische Geschichte, aber nicht nur sie natürlich, ist geprägt von Migration und Integration. Insofern ist der gelegentlich erweckte Eindruck sicherlich falsch, dass es sich hierbei erst um ein spezifisches Phänomen unserer Zeit handele. Doch die inzwischen umfangreiche, interdisziplinär arbeitende Migrationsforschung hat fraglos in den letzten Jahren erheblichen Auftrieb bekommen, und viel wurde inzwischen zur theoretischen Grundlegung der jungen Disziplin getan. Einiges hat dazu gewiss auch die Gründung des Instituts für Migrationsforschung und Interkulturelle Studien an der Universität Osnabrück im Jahre 1991 beigetragen, das die Arbeit an der oben erwähnten Enzyklopädie koordiniert hat. Diese Disziplin entwirft Migrationsmodelle, wägt die unterschiedlichen Faktoren ab, sucht nach den Gründen für die Abwanderungen und versucht sogar Strategien zur Bewältigung der im Zusammenhang mit den z. T. gewaltigen Wanderbewegungen entstehenden Probleme zu entwickeln.

Unter den Motiven, die zur Auswanderung oder zur Flucht führen, spielte die Konfession in früheren Jahrhunderten eine nicht unerhebliche Rolle, während die Sprache allein kaum als besonders relevanter Auswanderungsgrund in Erscheinung tritt, sondern höchstens eine Begleiterscheinung bleibt. Allein das bewusste Festhalten an ihr führt noch nicht zur Abwanderung, sondern es müssen ganz offenkundig gewichtigere Faktoren, vor allem ökonomischer oder konfessioneller Natur, hinzutreten, um die Heimat zu verlassen.

Auf ihrem Weg in die Ferne führen die Migranten – insbesondere natürlich die Flüchtlinge – kaum materielle Güter mit sich, dafür nehmen sie aber ihre eigene Identität, ihre Kultur und Sprache mit sich. Das Verhältnis der Migranten zu ihrer Muttersprache und zur Sprache der neuen Umgebung wird von sehr unterschiedlichen Faktoren bestimmt und ist im entscheidenden Maße vom Typus der jeweiligen Migrantengruppe abhängig. Dieser entscheidet schließlich mit über den weiteren Erhalt der Muttersprache oder ihre Aufgabe.

Über die Terminologie und Konzepte der Migrationsforschung gibt ein entsprechendes Kapitel in der erwähnten Enzyklopädie nähere Auskunft. Bei den in unseren weiteren Ausführungen zu untersuchenden Gruppen handelt es sich fraglos um *Glaubensflüchtlinge*, die vor den Verfolgungen in ihrer Heimat geflohen sind. Die Liste dieser Gruppe ist lang und zu den bekannteren Flüchtlingen gehören im Mittelalter sicher Juden aus Spanien, dann Hussiten und Hugenotten in der Neuzeit. Weniger bekannt blieben hingegen die Banater Bulgaren, die sich selbst als *Pavlićeni* (Paulikianer) bezeichnen, sowie die aus dem Zarenreich in das Osmanische Reich geflüchteten Altgläubigen. Abgesehen vom ähnlichen Motiv liegt in beiden Fällen zudem eine *grenzüberschreitende* bzw. *transnationale* Migration vor. Beide Gruppen sind jeweils durch ihre Religion, ethnokulturelle Muster sowie die Sprache definiert.

Das Entstehen der neuen europäischen Nationalstaaten im Laufe des 19. Jahrhunderts hat erhebliche Konsequenzen auf den Umgang mit den Migranten. Aufgrund der Privilegierung der jeweiligen Staatsnation werden sie schnell einem intensiven Homogenisierungs- und Assimilierungsdruck ausgesetzt, der in den meisten Fällen mit kultureller und wirtschaftlicher Unterdrückung einhergeht. Das zeigt sehr deutlich Ende des 19. Jh. die Privilegierung der magyarischen Nation und Kultur im Banat, was nicht ohne Folgen auf die Geschlossenheit der dortigen Bulgaren blieb. Weniger offensichtlich ist dieser Druck zunächst auf die Altgläubigen in Bulgarien und Rumänien, die lange Zeit relativ abgekapselt in wirtschaftlich wenig attraktiven Gebieten lebten und die man dort gewähren ließ bzw. kaum wahrnahm.

2. Gründe für die Auswanderung und Kontakt zur Heimat

Beide Gruppen, die russischen Altgläubigen und die bulgarischen Katholiken, verließen ihre Heimat zwar vornehmlich aus Glaubensgründen, doch den konkreten Anlass zur Flucht gaben in beiden Fällen missglückte Aufstände. Bei einem Glaubenswechsel hätten sie fraglos weiterhin in der Heimat bleiben können. Für die Altgläubigen wäre der Schritt an sich nicht so groß gewesen, da sie nur wegen einiger liturgischer Fragen mit der orthodoxen Staatskirche haderten. So ging es u.a. darum, ob man sich mit zwei oder drei Fingern bekreuzigen muss oder wie man den Namen Jesus richtig zu schreiben habe. Doch diese Unterschiede waren für sie so essentiell, dass sie sich im 18. Jh. teilweise sogar in das Osmanische Reich absetzten und dort überdies zeitweise gemeinsam mit den Türken gegen den verhassten Zaren und seine Kirche kämpften. Das gilt vor allem für die Nekrasovcy, die nach der endgültigen Niederschlagung des Aufstands der Kosaken unter dem Ataman Kondratij Bulavin 1709 zunächst in das unter türkischer Oberherrschaft stehende Kubangebiet flohen und sich später nach den russischen Erfolgen in der Auseinandersetzung mit den Türken immer weiter in das Osmanische Reich zurückzogen (Steinke 1990: 77–80).

Dazu gibt es gewisse Parallelen in der Geschichte der katholischen Bulgaren im Banat, jedoch auch einige spezifische Unterschiede im Detail. Ein Teil ihrer Vorfahren floh nach dem missglückten Aufstand von Čiprovec im Jahre 1688[1] gegen die Türken von dort und die anderen, katholische Paulikianer aus Nordbulgarien, kamen in einer zweiten Welle 1726–1730. Beide begaben sich unter österreichischen Schutz und erhielten schließlich 1738 im Banat Bleiberecht und Land.

Über den Namen und die Herkunft der Paulikianer in Bulgarien, die einen wesentlichen Teil der dortigen Katholiken ausmachen, gibt es unterschiedliche Theorien. Wahrscheinlich liegt ihr Ursprung in einer christlich häretischen Bewegung, die im Byzantinischen Reich verfolgt und nach Thrakien verbannt wurde. Einige Forscher stellen außerdem für die spätere Zeit eine Verbindung zu den Bogomilen her, weil es offensichtlich ideologische Übereinstimmungen mit ihnen gibt. Bei den verschiedenen Missionsversuchen der Orthodoxen, der Moslems und der Katholiken waren letztere besonders erfolgreich.

In beiden Fällen brach nach der Flucht der Kontakt zur Heimat, d. h. zu Russland bzw. zu Bulgarien, weitgehend ab. Da die konfessionellen Unterschiede dorthin zu groß waren, gab es keine Notwendigkeit mehr, einen Kontakt auf-

---

[1] Eine umfangreiche Studie über diesen Aufstand und die verschiedenen Fluchtwellen aus Bulgarien nach Ungarn legte jüngst Király (2002) vor.

rechtzuerhalten oder ihn zu suchen. Für die Altgläubigen hatte der „alte" Glauben absolute Priorität und damit verboten sich von selbst Kontakte mit der russischen Staatskirche oder dem mit ihr eng verbundenen Staat. Für die Katholiken bestand eine ähnliche Distanz zu den bulgarischen Orthodoxen in der Heimat. Selbst heute suchen sie in erster Linie den Kontakt zu den dort verbliebenen Angehörigen ihres Glaubens.

Der mangelnde Kontakt mit der Heimat hatte in beiden Fällen erhebliche Auswirkungen auf die Form der jeweiligen Umgangssprache, die sich von der dort gesprochenen erheblich zu unterscheiden begann. Die Altgläubigen waren von der sich in Russland herausbildenden Standardsprache (русский литературный язык) weitgehend abgekapselt, und ihr Idiom verharrte deshalb auf dem Stand einer Mundart. Erst viel später, d. h. nach der Einführung der allgemeinen Schulpflicht als nach dem 2. Weltkrieg Russisch in Bulgarien und Rumänien zur Pflichtsprache in der Schule wurde, lernten die Altgläubigen die russische Standardsprache kennen und beherrschen. Die Frauen waren bis dahin sogar häufig einsprachig aufgewachsen und kannten nur ihre russische Mundart, d. h. nicht einmal Bulgarisch oder Rumänisch.

Für die bulgarischen Katholiken im Banat brach der Kontakt mit der alten Heimat ebenfalls ab, und man nahm folglich nicht mehr an der Entwicklung der sich dort später herausbildenden neubulgarischen Schrift- und Standardsprache teil. Dafür zeigte sich aber eine starke Anlehnung an das Kroatische, das vor allem im kirchlichen Bereich Einfluss gewann, weil die ersten Priester in der neuen Heimat meistens aus dem benachbarten Kroatien kamen. Wie stark ihr Einfluss war, zeigt sich daran, dass man seit damals das lateinische Alphabet verwendet.[2] Die erste Übersetzung des neuen Testaments – bereits mit lateinischem Alphabet 1899 in Budapest gedruckt – weist noch zahlreiche Kroatismen auf, die in der neuen Übersetzung von 1998 meist beseitigt wurden, soweit diese sich nicht inzwischen eingebürgert haben (Steinke 2005).

3. Wahl der Zuflucht und Integration in der neuen Heimat

In beiden Fällen handelt es sich im Anfangsstadium nur um *kurzräumige Fluchtbewegungen*, die sich dann zu *Kettenwanderungen* ausweiten, bis die heutigen Wohnsitze erreicht wurden. Die aufständischen Nekrascovcy flohen zunächst nach dem gescheiterten Aufstand in das unter türkischer Oberherrschaft stehende Kubangebiet. Nach dem Ende des Krimkriegs zogen sie 1740 weiter in das

---

[2] Immerhin benutzte man im *Abagar*, im ersten gedruckten bulgarischen Buch, das vom katholischen Bischof Filip Stanislavov 1651 in Rom herausgegeben wurde, noch das kyrillische Alphabet.

damals zum Osmanischen Reich gehörige Donaudelta und in die Dobrudscha. Etwa 40 Jahre später geht die Flucht vor den vordringenden russischen Truppen weiter und ein Teil von ihnen gelangt bis nach Anatolien. Ähnlich fassten auch die bulgarischen Katholiken erst nach einigen Zwischenstationen in Siebenbürgen bzw. Oltenien schließlich 1738 im Banat, in Star Bišnov und in Vinga, Fuß.

Die Wahl der Flüchtlinge fiel auf Staaten in ihrer unmittelbaren Nähe, die ihrer Konfession wie im Habsburger Reich positiv oder wie im Osmanischen Reich zumindest neutral gegenüber standen und sie in ihrer Religionsausübung deshalb nicht behinderten. Im Banat waren die katholischen Bulgaren als Siedler in dem nach den Türkenkriegen entvölkerten Land besonders willkommen und erhielten außerdem entsprechende Privilegien. Auch die Altgläubigen erfreuten sich anfangs noch einiger Privilegien und durften in eigenen militärischen Verbänden gemeinsam mit den Türken gegen das russische Heer kämpfen.

Die Voraussetzungen für die Integration in der neuen Heimat waren freilich unterschiedlich. Für die Bulgaren gab es hinsichtlich ihrer Konfession kein schwerwiegendes Hindernis für die Integration bzw. sogar Assimilation. Denn sie befanden sich im Habsburger Reich, in einem vom Katholizismus dominierten Land. Angehörige ihres Glaubens fanden sie dort unter den benachbarten Deutschen und Ungarn, während zu den orthodoxen bzw. unierten Rumänen ein deutlicher konfessioneller Unterschied bestand. Allerdings scheinen ethnische und kulturelle Barrieren zwischen den verschiedenen katholisch geprägten Ethnien im Banat sowie wahrscheinlich auch unterschiedliche wirtschaftliche Privilegien die sprachliche Integration oder Assimilation letztlich erschwert zu haben.

Die Altgläubigen flohen zwar meist in etwas tolerantere Gebiete, dennoch gab es dort für sie keine Integrations- bzw. Assimilationsmöglichkeit, was die Position der mitgebrachten Sprache in ihrer Gemeinschaft stärkte. Ihr Gruppenzusammenhalt wurde anfänglich im Osmanischen Reich auch durch den Sonderstatus als kämpfende Hilfstruppe gestärkt. Als der allmählich kassiert wurde, gerieten sie wie die anderen christlichen Gruppen als Ungläubige unter staatlichen und unter halbstaatlichen Druck und waren u. a. den Überfällen der verschiedenen marodierenden Verbände weitgehend wehrlos ausgeliefert. Das führte teilweise zu ihrer erneuten Abwanderung, diesmal aus Kleinasien u. a. nach Bulgarien. In den neu entstandenen Staaten auf der Balkanhalbinsel, in Bulgarien und in den vereinigten rumänischen Fürstentümern, stand die orthodoxe Staatskirche den Altgläubigen keineswegs sehr wohlwollend gegenüber. Der rumänische Bischof Melchisedek bezeichnet sie ebenfalls als borrierte Fanatiker und fordert zur Wachsamkeit ihnen gegenüber auf (Melchisedek 1871).

In beiden Fällen lagen nur begrenzte Möglichkeiten zur sprachlichen Integration oder gar zur allgemeinen Assimilation vor, und das hatte positive Folgen für die Beibehaltung der Muttersprache. Die jeweilige Konfession regulierte und beschränkte erheblich die Kontaktmöglichkeiten zur andersgläubigen Umgebung und trug letztlich zur Bewahrung der Sprache dieser relativ kleinen Minderheiten bis in unsere Tage bei. Insbesondere die Heirat mit Angehörigen anderer Konfessionen, die zudem eine andere Nationalität besaßen und andere Sprachen sprachen, war zunächst völlig ausgeschlossen. Hier dürfte der eigentliche Grund für die hohe *linguistische Vitalität* vieler Glaubensflüchtlinge liegen.

Die Geschlossenheit der Gruppe und ihr weiterer Bestand können freilich durch den *demographischen Faktor* ernsthaft bedroht werden, wenn es nämlich aufgrund der geringen Zahl von Glaubensbrüdern und -schwestern immer schwieriger wird, geeignete Ehepartner zu finden. Die restriktiven Vorschriften der katholischen und altgläubigen Gemeinden hinsichtlich der Exogamie erwiesen sich früher als sehr wirksam. Bei der Eheschließung außerhalb der Gruppe achteten die katholischen Priester in der Regel darauf, dass der nichtkatholische Ehepartner konvertierte. Damit musste er notgedrungen wenigstens elementare Kenntnisse des Bulgarischen erwerben, um dem Gottesdienst folgen zu können und von der Gemeinde akzeptiert zu werden. In der Tat gibt es im Dorf Star Bišnov mehrere Fälle von eingeheirateten Rumäninnen, die sehr schnell die Mundart erlernt haben, um in die Kirche und, was nicht weniger wichtig ist, in die Dorfgemeinschaft aufgenommen zu werden. Die Religion stellt nun nicht nur den wohl entscheidenden Faktor zum Erhalt der Banater Bulgaren als Gruppe, sondern auch für den hohen Grad der *linguistischen* Vitalität ihrer Sprache dar, so dass man gegenwärtig schwerlich von einem sich konkret anzeichnenden Sprachtod reden kann. Den hatte ihnen einst Miletič (1900) Anfang des 20. Jh. prophezeit.

Die Exogamie war aus konfessionellen Gründen bei den Altgläubigen bis zum 2. Weltkrieg in Bulgarien und Rumänien praktisch ausgeschlossen. Daher blieb die russische Mundart in der Familie und im Dorf alleinige Umgangssprache. Inzwischen ist hier ein tief greifender Wandel zu erkennen, der vor allem in Bulgarien dazu führt, dass mittlerweile die altgläubigen Großmütter mit ihren Enkelkindern, die überwiegend in der Stadt wohnen und oft aus Mischehen stammen, schon Bulgarisch sprechen. Vor gut 20 Jahren war so etwas fast undenkbar.

Die jeweilige Staatssprache lernte man früher systematisch erst in der Schule. Im Übrigen waren die Kontakte mit den anderssprachigen Nachbarn vor allem bei den Altgläubigen anfangs sehr eingeschränkt. Ein stärkerer sprachli-

cher Integrationsschub zeichnet sich erst mit Einführung der allgemeinen Schulpflicht, der Wehrpflicht sowie der engeren wirtschaftlichen Einbindung ab.

4. Kultur und Eliten

Die Pflege der eigenen Kultur, möglichst durch entsprechende Eliten ist immer ein weiterer wichtiger Faktor zum Erhalt der Sprache. In beiden Kulturen nimmt die Religion den zentralen Platz ein und in ihren Gotteshäusern wird eine eigene Liturgiesprache verwendet. Bei den Altgläubigen handelt es sich hierbei um das Russisch-Kirchenslavische aus der Zeit vor den Nikonianischen Reformen im 17. Jh. Prinzipiell vertrauen sie nämlich nur Manuskripten aus jener Zeit, weil sie die späteren, vor allem die gedruckten Texte meist für häretisch halten. Als eigene Elite kam man in früherer Zeit nur den engeren Kreis des Gemeinderats bezeichnen, der die inneren Angelegenheiten der Gemeinde regelte und Funktionen als Vorleser oder Sänger im Gottesdienst erfüllte. Sie organisierten ferner den Unterricht für die Kinder in der Gemeinde. Die lernten die alten Texte lesen und abschreiben sowie den komplizierten Gesang nach Neumen. Die weltliche Bildung kam erst später in den staatlichen Schulen hinzu.

Vergleichbares zeigt sich auch bei den Bulgaren im Banat, in deren Kultur die Kirche ebenfalls einen zentralen Platz einnimmt. Allerdings waren hier die Gemeinden nicht auf sich gestellt, sondern Teil einer Weltkirche, die sie unter ihre Fittiche nahm. Als ihnen eigene Priester fehlten, schickte man ihnen die aus Kroatien, welche ihnen natürlich sprachlich näher standen als die Ungarn oder die Deutschen aus der unmittelbaren Nachbarschaft. Kroatische Priester[3] unterrichteten dann in den ersten Schulen der Banater Bulgaren noch „Illyrisch", und das schlug sich auch in der Sprache des älteren Schrifttums nieder.

Sowohl die Kirche wie auch die freilich zunächst kaum entwickelten Eliten beider Glaubensflüchtlinge trugen entscheidend zum Erhalt der Muttersprache bei. Allerdings ging es ihnen nicht primär um den Erhalt der Sprache aus irgendwelchen nationalen Motiven, soweit sich das feststellen lässt, sondern sie erwuchs gewissermaßen natürlich oder beiläufig aus der Verteidigung des Glaubens.

---

[3] Die Verbindung mit Kroatien lag natürlich aufgrund der gemeinsamen Konfession näher als mit dem alten Mutterland, und die kroatische Kirche hat gewissermaßen eine Patenschaft übernommen. So traf ich beim letzten Besuch in Stár Bišnov einen jungen kroatischen Priester, der dem Dekan Vasilčin in der Seelsorge assistierte.

5. Form und Gebrauch der Sprache

Die Flucht aus der Heimat führte in beiden Fällen auch zur Ablösung von der dortigen Sprachentwicklung. Im ausgehenden 18. und beginnenden 19. Jh. trat die Entwicklung der modernen Standardsprachen in Russland und in Bulgarien in die entscheidende Phase. Von ihr waren jedoch die Altgläubigen wie auch die Banater Bulgaren abgeschnitten.

Grundsätzlich unterscheidet sich die Situation des Bulgarischen im Banat von der im Mutterland dadurch, dass es sich hier in einem anderen sprachlichen Kontext weiter entwickelt hat, welcher durch einen vielfältigen, besonders im Wortschatz erkennbaren Sprachkontakt gekennzeichnet ist. Eine wichtige Rolle spielen dabei das Kroatische wie auch das Serbische, zwei naheverwandte slavische Sprachen in der unmittelbaren Nähe, zu denen die Sprachbarriere niedriger als zum Rumänischen oder gar zum Ungarischen ist.

Die Banater Bulgaren schufen früh eine eigene, vom Bulgarischen in der alten Heimat völlig unabhängige Schriftsprache und hatten im 19. Jahrhundert sogar 1860–1896 Schulunterricht in diesem Idiom mit eigens dafür geschaffenen Lehrbüchern (Njagulov 1999: 29; Stojkov 1967: 18–21). Der muttersprachliche Unterricht wurde dann von den Ungarn bis 1918 und anschließend von den Rumänen bis zum Ende des 2. Weltkriegs unterbunden. Erst unter dem kommunistischen Regime wurden die Bulgaren als nationale Minderheit anerkannt und erhielten wieder eigene Schulen.

Nicht nur im religiösen Rahmen, sondern auch darüber hinaus benutzen sie ihre eigene *Mikroliteratursprache* (Duličenko 1981, 1998, 2003/2004; Rehder 1984/5). Das Neue Testament wurde gleich zweimal übersetzt, ferner gibt es Gebetbücher sowie Kirchenlieder in diesem Idiom. Zudem fand es im weltlichen Bereich Verbreitung und wird in den Medien und in der Belletristik verwendet. Charakteristisch ist dabei die Benutzung des lateinischen Alphabets für das kirchliche und weltliche Schrifttum. Daher erscheinen die Zeitschriften *Náša Glás* und *Horizont* im Banat mit Latinica in der eigenen Schriftsprache, während die orthodoxen Bulgaren in Rumänien in ihrer zweisprachigen Zeitschrift *Luceafărul bulgar/Българска Зорница* die bulgarische Standardsprache mit der Kyrillica verwenden.

Auffällig ist nicht nur der Gebrauch des lateinischen Alphabets, sondern auch das Prinzip der Rechtschreibung, das sich im Unterschied zu Bulgarien stärker an Vuk Karadžić' Grundsatz „пиши као говориш" orientiert. Auffallend sind vor allem die in der Schreibung regelmäßig festgehaltenen Vokalreduktio-

nen: *biz, dušal, idin, kojtu, kujetu, ništu, prátin, pu, stanalu, ud, unuj*[4], die bis zum völligen Ausfall eines Vokals gehen können: *bla, blo, négvotu*[5] usw. Während die Paulikianer in ihren Publikationen, wie in der vor einigen Jahren erschienenen neue Übersetzung des Neuen Testaments (Svetotu Pismu 1998) weiterhin ihr Idiom benutzen, wird in ihrer Schule inzwischen das ihnen an sich völlig fremde Standardbulgarische als Mutter- bzw. Fremdsprache unterrichtet. Dabei verwendet man selbstverständlich auch das kyrillische und nicht wie sonst in den Schriften der katholischen Bulgaren des Banats das lateinische Alphabet. Das muss sich nicht unbedingt positiv auf die *linguistische Vitalität* des Banater Bulgarischen auswirken. Kenntnisse der in der ursprünglichen Heimat entstandenen, modernen Schriftsprache werden nur über die Schule vermittelt und sind vorwiegend in der jungen Generation anzutreffen, die nämlich, sofern sie die zahlreichen, vom bulgarischen Staat angebotenen Stipendien wahrnehmen will, an ihrer Erlernung sehr interessiert ist. Im sakralen Bereich und in der Dorfgemeinschaft hat diese Varietät hingegen keine Funktion und wird nicht benutzt, weil dort nur die heimische Sprachform verbreitet ist. Daher zogen es viele Gesprächspartner z. B. vor, mit mir Rumänisch zu sprechen, da sie die bulgarische Standardsprache nur unzureichend beherrschten.

6. Aktuelle Situation

Der Konfessionsunterschied erklärt die über lange Zeit sehr schwachen Kontakte der Glaubensflüchtlinge zum einstigen Mutterland, da die gemeinsame Sprache und ethnische Abstammung im Unterschied zur Religion für sie zunächst bedeutungslos blieben. Erst mit dem Aufkommen der nationalen Idee gewinnen sprachliche und ethnische Unterschiede als Gruppenmerkmale an Bedeutung. Neuerdings sucht man deshalb auch wieder Kontakte zur „alten Heimat", und zwar zunächst vorzugsweise zu den dort verbliebenen Glaubensgenossen. So besuchte, wie mir berichtet wurde, 2004 eine Gruppe katholischer Priester aus dem Banat die katholischen Gemeinden um Plovdiv in Bulgarien.

Altgläubige sind schon früher einzeln oder in größeren Gruppen in die alte Heimat zurückgekehrt. Eine größere Gruppe wurde übrigens nach dem 2. Weltkrieg von den Sowjets aus Bulgarien repatriiert.

---

[4] Vgl. dazu die standardsprachlichen Entsprechungen: *Без, дошъл, един, който, което, нищо, пратен, по, станало, од, онуй.*

[5] *Била, било, неговото.*

Literatur

Bade 2008[2]: Enzyklopädie: Migration in Europa. Vom 17. Jahrhundert bis zur Gegenwart. K. J. Bade et al. (Hrsg.). München

Duličenko 1981: Duličenko, Al. D. Slavjanskie literaturnye mikrojazyki. Tallin

Duličenko 1998: Duličenko, Al. D. Jazyki malych ètničeskich grupp. Status. razvitie, problemy vyživanija. In: Slavica Tartuensia IV. Tartu, 6–36

Duličenko 2003/2004: Duličenko, Al. D. Slavjanskie literaturnye mikrojazyki. Obrazcy tekstov I, II. Tartu

Király 2002: Király, P. Die Čiprovecer in Ungarn. In: Studia Slavica Hung. 47/1–2, 1–23

Melchisedek 1871: Melchisedek. Lipovenismul adică schimasticii sau rascolnicii şi ereticii ruseşti. Bucureşti

Miletič 1900: Miletič, Lj. Knižninata i ezikăt na banatskite bălgari. In: Sbornik za narodni umotvorenija, nauka i knižnina XVI/XVII. Sofija, 339–482

Njagulov 1999: Njagulov, B. Banatskite bălgari. Istorijata na edna malcinstvena obštnost văv vremeto na nacionalnite dăržavi. Sofija

Novija Testament 1899: Novija Testament. Ivanvotu Evangjeli ubarnatu na Paulićensći jazić. Budapest

Rehder 1984/5: Rehder, P. Slavische Mikro-Literatursprachen? In: Zbornik Matice srpske za filologiju i lingvistiku 27/28. Novi Sad, 665–670

Rehder 1995: Rehder, P. Standardsprache Versuch eines dreistufigen Modells. In: Die Welt der Slaven XL/2. München, 352–366

Steinke 2001: Steinke, K. Die russischen Sprachinseln in Bulgarien. Heidelberg

Steinke 2001a: Steinke, K. Aspekte der ethnolinguistischen Vitalität staatenloser Minderheiten. (Am Beispiel der Banater Bulgaren, der Altgläubigen und der Kaschuben). In: Slavistica Vilnensis. Kalbotyra 50/2. Vilnius, 57–66

Steinke 2004: Steinke, K. Zum Status des Banater Bulgarischen. In: Germano-slavistische Beiträge, Festschrift für P. Rehder zum 65. Geburtstag. München, 277–285

Steinke 2005: Steinke, K. Bulgarisch in der Diaspora (Anmerkungen zu den beiden Übersetzungen des Neuen Testaments in die Sprache der Banater Bulgaren). In: Littera scripta manet. Sbornik v čest na 65-godšninata na prof. dfn Vasilka Radeva. Sofia, 729–736

Steinke 2006: Steinke, K. Zur Vitalität bulgarischer Minderheiten in Rumänien. In: Marginal Linguistic Identities. Studies in Slavic Contact and Borderland Varieties. Wiesbaden, 75–85

Svetotu Pismu 1998: Svetotu Pismu. Novija Zákun [preubranata ud Guspudina dekán Vasilčin Jáni], 2 Bde. Timişoara

Anhang

EVANGJELITU UD IVANA.

1. GLAVA (DEL).

1. U pučélu beh rečita i rečita beh vaz Boga i Bog beh rečitata.

2. Ta beh u pučélu vaz Boga.

3. Satu ij stanalu ud négu i ništu ne stanalu brez négu.

4. U négu beh života i života beh svetlusta na horata.

5. I taz svetlus sveti u tamninata, ama tamninata neja razmela.

6. Idin čeleć ij pratin ud Boga, na kogu imetumu ij Ivan.

7. Toz ij dušal za svedučanstvu, da pusvedoči ud svetlusta, za da vervat sate u négu.

8. Ne bil toj svetlusta, negu ij dušal da pusvedoči ud svetlusta.

9. Taz beh istenskata svetlus, kuja za pusvetli seku čeleć, koj na toz svet za dodi.

10. U toz svet beh i sveta ud nija stana, ama sveta neja puznal.

11. U tejnotu ij dušla i tejnite nisaja prejali.

12. Ama na unez sate ij dala vlas Božje sinve da pustanat, kuje saja prejali i u tejnotu ime sa veryali,

13. kuje nisa nit ud kravta, nit ud olete na snagata ali ud olete na maža negu u Boga rudéni.

14. I rečita pustana snaga i medju nam sedi (i smi videli tejnata slava taj, kača na Baštata idin rudénija sin negvata slava), kuja ij palna sas milus i praviteljstvu.

15. Ivan ij pusvedočil ud nija i viknal: Toz ij, ud kogu sam as rékal, či sled méne za dodi a na preć méne ij bil, zašto po parénj ij bil ud méne.

16. I ud negvata palnus smi dubili milus sled milus.

17. Zašto zakuna ij ud Mojsa, ama milusta i istenata ij ud Isukrasta.

18. Boga nikuj negu videl nikade, negu négvija idin rudénija sin guj na namu javil.

19. I tuj ij Ivanvu svedučanstvu, katu židuvete ud Jerusolima pratija vaz negu pupovete i levitite, za dagu pitat. Koj si ti?

20. I ubadil i ne zatajal, ubadil ij, či: As nisam Isukras.

21. Tugaz, zagu za pitat. no pa koj si ti, Ilija li si ti, i rékal: nisam. Prufét li si ti i rékal: nisam.

22. I samu zato rékali: am koj si ti daklem, za da moj da udguvorimi, na unezi; kuje namu sa pratili; kako, za ubadiš ud tébe.

23. I réka: as sam glasa na on-

Abb. 1: Novija Testament (Budapest 1899)

Iván 1.   336.

SVETOTU EVANGJÉLI NAPISANU UD SVETI IVÁNA.

Božjata hurta.

1. 1.   U počnivanjétu ij blá Hurtata i Hurtata ij blá vaz
2.   Boga i Hurtata ij blá Bog. Tá u počnivanjétu ij blá vaz
3.   Boga. Satu, ij stánalu pu nija i biz nija ništu ne stána-
4.   lu ud unuj, kujétu ij stánalu. U nija ij imálu žuvot i
5.   žuvota ij bil svetlus na horata. Svetlusta sveti u tam-
ninata, ama tamninata ne mogala da ja ubjami.

Svetlusta na sveta.

6.   Se-j javil idin čeleć, prátin ud Boga. Négvotu ime
7.   ij blo Iván. Toj ij dušal kača svedok, da svedoči za
8.   svetlusta, za sate pu négu da vervat. Toj ne bil
svetlusta, negu sám ij trebalu da svedoči za svetlusta.
9.   Istenskata svetlus, razsvetli seku čeleć, kojtu dodi na
10.   toze svet. Tá ij blá u sveta. Sveta pu nija ij stánal i pá
11.   sveta ne ja puznál. Toj ij dušal vaz négvite si, ama
12.   négvite ni sa gu prejali. Ama na unezi, kujatu sa gu
prejali, ij dál možnus da badat dicá na Boga. Na une-
13.   zi, kujatu vervat u négvotu ime, kujatu ni sa se rudili
ud kravta, nit ud telovna žélba, nit ud olete na maža,
negu ud Boga.

Uteluvénjtu na Hurtata.

14.   I Hurtata telu ij stánala i ij stanuvala megju nám.
Nija smi videli tejnata sláva, slávata, kujatu ja ima

Abb. 2: Svetotu Pismu (Timişoara 1998)

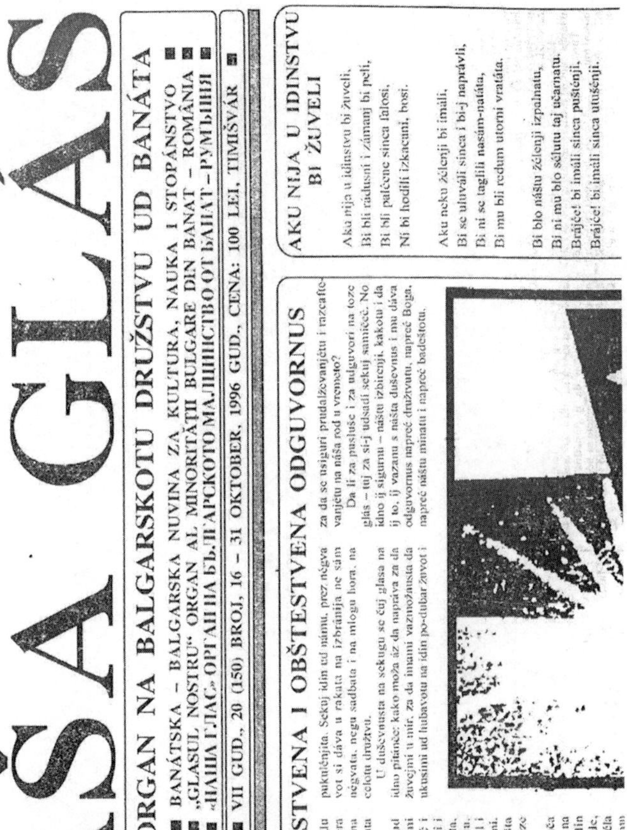

NÁŠA · GLÁS

ORGAN NA BALGARSKOTU DRUŽTVU UD BANÁTA

- BANÁTSKA – BALGARSKA NUVINA ZA KULTURA, NAUKA I STOPÁNSTVO
- „GLASUL NOSTRU" ORGAN AL. MINORITĂŢII BULGARE DIN BANAT – ROMÂNIA
- „НАША ГЛАС" ОРГАН НА БЪЛГАРСКОТО МАЛЦИНСТВО ОТ БАНАТ – РУМЪНИЯ

VII GUD., 20 (150) BROJ, 16 – 31 OKTOBER, 1996 GUD., CENA: 100 LEI, TIMIŞVÁR

IZBURETE – SOBSTVENA I OBŠTESTVENA ODGUVORNUS

Etu vremeto mu dubližva, udnovu, du idin mlogu glávin moment; na 3 novembra smi vikani da udlučimi manáče na daržavata i naše predstavitele u Parlamenta na Rumanija.

Tažkustite, s kujutu se čnskami ud deni-za-deni u žuvota, mu právat da smi razmišljavame, prebarzani i mlogu pate čès i biznadežni. Ud mlogijate želini, čekani i ubičávami uminevanjeta i podubrevanjeta, du na sènc se udbezcèmi mòj s nistu. Napreduvanjute, u kujètu sekuj ij verval i sej nadejval, sè po-zakrasncuo da se ukrèsni. Tuje ij idno stánji, kujètu ij usujčn nsšta cèluta obštnus i mòj sme daržavi ud pu tozi knjišta na sveta.

No nija, kača krastijàne verni i kača hora, stárve na idno družtvo, kujètu ima na ustvovata na žuvota idin zdráv i solidin optimizan, idna tèmclna i jáka nadežde, idna gulema i sveta vera u udrožènjtu i čèla na žuvota na čoveka ne nu ...

puknčènjto. Sekuj idin tcî minu, prez nègva vot si dáva u rakáta na izbránija ne sàm nègvoto, nego sadbáta i na mlogu hora, na cèluta družtvot.

U diskuvusta na sekngu se čuj glasa na idno pitànie: kakő moža iž da napráva za da žuvèjmi 'u mir, za da imàmi vazmožnusta da ukusini ud hubavuu na idin po-dubar žuvot i za da se usiguri prudalževanjtu i razcafte-vanjtu na náša rod u vremeto?

Da iî za páslnss; i za migruvori na ozcé glás – nij za sicj ušbsadi sebuj sumèců. No iî na îî sigurni – náštu izbirènji, kakou i da ij to, îj vazumi s náša dušèvnus i mu dáva odguvornus inpreč družtvunu, inpreč Boga, inpreč náštu minnto i inpreč budeštutu.

AKU NIJA U IDINSTVU BI ŽUVELI

Aku nija u idinstvu bi žuveli,
Bi bili rádnusti i zámunj bi peli,
Bi bili palčene sinca žalosi,
Ni bi hodili izkacuni, bosi.

Aku neku žèlenji bi imáli,
Bi se utuvráli sinca i bij napravili,
Bi ni se tnglili nasàm–natàta,
Bi mu bil redum utorni vratáta.

Bi blo náštu žèlenji izpulnatu,
Bi ni mu blo sčlutu taj učarnatu,
Brájcè! bi imáli sinca pušènji,
Brájcè! bi imáli sinca utišènji.

Abb. 3: Náša Glás

Se deschide Liceul Bulgar!

Stimați părinți,

La București a luat ființă **Liceul Teoretic Bulgar.**

Va funcționa cu clase de la I la IX.

Elevii claselor I-VIII se pot transfera de la școala în care sunt acum, în condiții legale.

Absolvenții claselor a VIII-a (și din anii trecuți) se pot înscrie în clasa a IX-a cu adeverință de absolvire.

Se învață în limba română toate obiectele de studiu.

Limba bulgară se predă numai ca obiect de învățământ.

Liceul asigură:

• Săli de studiu utilate modern, cu micro-climat adecvat.

• Sală de festivități/Sală de gimnastică.

• Internat-cămin și cantină – pentru toți elevii.

• Profesori calificați la toate obiectele de

LUCEAFĂRUL bulgar
PUBLICAȚIE BILINGVĂ
БЪЛГАРСКА ЗОРНИЦА

Anul X, nr. 8 (126), 1999 – 8 pagini

Publicație a Comunității „BRATSTVO" a Bulgarilor din România

Международен конгрес по балканистика

От 24 до 28 август се проведе в Букурещ 8-ят международен конгрес по балканистика, в който участваха представители от юго-източни страни, между които и учени от България. Имахме удоволствието да ни гостуват в седалището на учените от България и да ни кажат тяхното мнение относно конгреса. (Впечатления относно конгреса)

• **СТЕФАН ХЪРКОВ** – музиколог в Педагогическия институт-Шумен.

По принцип е една интердисциплинарна среда, защото в нея участват специалисти от най-различни области на знанието, а мисля, че това е голямо предимство, защото именно в такъв тип форум можем да се срещаме със: специалисти от областта на езикознанието, историята, филологията, изкуството, чийто представител съм и аз и едновременно с това и представители на журналистиката и на публицистиката. Днес например случаи един доклад, който представи една колежка от Румъния от Института по медицина и за мене беше много интересно.

На последните конгреси, особено на тоя път, се постави акцент върху новите проблеми: например икономика, като че ли теси парични проблеми на политиката, пирмакс са остмнали на задеи план. В края на краищата това е едно събиране на учени, не

общи морфологични черти. Много интересни неща, които занимат учените да се интересуват от тях още преди близо 200 години и такива основоположници като Хопитар например, изтъкват общи черти на български, албански, румънски (гръцки по отдела по милко). Но нататък този интерес продължава класик на балканистика изпълват особени черти и по-нататък – балканистите подхвашат всички тези идеи, развиват ги, търсят им нови материали. В това отношение бяха интересни докладите и на Георги Михаила от Румъния и на представители от Финландия, както и български доклади.

• **ВЛАДИМИР КАЛОЯНОВ** – доктор в Софийския университет.

Конгресът представлява нещо което всеки човек готви и работи много години и имаме възможност да предстапими на по-пирок кръг, когато иаучата излиза не само в България, но и в други държави.

Abb. 4: Luceafărul bulgar

Literaturna miselj ● 1 ●

BANÁT
1738-1938

200 G U D I N I   U   B A N Á T A
1738-1938

Života i običája na banátsćite balgare

Preizdáva:
Balgarsku Družstvu ud Banát – Rumanija
Timišvár
Pud redákcijata na spisánieto „Literaturna miselj"
Glávin redáktor: prof. Ána-Karolina Ivánčov

U D   N Á Š T A   I S T O R I J A

UD KUGÁ SMI KATOLICI?

Častupate mu braknat u ukotu sas tuj navikvanji, či smi si napusnali stárata vera, za da dubávemi zemáljsku imánji u Banáta.

Letopiseca "Historia Domus" zapázin u arhivata na parokijata Bešenova

Otu gji imami málku, kuja témelnu bi znájali da udguvorat na navikvanjétu, teze nekolku redelčeta néka udguvorat na pitánčitu: "ud kugá smi katolici?"

Balgarete - za kakvi i nija se daržimi, katu sa napusnali pustárite ud kulu téčata Volga u Rusija di nji se ij lulela náj-parenj lulćata i sa usujéli sas kravprulivanji sigášnata Bulgárija, ni sa bli krastijáne. Tija sa imáli idna sébna vera; znájali sa za dubri i zli duhve, ama na tezi ne izdelvali ćipve za da se molat. Još u stárata baština sa čuli neštu ud Isusa, ud negvata vera, ama zašto

kurážin nárud sa bli, lel na tej leba nji ij bil buja, ni sa mogali da se pubrátat s tazi vera, kuja ud tej ij žélila da turat tejnata sáblja u kapijata. U novata baština u Bulgárija imája više vreme da čujat ud tazi nova vera, zašto kumšije beja s krastijánete s kuja mlogu pate sa imáli boj. Sled pumirenjitu i dvete starni sa prášteli tusve, kača zálog na mira i pu teze tusve još po-više sa se razpuználi sas krastijánskata vera.

Pručutija cár na balgarete Boris I (853-889) ij razumel či balgarete sámu taj možat da si uzdaržat baštinata, aku

Abb. 5: Literaturna misel

Александр Дмитриевич Дуличенко (Тарту)

Slavia migrationis как потенциальный фактор создания новых стандартных языков (наброски к теме)

Abstract. This paper presents an overview of smaller Slavic languages in an immigrant setting (mainly in Eastern and Central Europe) and considers the possibility of new standard (literary) languages emerging in diaspora. One and the same ethnic group may potentially have more than one standard language, depending on the locations where its members live. The factors that can bring about the development of new standard languages include religion, demographic isolation, interest in the reflection of local dialects or varieties, and others.

1. Этно-языковая картина современной Европы в целом достаточно хорошо изучена, что дает возможность представить ее на географической карте в виде разукрашенных разными цветами этно-языковых массивов. Разумеется, далеко не везде эти массивы очерчиваются четко, что говорит о наличии переходности или смешанности отдельных зон этой картины и о более сложном ее характере.

2. Существуют ли потенциальные возможности для возникновения новых стандартных языков? Да, существуют, хотя и не всегда в соотношении «один язык – один народ». В связи с развитием теории литературных микроязыков стало видно, что «один народ» может иметь несколько литературных микроязыков: таков, например, хорватский (соответственно хорватско-сербский), имеющий, помимо общего, также региональные чакавский и кайкавские, а также островные молизско-славянский, градищанско-хорватский литературные микроязыки. Но языковая жизнь сложнее, чем мы это порой себе представляем: имеются прецеденты, когда генетическая самостоятельность очевидна (верхне- и нижнелужицкие микроязыки), в других случаях она спорна – по крайней мере, в науке (ср. статус кашубского, южнорусинского и др.).

3. В совокупности эта проблематика входит **в науку о славянских литературных микроязыках (славянскую микролингвистику),** но в этом направлении следует выделить *Slavia migrationis,* т. е. такие ситуации, кото-

рые возникли вследствие переселения тех или иных групп известного населения в другие места: банатские болгары Румынии и помаки Греции, молизские славяне Италии и градищанские хорваты Австрии, венецианские словенцы Италии, прекмурские словенцы Словении, восточные словаки Словакии и др.

4. Это переселенческие этно-языковые острова, роль которых в возникновении новых письменностей и стандартов становится все более очевидной. Slavia migrationis формировалась в разные исторические эпохи и в разных условиях. Именно учет этого в каждом конкретном случае дает возможность установить пути, по которым проходил процесс становления литературного языка или же попыток к нему. Так, важны факторы иного этноязыкового и социокультурного окружения, фактор компактности в переселенческом ареале, дистанция между литературным стандартом матицы и переселенческим речевым массивом, а отсюда разнодиалектность матичного стандарта и переселенческого речевого массива. Важно и также состояние («качество») литературного стандарта матицы данный момент и некоторые другие факторы.

5. Важную роль играет также конфессиональный фактор: переселяющиеся народы обычно выбирают такие места, где были бы соплеменники по вере. По крайней мере, так было в прошлом. Банатские болгары переселились из Болгарии, повинуясь одному желанию – быть поближе к единоверцам-католикам.

6. Большую роль в становлении нового литературного языка или же попыток его создания играет ностальгия по языку предков, если этот язык-диалект оказывался на периферии общей территории. Таковы, например, попытки продолжить традиции литературных языков у хорватов-чакавцев и у хорватов-кайкавцев.

7. Немаловажную роль играет также субъективный фактор в попытке создания нового литературного языка: если нет энтузиастов, то нет и проб создания такого языка. У югославских русин таким пионером был Гавриил Костельник, у молизских славян Италии – Джованни де Рубертис и т. д.

8. Так, буневцы Сербии находятся в стадии поисков собственного литературного стандарта, для чего выдвигаются проекты алфавита, появляются

специальные общества, а также издается периодика и книги, в том числе и учебные. Впрочем, процессы эти не лишены противоречий. Но это и естественно: в такого рода противоречиях рождается новый литературный язык. Такова была история создания литературного языка, например, в Закарпатье и близлежащих регионах. С большими противоречиями проходит создание литературных языков в нынешней Силезии (силезский литературный язык) и в Подгалье (подгальский литературный язык) в Польше и др.

9. Сохраняется ряд нереализованных ситуаций. Таковы, например, словацкий Закарпатья и Воеводины, чешский Хорватии, русский Румынии и др. Хорваты и сербы Венгрии делали неоднократные попытки писать на базе местных говоров, однако там малы силы для того, чтобы такие попытки поднять до уровня литературного языка.

10. Итак, современная Славия таит еще в себе (хотя и слабые) попытки создания новых литературных языков. Наука же должна тщательным образом следить за такими попытками, изучать их и прогнозировать их развитие.

MICHAEL MOSER (VIENNA-MUNICH [UFU]-PILISCSABA)

The "Mirror from Overseas": The History of Modern Standard Ukrainian as Reflected in the North American Ukrainian Newspaper *Svoboda* (The Early Years: from 1893 to the 1930s)

1. *Svoboda*, the Oldest Ukrainian Newspaper

The Ukrainian-language newspaper *Svoboda* is the oldest Ukrainian newspaper in the world[1]. It was founded as a weekly newspaper in Jersey City (New Jersey, USA) on 11 September 1893 by the Greek Catholic priest Hryhorij Hruška, who emigrated from Galicia to the United States in 1889. *Svoboda* became a bi-weekly newspaper on 1 March 1894, a tri-weekly on 8 August 1914, and a daily on 3 January 1921. In the early years *Svoboda* was distributed not only in the United States. For many years, it was also the only Ukrainian-language newspaper "of any note" for Ukrainians living in Canada and Brazil, who received regular information about the "Canadian Rus'" (Канадійська Русь) and Brazil (under the heading "Visti z Braziliї" [News from Brazil])[2] since 1896 and 1897. In the home country, Ukrainians from Galicia and Bukovyna subscribed to the paper as well (Kravciv 1973/1998).

Reverend Hruška, "an emigrant from Galicia who settled in Jersey City, N. J. in 1890," and his *Svoboda* soon "played the leading role in the growth of ethnic-group consciousness among the Ukrainian peasant immigrants" to America (Procko 1979: 53). The newspaper was closely linked with the Ruthenian National Association, since 1914 the Ukrainian National Association (Руський/ Український Народний Союз), an aid organization that was established on 22 February 1894 in Shamokin, Pennsylvania, when several local brotherhood organizations separated from the Union of Greek Catholic brotherhoods (Соединеніе греко-каөолическихъ[3] русскихъ братствъ въ США) (Encyklopedija 1976/2000; Magocsi 2005), where Hungarophile and Russophile views predominated.

---

[1] I would like to thank Gene Shklar, who introduced me to Svoboda's electronic archive in February 2010 at Stanford.

[2] On the huge impact of *Svoboda* even in Brazil, see Teodor Potoc'kyj's 1897 report from Rio Claro (Čajkovs'kyj 2011: 36–48, particularly 44).

[3] Pronounced as [kaftol-]—M.M.

Both the newspaper and the Ruthenian/Ukrainian National Association played a crucial role in shaping the identities of those Ukrainians in North America who had mainly arrived from the regions of Galicia, Bukovyna, and Transcarpathia, where a Ukrainian national identity had not yet been disseminated across all strata of the population. As for Galicia and, to a somewhat lesser degree, Bukovyna, the modern Ukrainian national movement had already gained considerable ground by the 1890s, but it still competed with both Polonophile and Russophile (or, rather: all-Russian) views and identity models.[4] In the Hungarian realm (Transcarpathia), the Ukrainian movement was still largely unknown at the time. Many Ruthenians from the Užhorod, Mukačeve, or Berehove districts were primarily "sympathetic to the Hungarians" (Procko 1979: 54) and were therefore often stigmatized by the Galicians as "Magyarones"; many of them identified themselves as "Slovaks." All-Russian views tended to be more widespread among the Transcarpathian than Galician Ruthenians.

When the Ruthenians of Galicia, Bukovyna, and Transcarpathia moved to the Americas, they transferred their antagonistic identity models across the Atlantic. Consequently, in the United States "a few Ruthenians became 'Hungarians' in America," "others became 'Slovaks' or 'Poles,'" yet "most became 'Ukrainians,' 'Carpatho-Ruthenians,' or 'Russians'" (Kuropas 1991: 73). Hryhorij Hruška and *Svoboda* undoubtedly contributed to the complexity of the situation in that Hruška labeled *Svoboda* in English as "the first Russian [!] political paper in the country" (Procko 1979: 56).[5] Contrary to this bad translation, however, his and his newspaper's understanding of "Ruthenianness" was at that time clearly based on a Ukrainian, not an all-Russian identity model. The fact that the name *Ukrainian* was still avoided can be easily explained: In the home country—or, rather, only in the Austrian part of Austro-Hungary—the ethnonym and glottonym *Ukrainian* gained official recognition only between the turn of the twentieth century and the end of the First World War (see Moser 2011: 667–83), several decades after the essence of the "Ruthenian" or "Ruthenian or Little Russian" identity models had in fact coincided with those that were later labeled as "Ukrainian."

---

[4] Those who adhered to "all-Russian views," as I would prefer to label them (instead of "Russophile"), identified "Great Russians" (Russians), "Little Russians" (Ukrainians), and "Belorussians" (Belarusians) as three components of a single Russian nation. The foundation of the Ukrainian national idea was the rejection of this all-Russian perspective and the identification of so-called "Ruthenians," or "Little Russians," as a separate nation in its own right. This movement was older than the general dissemination of the name "Ukrainian."

[5] Procko states that Hruška was "the leading advocate of Ukrainian national consciousness in the United States at the time" (Procko 1979: 56).

This situation was perfectly reflected in North America, where the Ruthenian National Association was renamed Ukrainian National Association only after more than twenty years of existence. At the same time, however, it must be noted that after the Ruthenian National Association was founded, on 22 February 1894, the expressly Ukrainian character of this organization was revealed when, at its first general convention in Shamokin, Pennsylvania, the delegates, wearing blue and gold emblems, sang the Ukrainian national anthem "Ukraine Has Not Yet Perished" (Ще не вмерла Україна [Procko 1979: 59, Kuropas 1991: 82]). According to its nameplates, *Svoboda* became the official organ of the Ruthenian National Association beginning from issue no. 18 of 1894.[6] Notably, it "was issued in blue colors one week and in gold the next," that is, it used the national colors of Ukraine (Procko 1979: 59).

From the outset the management of *Svoboda* was not an easy endeavor. In June 1895 Hruška sold the newspaper to Fathers Nestor Dmytriv and Ivan Konstankevyč.[7] Dmytriv had gone to the U.S. as a member of the so-called "American circle," a group of seven "ethnonational enlightened Galician priests" who "vowed (1) to take up their pastoral duties in the United States; (2) remain celibate in order to be free of family obligations and to avoid friction with the Irish-American Roman Catholic hierarchy;[8] and (3) organize the Ruthenian community in America along Ukrainian ethnonational lines" (Kuropas 1991: 76). Dmytriv became a co-owner of *Svoboda* within months after his arrival in Mount Carmel, Pennsylvania. Konstankevyč had been in America since 1893 and had allied with Hruška against the Greek Catholic Union at that time. When he became the other co-owner of *Svoboda*, he had already joined the "American Circle" (ibid.: 77).

Since its founding, *Svoboda* has played a significant role in shaping and maintaining Ukrainian identity in the Americas.[9] When "Dmytriv left for mis-

---

[6] Procko's information that *Svoboda* was "unanimously chosen by the convention to become the association's official organ" is thus confirmed by the nameplates. Bohdan Kravciv (1973/1998) claims that *Svoboda* became the official organ of the Ruthenian National Association only in 1908, which seems to be erroneous.

[7] In December 1896 Hruška converted to Russian Orthodoxy (Procko 1979: 61) before he returned to Galicia in 1910, where he re-converted to Greek Catholism prior to his death in 1913.

[8] In the Americas, the Roman Catholic Church constantly discriminated against Greek Catholic priests because of the fact that they—in full accordance with the statutes of their church—were not celibate as a rule.

[9] These data seemingly contradict Myron Kuropas' observation that "for the first six years of its existence, *Svoboda* advertised itself as a 'Russian' newspaper," that it became "Little Russian" only in 1899 and was billed as "Ruthenian (Little Russian)" in 1894, "remaining so

sionary work among Ukrainians in Canada" (ibid.: 62), Stefan Makar, another member of the American Circle, who "took Nestor Dmytriv's place in Mount Carmel while the latter visited Ukrainian communities in Canada" (Kuropas 1991: 77), assumed the editorship in the year of his arrival to the U. S. in April 1897. Three years later, in August 1900, Ivan Ardan, another member of the American Circle, followed him (ibid.; see also Kravčenjuk 1993 and Kuropas 1991: 77).[10] Ardan, who had arrived in the U.S. in 1896 and settled in Jersey City, was originally a Greek Catholic priest as well. After leaving the priesthood in 1902, he became the first secular editor-in-chief of *Svoboda*. In 1904, he published the pioneer study *Ruthenians in America*, and in 1920 he became an advisor to the first Ukrainian Diplomatic Mission in Washington (Kravčenjuk 1993).

After Antin Curkovs'kyj became editor-in-chief in August 1907, the year of his arrival in the United States,[11] it was decided at the 10th convention of the Ruthenian National Association in Philadelphia (7–10 July 1908) that *Svoboda* should be edited not only in Cyrillic script but also in "Slovak" in order to attract Transcarpathians as well as Galicians who did not know the Cyrillic script. Osyp Stetkevyč, a teacher by profession, who immigrated to the U. S. in 1904, followed Curkovs'kyj in October 1910 and stayed, with a break between December 1911 and September 1912, until August 1919.[12] He was succeeded by Volodymyr Lotoc'kyj, who had already worked as a journalist in Galicia before immigrating to the U. S. in January 1914; he remained *Svoboda*'s editor-in-chief until 1926. At that point Omeljan (Emil) Revyuk, a trained lawyer who had arrived in America in 1912, took over. Revyuk had already published several influential pamphlets in both Ukrainian and English, including "Польща йде, та не одна, а дві" (Poland Is Coming, and Not One but Two, 1917), "Ukraine and Ukrainians" (1920), and "Trade with Ukraine; Ukraine's Natural Wealth Needs and Commercial Opportunities" (1920). Revyuk's most notable study, a mono-

---

until 1906 when it began to identify itself simply as 'Ruthenian'" (Kuropas 1991: 74). See section 2 of this article.

[10] Contrary to Kuropas, Procko and Kravčenjuk's claim that Ardan arrived in the U.S. in 1895, not 1896. Kuropas, however, offers the most reliable information in his study.

[11] Andrij Gela, who worked as a chaplain in Hungarian Ruthenian parishes of New Jersey and Pennsylvania, became editor of the "Slovak" version of *Svoboda* in July 1908. Unfortunately, I was unable to find any copy of a "Slovak" issue, and I tend to doubt that the word "Slovak" was actually used. It is more likely that this "Slovak" language was actually a western Transcarpathian dialect of Ukrainian (or Rusyn, from a different point of view).

[12] Interestingly, Stetkevyč offered Ukrainian language courses at New York's Columbia University between 1935 and 1937 (Kravčenjuk 1993).

graph entitled *Polish Atrocities in Western Ukraine*, was published by Svoboda Press in 1931 (Revyuk 1931). From 1933 to 1955, that is, for more than twenty years, Luke Myshuha was *Svoboda*'s editor-in-chief. Myshuha, a trained lawyer, had served as secretary to the prominent Galician Ukrainian lawyer and politician Kost' Levyc'kyj, and moved to the U. S. as envoy of the Western Ukrainian National Republic in 1921. In 1955 Antin Dragan, another trained lawyer, took over. After almost twenty-five years, Vasyl' Teršakovec' followed him in 1979, but was almost immediately succeeded by Zenon Snylyk in 1980. Snylyk, who had arrived in the United States as a child, was *Svoboda*'s first editor-in-chief to be educated entirely in the U. S. In 1998, Rajisa Haleško (Raisa Haleshko), who had immigrated to Canada in 1989, became the first female editor-in-chief of *Svoboda* and the first born and raised in Soviet Ukraine, notably outside Galicia. In 2000, Irena Yarosevych (Jarosevyč) followed her as the first editor-in-chief born in the U. S. Roma Hadzewych (Hadzevyč), who was also born in the U. S., has held this position since 2007.

As for *Svoboda*'s place of publication, it changed several times throughout its history, but always remained within the confines of New Jersey, Pennsylvania, and the city of New York. After Hruška's beginnings in Jersey City, N. J. (15 September 1893–June 1895), *Svoboda* was published in Shamokin, Pa. (18 June 1895–25 June 1896), Mount Carmel, Pa. (2 July 1896–12 July 1900), Olyphant, Pa. (1 August 1900–9 July 1903, Scranton, Pa. (16 July 1903–29 November 1906), New York, N. Y. (20 December 1906–6 April 1911), Jersey City, N. J. (13 April 1911–6 November 1997), and finally Parsippany, N. J. (since 7 November 1997) (see Kravciv 1973/1998, Balan – Kravtsiv 1993, and Kravčenjuk 1993).

Svoboda's circulation "has remained steady in recent years at approx. 18,000, the largest among Ukrainian papers in the West" (Balan – Kravtsiv 1993).

2. Nameplates and Mastheads

The nameplates and mastheads of *Svoboda* tell a lot about the history of this newspaper and its language. In this section I list all major changes regarding the language of the nameplates and English-language mastheads of *Svoboda* between 1893 and 1936 (no attention is paid to non-linguistic layout elements):

S 1893/1: Свобода. Часопись для руского народа въ Америцѣ.
Comment: During the first years, *Svoboda* used etymological orthography as officially used in Galicia as well until 1893–4. Regarding the form *часопись*, its final *-ь* was often used at that time both in Galicia and Greater Ukraine. In *для руского народа* the

spelling of the adjective with one *c* only points to the Ruthenian, not Russian character of the journal; the lack of the soft sign (*руского*, not *руського*) underscores its Galician character. The genitive ending -*a* in *народа* was often used in the contemporary Ukrainian language of the homeland as well.

S 1893/1: Masthead: *Russian*. The English-language masthead of issue no. 1 reads as follows: "SWOBODA (LIBERTY). The only Russian [!, M.M.] political paper in this Country and has a large circulation tro-ugh [*sic*, including the wrong hyphenation] the United States and is an invaluable advertising medium. ADWERTISING [*sic*] RATES: One inch per Six monts [*sic*] 6.00. All money or money orders should pe [*sic*] adressed [*sic*] to "Svoboda" Printing Office" (S 1893/1: 3).

Comment: This masthead is the first piece in English featuring in *Svoboda*. Its numerous mistakes at all linguistic levels demonstrate how alien English still was for Hruška and his team of quite recent immigrants. The unfortunate decision to translate *рускій* as "Russian" in the masthead was not changed for several years.

S 1894/18. Свобода. Часопись для руского народа въ Америцѣ и органъ "Руского Народного Союза".

Comment: As mentioned above, *Svoboda* became the organ of the Ruthenian National Association beginning from issue no. 18 of 1894. Contrary to Modern Standard Ukrainian, *Союза* has the genitive ending -*a*.

S 1896/3: Свобода – Liberty. Часопись для руского народа въ Америцѣ и органъ "Руского Народного Союза".

Comment: The otherwise identical title of the newspaper was now given in English translation as well.

S 1899/4: Masthead: *Russian* > *little Russian*: Only beginning from issue no. 4 of 1899, the masthead changed the term *Russian*, but the change was not carried out consistently. The masthead now read: "'SWOBODA' (LIBERTY.) Weekly Paper. The only little Russian political Newspaper published in all parts of the United States and Canada, wherever the Russian [*sic*] language is spoken and is the best advertising medium ..." (S 1899/4: 2).

S 1900/26: Masthead: *little Russian* > *Little Russian*: The next change introduced a merely orthographic (though essential) improvement. Issue no. 26 for 1900 introduced capitalization to "Little Russian," but one could still read the phrase "wherever the Russian language is spoken" (S 1900/26: 2).

S 1904/1: Masthead: *Little Russian* > *Little Russian (Ruthenian)*. The first issue for 1904 introduced the following text: "'SWOBODA' (LIBERTY.) The Ruthenian (Little Russian) Weekly published every Thursday ..." (S 1904/1: 6). The expression "Russian" was thus ultimately removed.

S 1904/44: Masthead: *Little Russian (Ruthenian)* > *Ruthenian*. The masthead now read as follows: "'SWOBODA' (LIBERTY). THE RUTHENIAN WEEKLY published every Thursday ..." (S 1904/44: 4). This version of the masthead basically remained as is for ten years.

S 1906/28: 26-го Липня 1906. Свобода – Svoboda. Орган Руського Народного Союза в Америцї і орган "Руского Народного Союза".

Comment: Major reforms are reflected in this new nameplate. First and foremost, the etymological orthography was now replaced by "phonetic" orthography. Final -ъ was eliminated, and ѣ was replaced by *ї*, in accordance with the Galician orthography established by Jevhen Želexivs'kyj ("Želexivka"). The Ukrainian title was now given in Cyrillic and Latin scripts, whereas the English translation was removed. *Svoboda* was now called the organ of the "Ruthenian National Association in America" and the or-

gan of the "Ruthenian National Association." The adjective meaning "Ruthenian" was now written with ь in the former case, but without it in the latter. In the latter case, quotation marks for the "Ruthenian National Association" may have been used for that very orthographic reason. Whereas in earlier issues the traditional Latin-based names of months had been used, expressly Ukrainian names were now introduced. The word *часопись* was no longer used in the nameplate.

S 1913/24: Свобода. Урядовий орган Р. Н. Союза в Америці. "Svoboda". Official Organ of the L. R. Nat'l Union of America.

Comment: The nameplate was now bilingual, with the English version displayed in smaller letters. *Svoboda* was now called the "official" ("урядовий") organ of the "Ruthenian National Union" [later: Association—M.M.], and the earlier problem of the spelling of *руський* vs. *рускій* was overcome by the abbreviation "L. R." in the English title, which apparently meant "Little Russian." "Руський Народний Союз" was thus translated as "Little Russian Union."

S 1914/60: Свобода. Урядовий орган Р. Н. Союза в Америці "Свобода". Official Organ of the L. R. Nat'l Union of America.

Comment: Issue 60 for 1914 is curious inasmuch as *Svoboda* was still called the official organ of the "Ruthenian National Union of America," but in the same issue there is an appeal to the same organization entitled "Відозва головних урядників. До членів Українського Народного Союза." The name "Ruthenian National Union" was thus paralleled by "Ukrainian National Union"!

S 1914/62: Свобода. Урядовий орган У. Н. Союза в Америці. "Svoboda". Official Organ of the Ukr. Nat'l Assn. of America.

Comment: In issue 61 there was no change in the nameplate, but issue 62 for 1914 replaced the abbreviation "P." with "У." The English version made the major change even more visible inasmuch as "Ukr." was now featured instead of "R." Furthermore, the word "Union" was now replaced by the quasi-synonymous "Ass[ociatio]n").[13]

S 1914/62: Masthead: *Ruthenian* > *Ukrainian*. Issue 62 for 1914 represented a true breakthrough in the masthead, which now read: "'SVOBODA' (LIBERTY). THE UKRAINIAN NEWSPAPER [...]" (S 1914/62:4).

S 1921/1:

Свобода. Український дневник. Урядовий орган запомогової організації Український Народний Союз в Злучених Державах Америки.	Svoboda. Ukrainian Daily. Official Organ of the Ukrainian National Association, Inc.

Comment: The nameplate was now not only bilingual; the Ukrainian and English-language parts were also given in parallel and in equal-sized scripts. The information that *Svoboda* was a daily was added in both versions. Only the Ukrainian part of the nameplate, however, included the information that the "Ukrainian National Association" was an aid organization, and only the Ukrainian part now read "Злучені Держави Америки" (one of the Ukrainian translations of "United States of America") instead of the formerly used, straightforward "Америка." As the term *aid organization* ("запомогова організація") was introduced, the name of the organization now appeared

---

[13] Myroslav Kuropas points to the fact that already by 1912 "ads announcing planned local events [in *Svoboda*—M.M.] employed either 'Attention Ruthenians' or 'Attention Ukrainians' as headlines to catch the eye of the reader" (Kuropas 1991: 83).

in the nominative case. Only the English part of the nameplate included the abbreviation "Inc." (indicating the incorporated status of *Svoboda*).

S 1936/76. Свобода. Український щоденник. Урядовий орган запомогової організації Український Народний Союз.
Svoboda. Ukrainian daily.

Comment: In 1936 the English part of the nameplate was again displayed in smaller letters and after the Ukrainian part. In the Ukrainian title, the word *дневник*, which is also used in Russian, was now replaced by the expressly Ukrainian word *щоденник*. *Svoboda*'s sister newspaper, the English-language *Ukrainian Weekly*, has been published since 1933 (Kravciv 1973/1998).

As stated in the journal itself, a major problem during the early years of *Svoboda*'s existence was adult illiteracy among the Ukrainian community in North America. *Svoboda* reacted, inter alia, with the publication of a primer entitled *Self-Teacher and Dictionary for American Ruthenians* and "a Ruthenian-English dictionary and a fact sheet in its pages" (Kuropas 1991: 78). In its early years, *Svoboda* "cared about the social problems of the Ruthenian immigrant and was equally, if not more, concerned with the development of a unique sense of ethnonational consciousness" (ibid.: 80). On 20 April 1894 *Svoboda* published the passionate "Ten National Commandments":

I am *Svoboda* that wishes to lead Ruthenian Americans out of the darkness of ignoreance and spiritual slavery.
1. You will not read any newspapers printed in Ruthenian but devoid of the Ruthenian spirit.
2. Do not call yourself Ruthenian if you are indifferent to the Ruthenian cause in America.
3. Do not forget to become a member of the Ruthenian National Association[14] and belong to a reading club and make sure that you subscribe to *Svoboda*.
4. Honor, respect, and support sincere Ruthenians and you will lead a long and happy life in America.
5 Do not kill your body and spirit by leading a life of drunkenness and debauchery.
6. Do not engage in friendly relations with the Hungarophile clique, [which is] hostile to the Ruthenian cause.
7. Do not seek to obtain *Svoboda* free of charge. First pay for it, then read it.
8. Do not testify falsely against the Ruthenian National Association or *Svoboda* but make sure you know where the truth lies.
9. Do not seek to become a traveling agent of *Viestnik* [the main organ of the Hungarophiles—M.M.] or you will suffer for it [a threat or a warning?—M.M.].
10. Do not seek the purse of the haughty Magyarophiles because it is empty; the people are wise and do not throw away "quarters" [25-cent coins—M.M.]; neither seek their bigotry nor their fox-like shrewdness—they belong to them (cited in Kuropas 1991: 80).

---

[14] Kuropas (1991: 80) has "Ruskyi narodnyi soiuz" in this text (see also "commandment" 8).

Svoboda called for national solidarity and a virtuous life. At the same time, it identified a common foe (at that point, it was more the Hungarophiles than the Russophiles) and underlined its own role in the confrontation and the importance of its support from the community. Beginning in the early years, the question of Ruthenian, or Ukrainian, national identity and its maintenance in America has always been the focus of the newspaper.

The language of *Svoboda* has not been studied yet. Bohdan Ažnjuk used materials from *Svoboda* for his monograph on the Ukrainian language in North America, but he did not analyze its language (Ažnjuk 1999). Borys Balan and Bohdan Kravciv (Balan – Kravtsiv 1993) noted that *Svoboda* employed the etymological orthography until 1903 and then switched to the "phonetic" orthography (which is only partly true; see below). The question of the language of *Svoboda* is, however, of great interest for a number of reasons. The first decades of the journal coincided with a period when the Modern Standard Ukrainian language was making particularly great and rapid progress in the home country, particularly in Galicia, where not only authoritative dictionaries and grammars were available, but books and pamphlets on a variety of topics, newspapers and journals, even scholarly journals with highly elaborated terminologies or the laws of Austro-Hungary were published in Ruthenian/Ukrainian. At the same time, however, the Ruthenian/Ukrainian language was still characterized by an extremely high level of variation even within the confines of Galicia, while an all-Ukrainian standard language linking Galicia and Greater Ukraine was not established until the Second World War (Moser 2011a). The question of how all these important facts related to the history of the Ukrainian language were reflected on the other side of the Atlantic Ocean—and particularly in the most important newspaper of the Americas by far—is still a *tabula rasa*.

3. *Svoboda*: Issue No. 1, 1893 and Its Language

The following fragments are from the first issue of *Svoboda* for 1893. They give a good impression not only of the language of *Svoboda* but also of its major topics:

3.1. "Ruthenian Brethren!"

The first text ever published in *Svoboda* is an editorial calling upon Ruthenians to accept *Svoboda* as their own organ and defining the mission of the newspaper as a medium destined to "enlighten the Ruthenian people, defend its honor against hostile attacks, point out the path to progress, civilization, and wealth,"

and to help maintain Ruthenian/Ukrainian identity, which is described below as a triune "treasury" of faith, rite, and language:

> БРАТЯ РУСИНИ! Пускаючи сей першій нумеръ нашой часописи въ широкій свѣтъ, кличемо до Васъ щиро руськимъ братним голосомъ: Пріймѣтъ и повитайте яко свою „Свободу"! [...] Народе Рускій! Ты показавъ єси яка въ тобѣ сильна вѣра, яка у тебе терпеливость, яка у тебе постоянность! Слава, слава да честь, Тобѣ о народе мôй! Кто ту въ Америцѣ твой хлѣбъ ѣсть а о твоє добро, о твою просвѣту не дбає – да будетъ Богомъ, и людьми проклятъ! Ты во власныхъ силахъ ишовъ дорогою, котра веде до-правди а правда до свободи. Но теперъ оглядаєшъ ся за провѣдникомъ, корьый [!] б [!] завѣвъ Тебе до храму свободи. Тимъ провôдникомъ власне зсть [!] часопись „Свобода". Нашою задачею зст [!] просвѣщати рускій народъ, боронити єго честь отъ вражихъ нападôвъ, всказати дорогу до постпу [!], до цивилізаціи, до добробыту. Дальше – свтимъ [!] буде обовязкомъ сохраняти межи нáдодомъ [!] єй сокровища то єсть: вѣру, обрядъ и мову (S 1893/1: 1).

3.2. News from the "Old Country"

The second fragment offers "news from the Old country": specifically on a flood in the Lemko area and in Bukovyna:

> ВѢСТИ ИЗЪ СТАРОГО КРАЮ. Сего року постигло страшне нещастьє нашу лемковщину и зелену Буковину, де черезъ велики и части дощи та зливи, рѣка Серетъ, Пруть и други, выступили зъ свойхъ береговъ и зъ страшнымъ шумомъ та лоскотомъ розлили свои воды по хлѣбодайныхъ ныважъдъ [!] такъ, що цѣла праця и надѣя рускихъ хлѣборобовъ зôстала въ намулѣ надъ водою [...] (S 1893/1: 1).

3.3. News from the New Home Country

Beginning with its first issue, *Svoboda* reported on American issues with a focus on topics of particular interest to Ruthenians/Ukrainians. The following fragment focuses on "the black cloud of unemployment":

> АМЕРИКАНЬСКИ НОВОСТИ. Отъ берегôвъ атлянтика ажъ до берегôвъ тихого океана, Америка переживає тяжки часы. Чорна хмара безроботія повисла надъ робôтничою головою. [...] всѣ съ нетерпеливостію питаьютя [!] одинъ другого якъ вивяжесь [!] конгресъ сь [!] той такъ прикрôй [!] ситуаціи. [...] (S 1893/1: 2).

3.4. News from the World

From the beginning, *Svoboda* reported on international politics, again, of course, with an eye on the Ruthenian/Ukrainian perspective:

ПЕРЕГЛЯДЪ ПОЛИТИ<Ч>НЫЙ[15]. Росія провадитъ зъ. Німе<ч>чиною цлову войну. – А в с т р і я готовитъ ся д<о> великихъ осѣннѣхъ ма<не>-врôвъ, на котри прибудутъ царѣ, королѣ и множест<во> дрôбненькихъ князѣвъ. М<а>неври отбудутъ ся на угорской сторонѣ (S 1893/1: 2)

3.5. News from "American Rus´"

As for the American context, *Svoboda* naturally always maintained a strong focus on the Ukrainian community and its cultural endeavors. The following fragment reports on a picnic organized by one of the Jersey City Brotherhoods in one of the centers of "American Rus´" ("Американьска Русь"), as the Ruthenian/Ukrainian community was often called during the early years.

АМЕРИКАНЬСКА РУСЬ. Джерзі Сіті. Дня 11. Юлі<я> отбувъся дуже в<е>личаво другій рôч<н>ѣй пікнікъ тутейшого братства С<в.> Апостолъ Петра и Павла […] (S 1893/1: 2).

3.6. Entertainment and Culture

From the very outset, a variety of texts, including jokes, poems, and (most often serialized) short stories or novels, and, later, cartoons ("Tarzan" ["Тарзан"] etc., with original English texts, as a rule) appeared in *Svoboda*:

В е с е л а х в и л я. В ъ ш к о л ѣ. – Скажи менѣ Ивасю, котри звѣрята найбôльше суть привязаный [!] до чоловѣка и єго тримаютъ ся? – Пявки, прошу пана професора (S 1893/1: 3).

ДО СВОБОДИ. Свободо премила, / Жизнь Бога самого // Чомъ намъ не окажешъ / Ты личенька Твого? […] (Федоровъ) (S 1/1893: 3).

КОВАЛЬ А ЧОРТЪ.[Съ италіянского] [оповідання] (S 1893/1: 3).

3.7. Political Commentary

The following piece is a polemical response to an article on Ruthenians, which was published in the Polish journal *Przyjaciel ludu*:

К ô л ь к а с л ô в ъ п и с ь м а к о в и "o Rusinach" въ "Przyjacil [!] Ludu": … Письмакъ кричитъ що треба рускій народъ просвѣтити. Най онъ о тôмъ нестарає ся уже суть такій, що о се дбаютъ; най скорше самъ возьме книжку до рукъ та най иде до штуби щобъ на будуще такихъ дурниць неписавъ … (S 1893/1: 4).

---

[15] The text within angled brackets is not readable in the scanned versions of *Svoboda* (and, in most cases, probably not readable in the original versions either).

3.8. Advertisements and promotion:

Understandably, *Svoboda* has always been a medium of self-promotion. Ads for various clients were introduced, starting with the second issue (see below):

> ПРОШЕНІЕ. Просимъ нашихъ читател<> щобъ собѣ се взяли на увагу, що друге число нашой часописи вишлемо тôлько тимъ, що зъ гори заплатятъ на цѣлый рôкъ <a>бо на пôвъ року по одержан<>о першого числа […] Просимо дальше всѣхъ правди- вихъ Русинôвъ щобъ були такъ добри, доносити все де що нового <в>ъ ихъ мѣсцевости станеся, а мы радо помѣщати будемо. Сли до кого окалѣчитъ або де кто умре або ро- бôтникамъ зробилась яка кривда – все просимъ донести (S 1893/1: 4).

3.9. The Ruthenian/Ukrainian Language of Issue No. 1 of *Svoboda*

Issue no. 1 of *Svoboda* clearly demonstrates the technical problems that cropped up in the early issues. Numerous misprints, omitted letters, incorrect letters, or inverted types (particularly Latin *d* for Cyrillic *p*) are indicated in the cited frag- ments. Obviously, the typesetters lacked Ukrainian typefaces and therefore printed *ɛ* for *є*, *й* for *ї*; see *зъ свойхъ береговъ* (p. 1) and many other instances,[16] and *z* for *г*; see *Конгресъ* (p. 2). Apparently, *Svoboda* publishers were reluctant to employ the so-called "phonetic" alphabet at the beginning not only for ideolo- gical but also for merely technical reasons.

Other mistakes and inconsistencies do not seem to be based on technical obstacles:

- *нывахъd* (p. 1) for *нивахъ*, *Русини* (p. 1) for *Русины*, *М<а>неври* (p. 2) for *Маневры*, *до-правди* (p. 1; with a hyphen at the end of the line) for *до правды*, *до свободи* (p. 1, as in the title of the poem on p. 3) for *до свободы*, *до штуби* (p. 4) for *до штубы*, *зъ гори* (p. 4) for *съ горы*, *зливи* (p. 1) for *зливы*, *свтимъ* (p- 1) for *свя- тымъ*, *правдивихъ* (p. 4) for *правдивихъ*, or *вивяжесъ* (p. 2) for *вывяжеся/вывя- жесь* and *вишлемо* (p. 4) for *вышлемо*;
- *Тимъ* (p. 1) for either *Тымъ* or *Тѣмъ* (instr. masc. sing.), *тимъ* (p. 1) for either *тымъ* or *тѣмъ* (dat. pl.);
- *зъ.* [*sic*, with the full stop—M.M.] *Німе<ч>чиною* (p. 2) for *зъ* (or: *съ*) *Нѣмеччи- ною*, *осѣннѣхъ* (p. 2; gen. pl.) for *осѣннихъ*. The spellings *царѣ*, *королѣ* (both nom. pl.) and *князѣвъ* (gen. pl., with *ѣ* < *е*) (all p. 2) with the non-etymological *ѣ* [i] are well attested in older Ukrainian texts;
- *Братя* (p. 1) along with *нещастье* (p. 1) and *Прошеніе* (p. 4) *съ нетерпеливостію* (p. 2), *безроботія* (p. 2);
- *онъ* (p. 4, for *ôнъ* or *вôнъ*; see Galician *она* elsewhere (S 1893/1: 4)), *твой* (p. 1), *береговъ* (p. 1), *хлѣборобовъ* (p. 1), *отъ* (p. 1) along with correct *мôй* (p. 1), *рôкъ* (p. 4), *пôвъ року* (p. 4), *берегôвъ* (p. 2), *ма<не->врôвъ* (p. 2; with the hyphen probably at the end of the line), *робôтничою* (p. 2), *вôйну* (p. 2), *дрôбненькихъ* (p. 2), *зôста-*

---

[16] Ukrainian *i* was not problematic because it was still used in the prerevolutionary Russian orthography as well.

ла (p. 1) etc.[17] Although some Western dialects retain *o* in the suffix *-ost'* as well, the by far prevailing usage prescribed the spellings *терпеливóсть, посторяннóсть*, not *терпеливость* (p. 1) and *постоянность* (p. 1);

- *сь той такъ прикрóй* (for: *прикрой*) *ситуаціи* (p. 2) along with correct *нашой часописи* (gen. sing.) or, on the other hand, *на угорской* (for: *угорскóй*) *сторонѣ* (p. 2);
- *рóч<н>ѣй* (for *рóч<н>ый*) *пікнікъ* (p. 2) (a mere misprint of an awkwardly rendered hypercorrect soft stem?—M.M.?)[18];
- *провѣдникомъ* (1) along with correct *провóдникомъ* (p. 1);
- *зъ страшнымъ шумомъ* (p. 1), *зъ. Німе<ч>чиною* (p. 2) along with *съ нетерпеливостію* (p. 2); *сь той такъ прикрóй ситуаціи* (p. 2) for *изъ той такъ прикрой ситуаціи*;
- *котри звѣрята найбóльше суть привязаный* (for: *привязани* according to the orthography employed in this issue) *до чоловѣка* (p. 3); *уже суть такій* (for: *таки*) (p. 4).

Finally, one might note the inconsistent *до добробыту* (p. 1) along with *отбувъся* (p. 2) and *були* (p. 4). The variation of the verbal ending in *Кличемо* (p. 1), *вишлемо* (p. 4), *будемо* (p. 4), or *просимо* (p. 4) vs. *просимъ* (p. 4) is typical of the Ukrainian language of all realms well into the twentieth century. The inconsistent spelling of the negative particle, as in *неписавъ* (p. 4), *нестараε ся* (p. 4) vs. *не дбаε* (p. 1), *оглядаεшъ ся* (p. 1), *не окажешъ* (p. 3) can be encountered in much Ukrainian-language writing of the time.

All these problematic issues notwithstanding, the language of *Svoboda*'s first issue is beyond a doubt Ruthenian in the sense of U k r a i n i a n ; it should not be labeled either as "Jazyčije" or as "Russo-Ruthenian" (see Moser 2011: 602–66). In other words, authors did not strive to avoid Ukrainian linguistic elements, as exemplified by the following list:

- The orthography as in *окажешъ* (p. 3) instead of Russian and traditional *окажешь*, to name just one feature;
- A large number of word forms, such as *просвѣту* (p. 1; acc. sing.), *до пост[у]пу* (p. 1), *обовязкомъ* (p. 1), *праця и надѣя* (p. 1), *дурниць* (p. 4; gen. pl.), *кривда* (p. 4), *робóтничою* (p. 2), *прикрóй* (p. 2), *в<е>личаво* (p. 2), *першій* (p. 1), *тутейшого* (p. 2), *де що* (p. 4), *яка* (p. 4; as an indef. pron.) *ишовъ* (p. 1), *дбаε* (p. 1), *отбудутъ ся* (p. 2; see Modern Ukrainian *відбудуться*), *зробилась* (p. 4), *теперъ* (p. 1; with a hard ending as in Modern Standard Ukrainian), *дуже* (p. 2), *та* (p. 1, as a conjunction), *або* (p. 4; several times), *якъ* (p. 2), *межи* (p. 1), *ажъ до* (p. 2), etc. Although the noun *языкъ* (or *язик* even in the modernized orthography) was still widely used in Ukrainian texts of the time, in issue no. 1 of *Svoboda* we encounter *мову* (p. 1; acc. sing.);
- The entire inflectional morphology, including the dative form *менѣ* (p. 3), the vocative form *Ивасю* (p. 3), the truncated form *Твого* (p. 3), the genitive singular ending in

---

[17] As for *возьме* (p. 4), the *o* is etymologically correct (*o < ъ*).

[18] Most Galician dialects do not know soft-stem adjectives.

до храму (p. 1), the dative singular ending in *письмакови* (p. 4) (for some specifically Galician forms, see below);
- The derivational morphology, as in *личенька* (p. 3; gen. sing.);
- For syntax, see the use of the genitive in *Сего року* (p. 1; genitivus temporis), the use of *до*, etc. (as for some Galician features see below), or the use of relative *що*, as in *такій* [= *такі*—M.M.]*, що о се дбаютъ* (p. 4), and *тимъ, що зъ гори заплатятъ* (p. 4), etc.

At first glance, the only features that seem to contradict this diagnosis are, apart from the etymological orthography (including *кто* [p. 1], but along with *що, щобъ* [both p. 4], not *что, чтобъ,* or *де* (p. 4), not *гдѣ*), i s o l a t e d , a r - c h a i c , o r s e e m i n g l y a r c h a i c e l e m e n t s . In the cited fragments, the following elements spring to mind:

- The form of the copula in *показавъ єси* (p. 4) instead of *показавесь*;
- The spelling *во* in *во власныхъ силахъ* (p. 1), which was often used in nineteenth-century Galician Ukrainian to render the preposition with syllabic value, that is, *у* (from etymological *въ*), through the etymological orthography;
- Church Slavonic fragments, such as *да будетъ Богомъ, и людьми проклятъ!* (p. 1) or *Слава, слава да честь* (p. 1), which are the result of code-switching to Church Slavonic; see also *братства С<в.> Апостолъ Петра и Павла* (p. 2) with the archaic zero-ending in the genitive plural (< *-ъ*), whereby the archaic element belongs to the name of the brotherhood organization and not to the language of *Svoboda*;
- The verbal form *умре* in *де кто умре* (p. 4), which is a rather peculiar form inasmuch as the highly archaic Church Slavonic aorist in the predicate is combined with an expressly Ukrainian form of the indefinite pronoun (cf. modern Ukrainian *дехто*) in the subject;
- Isolated Church Slavonic lexemes, such as *храмъ* (p. 1), *просвѣщати* (p. 1) *вражихъ* (p. 1), *сохраняти* (p. 1), *сокровища* (p. 1), *жизнь* (p. 3; from the poem), many of which were still broadly used in nineteenth-century Ukrainian, even by Taras Ševčenko (see Moser 2008); possibly *премила* (p. 3) with the prefix *пре-*, which is, however, not necessarily a Slavonism; see Polish *przemiły*;
- Seemingly archaic elements, such as *сей, сего* (p. 1), *се* (p. 4) and *но* (p. 1), which are well-attested in Galician dialects, *тôлько* (p. 4; not *тôльки* [Modern Standard Ukrainian = *тільки*]), which is broadly used in both earlier writings and modern Ukrainian dialects, *зст[ь]* (p. 1) and *суть* (p. 3), which are genuinely Ukrainian and were broadly used well into the twentieth century; *задачею* (p. 1), *Дня 11. Юлі<я>* (p. 2), *на будуще* (p. 4), all of which were still widely used in nineteenth- and early twentieth-century Ukrainian. As for the verb *старатися* (see *нестараε ся* [p. 4]), Ukrainian purists often regard it as a Russianism in Ukrainian; the presence of the Polish *starać się* shows, however, that this is very unlikely. Regarding *часопись*, see above (for all forms, see their usage by Taras Ševčenko in Moser 2008).

More specifically, this language is Galician Ukrainian, which does not mean, however, that we are dealing with a Galician dialect. The typical Galician Ukrainian features of this language are the following:

- Orthographic features, such as the frequently encountered separate writing of the reflexive particle, as in *отбудутъ ся* (p. 2) along with *отбувъся* (p. 2);
- Phraseological items, such as the Galician *прошу пана професора* (p. 3), with *панъ професоръ* in the object used as an address, *взяли на увагу* (p. 4);
- Phonological features, such as the phonemic structures of the suffixes, as in *рускій* (p. 1), *Американьски* (p. 2), *Американьска* (p. 2), the soft *l'* in the loan *атлянтика* (p. 2);
- Morphological features, such as the locative singular ending in *по одержан<>о* (p. 4), that is, *по одержаню*; see *о розвою* elsewhere (S 1893/1: 4); the suffix in *звѣрята* (p. 3), the lack of *-т(')* in the 3rd person singular present tense forms of reflexive forms, as in *станеся* (p. 4), and the prevailing hard endings of the 3rd person singular and plural present tense forms of the type *провадитъ* (p. 2), *готовитъ ся* (p. 2), *прибудутъ* (p. 2), *заплятятъ* (p. 4), *дбаютъ* (p. 4). However, this ending is paralleled by soft endings, starting from the first issue of *Svoboda*[19]; see: "'Рускій народъ темный, непросвѣщенный, надъ рускимъ народом пануе, царитъ египетска тьма' то суть ослячи слова глубокой клапоухой мудрости bel asino delle marche. На се отвѣтимъ коротко. Мы Русини знаемо азбуку Св. учителей славянъ Кирила и Методія–поляки ю забули и съ ней смѣютъ ся" (S 1893/1: 4); the hard ending in the 2nd person plural imperative forms of the type *Пріймѣтъ* (p. 1); the exclusive use of *єго* (p. 1; this is barely intended to render [joho]—M.M.) instead of *його* and *єй* (p. 1) instead of *ѣй* (gen. case); Galician *ю* instead of *ѣ* appears in the accusative in other fragments; see "Мы Русини знаемо азбуку Св. учителей славянъ Кирила и Методія–поляки ю забули и съ ней смѣютъ ся" (S 1893/1: 4);
- Lexical features, such as *всказати* (p. 1) instead of *вказати*, *провадитъ* (p. 2) instead of *проводитъ*, *цѣла* (instead of *вся*) *праця и надѣя* (p. 1), *цлову войну* (p. 2; see Polish *cło*, German *Zoll*), *зъ гори* (p. 4), *одинъ другого* (p. 2) instead of *одинъ одного*; *най* (p. 4; several times); *сли* (p. 4), and many more (see *ничъ* in S 1893/2: 1 etc.);
- Syntactic features, such as the use of the genitive instead of the accusative case in *де що нового* (p. 4), the conjunction *a* in the copulative, not the adversative meaning, as in *Коваль а чортъ* (p. 3), the use of *o* + accusative case, as in *о твоє добро, о твою просвѣту не дбає* (p. 1; several times), along with the sporadic (basically non-Galician) use of *o* + locative case as in *о тôмъ нестарає ся* (p. 4); the more frequent use of the *genitivus negationis*, as in *Чомъ намъ не окажешъ / Ты личенька Твого?* (p. 3) or *най иде до штуби щобъ на будуще такихъ дурниць неписавъ* (p. 4).
- Many of these Galician features link Galician Ukrainian with Polish.

Other Galician features were clearly avoided. As opposed to dialects and older writing traditions, the reflexive particle is usually not used in positions

---

[19] The situation is not entirely clear, though, as the soft and the hard signs are often employed erroneously.

other than immediately following the full verb, that is, no constructions of the type *ty sja myješ* are employed here (they do, however, occur sporadically else-where in the first years; see *якъ маемъ ся називати* [S 1893/2: 1]). The role of the language of Greater Ukraine as a model is particularly visible as the reflex-ive particle is often used in the non-Galician form *-съ*; see *зробилась* (4) and *ви-вяжесъ* (2; obviously for *вивяжесь*). Instead of *narid*, which prevails in Gali-cian dialects, the form *народъ* (1) is used in the above-cited fragments (see, however, *нарôдъ* in S 1893/2: 1 and elsewhere, but *народъ* again in S 1894/4: 2). The fact that *Svoboda* was oriented toward Greater Ukraine from the beginn-ing is also reflected by the slogan displayed in the nameplate, where one can read Taras Ševčenko's verse: "Учите ся брати мои, думайте, читайте / И чу-жому научайтесь – Свого не цурайтесь, / Въ своєй хатѣ своя правда и сила и воля" (S 1893/1: 1).

Ukrainian dialects, primarily Galician or Transcarpathian dialects, appear in *Svoboda*, but mainly in the form of quotations designed to poke fun at dialect speakers. The following fragment from the first issue imitates a typical feature of most Transcarpathian dialects:

> Піттсбургъ, Тамошни Русини мають вигоду, бо не платять коллекти. Сли прійде коллектор съ уніятской стороны, то кажутъ: мы не даме бо належиме до православной церкви, сли прійде съ стороны православной, то кажутъ мы уніяты—qen trovato (S 1893/1: 3).

The jokes published in *Svoboda* are a rich source of dialectal materials. In the following short fragment the highlighted Galician features are those that were in all probability regarded as dialectal already by the turn of the twentieth century (*мѣ* might have been regarded as "standard,", too; see more clitic prono-minal forms in ordinary articles in later issues):

> – Прошу пана превелебного прити **мѣ** дитину покрестити. Но–але най не забу-дуть, бо **южъ** єсть готове и най метрику зо со**бомъ** возмуть (S 1893/1: 3).

English loans are not absent even from the first issue of *Svoboda*. In the cited fragments we see not only the placename *Джерзі Citi* (p. 2) but also *кон-гресъ* (p. 2) for the political institution (with *z* featuring probably owing to the lack of types for *г*, as mentioned above), and, most interestingly, *пікнікъ* (p. 2) as an American concept of community culture (for more early English loans, see Appendix).

4. On the Way to the "Phonetic" Alphabet and Modern Standard Ukrainian

The orthography and language of *Svoboda* changed constantly during the first years of its existence, though the changes were not always radical, and most often were not introduced consistently, at least at the beginning. Quite often, forms varied markedly not only within one issue of *Svoboda* but even within one article.

In the second issue one still finds the forms *она* and *они* as typical of many Galician sources even apart from the Russophile sphere, but now we come across *ôнъ* (1893/2: 2; instead of *онъ*, as encountered in the first issue). The conservative spelling form *отъ* (1893/2: 2, 3, etc.) is still used, yet *одъ* appears as well in *одъ довшого уже часу* (1893/2: 3), that is, preceding a voiced consonant. In the prefix not only *от-* and *од-* but even *вôд-* appears; see *отбулося, одбулося, вôдповѣдь* (all 1893/2: 3). The adverbalized adjective *остро* (1893/2: 4) is spelled without a prothetic consonant, yet obvious violations of etymological orthographic principles are still encountered, as in *въ згодѣ* (1893/2: 4), etc. Some specifically Galician forms are [*при добрôмъ*] *здоровлю* (S 1893/2: 3), the short pronominal form in [*добре*] *му* [*на семъ свѣтѣ жити*] (ibid.), the form of the numeral *двайця<ть>* (ibid.), the comparative form *повисше* (4) without dissimilation, or the passive construction with *зôстати* (with the meaning of action, not state; see the Polish construction with *zostać*, a loan translation from German), as in *Плянъ будови моста черезъ рѣку Гудсонъриверъ зъ Джерси Сити до New Yorku зôставъ потвердженый отъ министерства вôйны* (S 1893/2: 4), *чотири женщини зôстали забити на смерть* (S 1893/4: 2). Over time several forms were "corrected": The above-mentioned title of the serialized story was changed from "Чортъ а Коваль" to "Чортъ и Коваль" (S 1893/2: 4) because coordinative *а* was obviously interpreted as a Polonism (and rightly so). Some isolated vestiges of an either extremely conservative or (rather) Russian-based orthography occur sporadically; see *продолженіе* (S 1893/2: 4), etc., yet considerably more forms expressly distance *Svoboda*'s language from Russian; see *суджеными, потвердженый* (1893/2: 4) or *всѣма министрами* (1893/2: 4), *Борба* (1893/2: 4), etc.

Issue no. 3 introduced an unwarranted correction of Taras Ševčenko's famous verse in the nameplate. Someone apparently believed that *Учѣте ся брати мои* (S 1893/3: 1) is better than *Учите ся*, although Ševčenko consciously used an archaic form of the imperative (Moser 2008), while the correct modernized form could have been only *Учѣть* (or *Учѣтъ* in some Galician dialects). The form *народъ* was often "Galicianized" into *нарôдъ* (S 1893/3: 1). The

spellings *одъ* and *од-* were now employed more frequently, as in *одъ рускога* (S 1893/3: 1), [*наберавъ*] *одваги* (S 1893/3: 2), *одповѣдь, одбувъ ся* (S 1893/3: 3); alongside the traditional spelling, as in *откры̣въ* (S 1893/3: 3), and an idiosyncratic in the adverb *съ вôтки* [for *звідки*] (S 1893/3: 2) occurred.[20] The preposition and prefix are still spelled against the etymology in *що зъ нами зробили* (S 1893/3: 3). The conservative spelling *питаніе* concurred with forms of the type *питане* and *значине* [sic, for *значенє*, as the form would have been spelled in Galician sources at that time] (all S 1893/3: 3). The latter forms can hardly be interpreted as misprints since the third issue consistently replaced *є* with *е* (see the oblique form *переконаня* [ibid.]). Issue no. 3 still used *онъ* (S 1893/3: 2) and contained some texts that were obviously "translated" from the Russian in a very unconvincing way. At the same time, the editors did not shy away from expressly Galician forms and spellings, as in *скôньчилися, честно-та,* or *завсе* 'always' (cf. Polish *zawsze*) (S 1893/3: 2). The same issue deserves particular attention inasmuch as it features the first letter to the editor (under the heading "АМЕРИКАНЬСКА РУСЬ"). The letter was obviously written by an emigrant from Transcarpathia. It contained not only several Transcarpathian dialectal features (highlighted in bold print) but also more conservative or Russian forms than were usually encountered in *Svoboda* articles. Even the introduction by the editors contains the form *получула* and the otherwise not-used ending *-ое* in *красное*:

> На дняхъ получила наша Редакція дуже красное русское письмо пересякнене письмо [sic!], котре тутъ подаемо дословно:

> Beacon Falls 22.9. 1893
>
> Слава Іисусу Христу!
>
> Получивши ,первый [sic!] нумеръ „Свободи" котру намъ Іосифъ Вархоликъ до-ручив,витаемо [sic!] и принимаемо ю щыро, яко давно очѣковану нашу просвѣтительку понеже познава**ме** зъ первихъ ей основнихъ рядкôвъ що она хоче нашъ рускій народъ съ твердого сну тутъ въ Америцѣ пробудити и ко просвѣщенію и благоразумію привести. [...] Съ почтеніемъ оста**вамъ** щыримъ русиномъ
>
> Стефанъ Гомикъ

> Сей листъ дуже насъ урадовавъ бо пôзнали мы сь [sic!] него що нашъ чоловѣкъ тутъ въ Америцѣ самъ приходитъ до того переконаня же му треба рускóй и то правди-

---

[20] Here the *m* might be regarded as a tribute to phonetic circumstances only from a Galician point of view (as opposed to Modern Standard Ukrainian, most Galician dialects do assimilate consonants following voiceless consonants), whereas the spelling *съ* is clearly unfortunate, as is the separate spelling of the adverbial form.

вой руской газети, котру онъ самъ оцѣнитъ и сли отповѣдае его потребамъ и его заду-шевнымъ бажанямъ, онъ самъ о такую проситъ.

Дай Боже щобъ такихъ Стефанôвъ було бôльше въ Америцѣ, а тогда мыбъ инак-ше стояли и не таке значине мали помежи другихъ народностей якъ нынѣ (S 1893/3: 3).

Regardless of whether this letter was authentic, it was apparently published for propagandistic reasons. It does not seem to be accidental that it accorded perfectly with the editorial in the same issue, which made a vigorous appeal for unity among Galician and Transcarpathian Ruthenians and offered an intriguing account of the tensions between the two groups:

Справа народна, економѣчна релѣгійна языкова ортографична, суть такъ разомъ помѣшани, запутани, заколочени же нймудрѣйшіи [sic] чоловѣкъ якъ бы все тое хотѣвъ розôбрати стративъ бы розумъ. ... Русинъ съ тамтой стороны зеленихъ Карпатъ зве Ру-сина галичанина полякомъ и его мову польскою. Русинъ же съ галицкой стороны назы-вае русина съ угорской части: унгаромъ ... Слибъ якій ученый американецъ спытавъ ся одного съ насъ: якой мы народности, а дôставъ одповѣдъ що мы Greek Cath. насмѣявбы ся и плюнувъ бы въ очи, бо такой народности не ма на свѣтѣ.

Дальше мы не унгаре анѣ руснаки – Мы Русини. (S 1893/3: 1).

The fourth issue of 1893 still featured *отъ* (S 1893/4: 1) and *отженемъ* (S 1893/4: 1), *отцуралисъ* (S 1893/4: 2), *отбудетъ ся* (S 1894/4: 3), along with *оддала* (S 1893/4: 2), *поодбирали* (S 1893/4: 3) and *ôткрыемо* (1). Soft present tense 3rd person singular and plural endings of verbs occurred often now but were still paralleled by hard endings: *гинуть, звуть, ростуть* (1893/4: 2), but *робитъ ся* (1893/4: 1); *Наша Русь спить, спить сномъ блаженныхъ ко-ли она пробудитъ ся коли она встане Богъ святій знае* (1893/4: 2). The same issue still employed the spelling *онъ* (1893/4: 2, 4), *она* (1893/4: 3), and the Church Slavonic spelling of *i* as a reflex of so-called tense jers was widely employed (see *за помочію* (1893/4: 1); *знищеніе; скоростію, въ самолюбію* (1893/4: 2), *продовженіе, въ труднôмъ положенію* (1893/4: 4); (see, how-ever, *Братя* [1893/4: 2]). Russian elements occasionally occurred, as in *Францъ Фердинандъ есть **красивій** [sic] высокого росту **мужчина** съ си-нима очима якъ и всѣ габсбурчики* (1893/4: 2), yet expressly non-Russian and non-Church Slavonic forms prevailed; see the verbal form *щезъ* (1893/4: 2), the spelling *-uva-* in *запануваъ* (and the verbal stem itself) (S 1893/4: 3; still co-occuring with *-ova-*, as in *скасовати* [1893/4: 2]), the ending in *передъ мислею* (S 1893/4: 3, with the etymologically wrong vowel in the nominal root), the im-perative form *повѣръ* (cf. Modern Standard Ukrainian *повір* as opposed to Modern Standard Russian *поверь*) (all 1893/4: 1), the widespread Ukrainian form of the noun in *кôлька день пôзнѣйше* (see also the stem of the numeral

and the spelling of the adjectival stem), and the adverb *отже*. Clear Galicianisms were not absent: see past tense forms of the type *далисьмо*, the negative pronoun *ничъ*, the verb stem in *жіютъ*, spellings like *мысьлямъ* and (cf. Polish *myślam*), the frequent use of clitic pronouns: *отженемъ ю отъ себе* (1893/4: 1), *прійшовъ просити щобъ му пизичили* (1893/4: 2), *Онъ есть сыномъ брата теперѣшиного цѣсара* [*sic*]*, котрый въ часѣ, взявъ го за свого на мѣсце небôщика Рудолфа, котрый такъ передъ часомъ пôшовъ съ того свѣта* (1893/4: 2); the conjunction *же* 'that,' the spelling *небеспеченьствомъ*, and the use of the predicative instrumental case with the present tense copula in the subject clause in *Же велики маетки суть небеспеченьствомъ и страшнымъ ворогомъ соціяльного спокою и стоять на перешкодѣ благодатному розвою человѣчества, о тôмъ не треба богато говорити, бо кождій* [*sic*] *здоровомыслячій чоловѣкъ се ясно видитъ* (all S 1893/4: 4).[21]

Issue no. 5 featured several occurrences of *ôнъ* (S 1893/5: 1) along with *онъ* (S 1893/5: 4), predominating non-etymological spellings от *отъ*, as in *ôдъ газети* (S 1893/5: 4), *до одѣзду* (S 1893/5: 4), or *ôтсунути, ôткинути* (both S 1893/5: 1).[22] It preferred the spelling *зъ* 'with' as well, but still featured *стараніемъ* (S 1893/5: 2), *вѣроисповѣданій* (S 1893/5: 4), and had Russian-based words, such as *почтенными читателями* (S 1893/5: 1). At the same time, the language was still expressly Galician; see *рôжныхъ* (S 1893/5: 4) or the hard adjectival stem in *мôй порожный жолудокъ* (S 1893/5: 4).

While even the first issue for 1894 still had *онъ, отповѣвъ, выходитъ, при житію* (S 1894/1: 2), *просвѣщенія, отповѣдаемъ, отверженіемъ* (S 1894/1: 3), along with *ôдъ анархистôвъ* (ibid.), etc., issue no. 4 four brought significant changes. Henceforth, the more expressly Ukrainian variants began to predominate with regard to almost all the above-discussed elements. We now encounter *вôдъ насъ, вôдъ появленя ся* [*тои часописи*]*, вôдповѣдь, вôдозвались, вôдважнымъ, вôдкидати; для пôддвигненя, скрѣпленя, Братя; знову, зъ* [*правдивыми Русинами – патріотами*]*; зависить* (S 1894/4: 1)*,* [*грядуще*] *поколѣня* [*sic*, with *я*]*,* [*въ народнôмъ рускôмъ*] *житю* [*въ Галичинѣ*]*;*

---

[21] *Человѣчество* is an inappropriate Church Slavonic element here (see concurrent *люцкôсть* [ibid.]). The *о* in *богато* was the usual spelling of the time, not only in Galicia, and participle forms of the *здоровомыслячій* type were still quite common in the Ukrainian language of the time (see also Polish *zdrowomyślący*), as was the use of *видѣти* rather than *бачити*. The form *кождый* was much more typical of Galician Ukrainian than *кожен*.

[22] In both cases the spelling of *т* in front of voiceless consonants is in fact "phonetic" from the Galician perspective; see also *отповѣвъ* (S 1893/5: 4). Truly etymological spelling is encountered only in exceptional cases; see *отбераютъ* (S 1893/5: 4; note *-бер-*, cf. Polish *odbierać*).

Мѣркуютъ; *Приймѣть* (imperative) (S 1894/4: 2), *вôд важный* [sic, without a hyphen at the end of the line], *до вôкна*, but *ôдвдячивъ* (S 1894/4: 3). Forms with *-ива-* also occurred more often now: *дописуватель* (S 1894/4: 2), *рахувати, змалювани* [sic; see Modern Standard Ukrainian *змальовані*] (all S 1894/4: 4), along with *образовати* (S 1894/4: 2) and *потребовала* (S 1894/4: 3). Several forms revealed *в* for etymological *и*, as in *вже, вмирала,* [*Бракне менѣ хлѣба, то можу собѣ пожичити*] *въ сусѣда* (S 1894/4: 3), the spelling *найменшого* (S 1894/4: 3) was found, etc. Within a few months, *Svoboda* had become increasingly more open to expressly Ukrainian forms; see *але* (S 1894/4: 3), *мов* [sic; without *ъ*] *середа на пятницю, крôмъ, проти* [*сего трактату*], *жѣнка* (all S 1894/4: 3), *тожъ* [*хотяй вже и такъ спôзнили сьмо ся*] (S 1894/4: 1), [*робятъ незгоду*] *мѣжъ* [*своимъ народомъ*] along with *межи* [*польскимъ а* [!] *рускимъ народомъ въ Америцѣ*] (both S 1894/4: 3). Conservative spellings and forms still occurred, but they were moving increasingly into the background.[23] The language of *Svoboda* increasingly leaned toward the Galician koiné of the turn of the twentieth century. Typically Galician elements were past tense forms used with personal endings, as in *спôзнили сьмо ся* and *моглисьте* (both S 1894/4: 1), passive constructions with *зôстати* (*Торговельный договоръ межи Росіею а Нѣмеччиною зôставъ съ обохъ бокôвъ потвердженый* [S 1894/4: 3]), or future tense with *bude* and the *l*-participle as in Polish; see *Нѣмеччина буде потребовала порады отъ старой політичной головы Бисмарка* (S 1894/4: 3). The particle for the construction of the 3rd person imperative was either *най* (S 1894/4: 3) or *няй* (S 1894/4: 3). Apart from Polonisms and Russianisms, several Austrian-German loan words were used; see [*не було бы ... свѣжихъ*] *вірштлѣвъ* (S 1894/4: 3; in an article on Germany). Western loans were spelled in the Galician way; see *ортографіи* (S 1894/4: 3; genitive singular), etc.

The fact that something important had happened in *Svoboda* prior to the appearance of issue no. 4 for 1894 is also reflected in an article that for the first time explicitly called upon Canadian Ukrainians to organize themselves:

---

[23] See *они, кто* (both S 1894/4: 1), *ктось* (S 1894/4: 3), *отъ/от-* even in front of a voiced consonant in *отбулось* (S 1894/4: 2), spellings of the *нещастье* type (S 1894/4: 2), *сьянье* (S 1894/4: 3) and even *засѣданіе* (S 1894/4: 2), *понятія* (S 1894/4: 3) *самолюбіемъ* (S 1894/4: 1), *статію* (S 1894/4: 3), or *съ нами* (S 1894/4: 1). Hard verb endings were still employed, as in *значитъ* (S 1894/4: 1).

Нашимъ Братямъ въ Канадѣ

Мы о Васъ дороги бра- [/] братя [*sic*] не забудемъ, и "Свободу" будемъ Вамъ по-
сылати точно, тôлько держѣть ся купи, закладайте братства и давайте знати о собѣ разъ
въ разъ, а все будемо помѣщати въ "Свободѣ" (S 1894/4: 3).

Later issues published in 1894 confirmed the need for the type *є*; see the
continued use of the questionable spellings *значене* (S 1894/5: 2), [*Цѣкаве*]
оповѣдане [*Ивана Нечуя*] (S 1894/5: 4). The letter was finally introduced in
issue no. 13 for 1894:

Кто належить до "Союза", той сповняє завѣтъ Христовъ, бо дбає про братерство,
котре намъ Христосъ заповѣдавъ, своєю вôльною смертію скрѣпивъ и тридневнымъ
Воскресеніємъ прославивъ (S 1894/13: 1).

Or:

Редакторъ "Свободы" заявляє всѣмъ неприхильнимъ до того дѣла, за котре боре
ся "Свобода" власними силами, що єго ни мало не страшать всяки особисти напады на
него, бо ôнъ роспочавъ выданє своєй газеты ни для особистой користи, але маючи на
оцѣ добро рôдного народу. Тымъ бôльше соромъ тимъ, котри противъ чистой идеи вы-
ступають зь [*sic*] болотомъ, не маючи мабуть, красшого оружія для защиты свого дѣла.
Ще бôльше соромъ тимъ, котри хочуть сидѣти разомъ на двохъ стôлцяхъ [*sic*], хочуть
служити и Богу и мамонѣ и нарѣкають на остри напады "Свободы["] на вороговъ
народа. Наше дѣло праве и мы вѣруємо, що мы побѣдимо. Нехай же выходять вороги
зъ болотомъ, они тôлько сами забрудять ся нимъ, а насъ не покаляють, бо тутъ иде не о
нашу особу але о добро бѣдного люду и мы не маємо ни права ни охоты вôдступити нѣ
на крокъ ôтъ того що считаємо за честне и правдиве (S 1894/13: 2).

Also in issue 13 (1894), the publication of a "Самоучитель англійской
мовы" published by *Svoboda* was announced ("ккттрый [*sic*] дость [*sic*] мож-
нôть [*sic*] нашимъ робôтникамъ пôзнати англійску мову и тымъ зробити зъ
нихъ [wrong form: should be *зъ себе*—М.М., or *зробить* instead of *зробити*]
людей, котри зрогумѣють [*sic*] обставины житя того краю, въ котрôмъ они
жіють, научить ихъ бути правдвиивими [*sic*] горожанами, а не попихачами
въ рукахъ политикерôвъ [interestingly, a loan from German—М.М.]") (S
1894/13: 2). (As important as the message certainly was for many readers of
Svoboda, as disastrous was its spelling.) The letter *є* was not used with full con-
sistency, though: Ivan Nečuj-Levyc'kyj's serialized story was still called *оповѣ-*
дане (S 1894/13: 3).

Another letter that was missing from the early publications of *Svoboda*
was *г*, the letter for the phoneme /g/, which occurs in only a limited number of
genuinely Ukrainian words, but in a host of loan words and foreign names. As

the orthography of *Svoboda* increasingly tended toward the adequate rendering of Ukrainian phonetics and the spelling of *хто* (for example, S 1899/26: 2; see already S 1898/45: 1: *нѣхто*) instead of the traditional *кто*, the need for *г* became even more obvious. This step was taken in the second half of 1899. Issue no. 26 for that year still had *конгресъ* (S 1899/26: 1) and *интелігенція* (ibid.: 3; and *англійски*: ibid.: 4), issue no. 33 still had *вôдъ Вінніпега* (S 1899/33: 2). Issue no. 34, however, revealed *Роковины мадярского ґенія* (S 1899/34: 2; on Sándor Petőfi) and *Ґете* (ibid.; Johann Wolfgang von Goethe) along with *археольоґôвъ* (S 1899/34: 2; i. e. *l'*, but not *г*). Other issues that year featured *телеґрамы* (S 1899/35: 2), *ґовернеры, телеґрафы* (1899/36: 1), *делеґатôвъ* (ibid.: 2), *ґатунку* (1899/41: 3), *ваґоны* (1899/46: 3); (see also *Вінніпеґъ* [S 1900/1: 2]).

By now, many elements of the so-called Želexivka orthography had already been established even within the framework of the so-called etymological orthography. The grand reform itself, namely, the introduction of the so-called "phonetic" orthography that had evoked such heated debates in the home country in the preceding decades, was adopted with extreme caution, step by step.

The first examples of the "phonetic" orthography to be revealed in *Svoboda* may be found in issue no. 9 for 1901, in which most of the texts are still rendered in the "etymological" orthography. Interestingly, the first text is a letter to the editor "From Ukraine," that is, not a letter for which the editors themselves could be held responsible:

26. Сїчня, 1901 р.

З України

Через цїлий сей рік по селах Катеринославщини і Харківщини сподїяно декілька душегубств. Вбивали по церквах сторожів і по "волостних правлениях" по декілька людей і грабували гроші чи то церковні чи то громадські. Остатний [*sic*] випадок, коли у Ново-Івановському "волостному правленїї" вбито було аж 11 душ заразом (вся родина писаря, який там мешкав, його слуг, двох писарчуків і де-кілька так чоловіків, які там на той час ночували), підняв на ноги всю полицію тих двох губерній. По довгим [*sic*] шуканю чомусь накинули ся на шатрових циган й [*sic*] 9 чоловіків і 1 жінку з них впіймали, а решта втекла, їх ще ловлють. Впійманих циган, хоч майже нїчого нема виразного, щоб вони певно були розбійниками, зведено судити незвичайним судом а воєнним по законах воєнних часів. Суд той розпочав ся у Харкові за три дни до нового року, та й тяг ся аж до 9. сїчня ... (S 1901/9: 2).

The anonymous author quoted from the trial of the gypsies and protests against their conviction. Although the author reported on Greater Ukraine and signed his text as "Українець" (the signature is not legible after *Укра*◇, but

appears elsewhere in a readable form—M.M.), his language is clearly Galician in origin, not the language of Greater Ukraine (see hard-stem *остатний*, *май-же*). The article was written uniformly according to the rules of the Galician "Želexivka," albeit with some mistakes.

The same issue of *Svoboda* features a "Ruthenian-American folk song," which is rendered in the "phonetic" orthography as well. It is titled "Руско-американска народна пѣсня," and a barely legible remark underneath the title probably should be deciphered as "жалôсна," both still in accordance with the "etymological" orthography. The brief text itself, however, is different:

> Як сом ішол з Амерікі до дому, (2 разы)
> Стрітіл я там Австріяша на коню, 2.
> – Австріяше камаряте якъ ше маш, 2.
> Чі там жіє еще моя стара мац? 2.
> – Ей, нї жіє твоя матка, нї жіє 2.
> Сїцем рочків як ф чарной жемі гнїє, 2.
> – Ке-біл я знал, же моя мац не жіє 2.
> Зостал біл я в америцкей країнє. 2.
> Записавъ Ст. Рябець въ Mahanoy Plane, Pa.
> (село Чертевъ. Угорщина) (S 1901/9: 3).

One could argue now that in this case a "phonetic" spelling could have been used primarily because this dialectal language, which obviously went back to contemporary Eastern Slovakia, differed so markedly from the Galician-based koiné variety employed in *Svoboda*. Nonetheless, it must be noted that this way of rendering Transcarpathian Ukrainian was a novelty as well. In issue no. 8 for 1901, for example, another "Ruthenian-American folk song" was still presented in the etymological orthography:

> А кой мы въ Гамбурку на шифу сѣдали,
> То намъ нашы власы калапы двигали.
> А якъ мы зъ Гамбурку до Англіѣ пришли,
> Англицкы панове на чудо къ намъ пришли.
> А якъ мы въ Ню Йорку зо шифы сходжали,
> То насъ америцкы панове витали:
> „Витайте унгаре зо старого края,
> Чомсте не привели ту свого цисаря?"
> „Панове, панове такъ мы го не знаме,
> Бо мы одъ цисаря далеко бываме.
> Записавъ Д. Ванько, Ansonia, Conn. (Svoboda 1901/8: 3).

Moreover, it turns out that it was the editors who had changed their strategy regarding the publication of the serialized "Ruthenian-American folksongs": the same collector, a D. Van'ko from Ansonia, Connecticut, saw his next piece published in the "phonetic" orthography:

(Спѣває ся весело.)
Моя жена в старім краю а я ту.
Глядав я сой в Америцї роботу,
Нашов я єй при Маганой*) до майнох,
Лем же би мї милий пан Бог допомог,
Дванац кари на шихту ладував,
А до того сам на себе вачював.**) [...] (Svoboda 1901/10: 3).

*) Мѣсточко въ Пенсилвеніи.
**) Уважавъ. [...]

Two ads written in the "phonetic" orthography were published in issue no. 9 for 1901 as well. In both cases, however, it was publications from Galicia that were advertized, not American products:

"Громадський голос", радикальна часопись для руського робучого народу виходить у Львові що тижня, з образками і коштує на рік $1.50. Гроші треба посилати на руки аґента: Mr. M. Kolodij, 327 Shamokin Str., Shamokin, Pa.; а дописи на адресу: Red. des "Hromadskyj Holos", Lubliner – Union Gasse, 5. Lemberg. Austria. Galicia.

"Комар", одинокий [!] гумористично-сатиричний орґан на Руси. Виходить у Львові два рази на місяць під редакцією Івана Кунцевича. Передплата: цїлорічна $2.00, піврічна $1.00. Адрес: "Комар", Львів, улиця Личаківска ч. 23. Замовляти можна через редакцию "Свободы." [sic] (both S 1901/9: 4).

Henceforth, folk songs tended to be consistently rendered in the "phonetic" orthography even if they were not labeled "Ruthenian-American"; see "Гаґôлки ... Подавъ М. В. Мороловичь" and its beginning "Вилетїла ластівочка із корча ..." (S 1901/15–16).

From issue no. 19 (1901) onward, a serialized story ("Росповідок") entitled "Поярмаркував" was published in the "phonetic" orthography as well. The editors, however, still signalled that it should not be regarded as *Svoboda*'s own orthography, as the story was accompanied by the information that it had been written for *Svoboda* by a certain "Oleksander Katrenko" ("Написав для 'Свободи' Олександер Катренко" [S 1901/19: 3)]), that is, not by a Galician.[24] Here is the beginning of the story:

---

[24] Names ending in -енко are not Galician.

А знаєте ви, панове, що воно за циганська коника є? Кажете, що не знаєте? Так підїть-же поспитайте ся вчителя нашої школи Льа Сіїча! (Його справедливе імя, бач, Ілія Олексієвич, але він сам себе для швидкости, по звичаю свойому московському, зве Льа Сєіч, то через те його і люди так). Еге! Він добре довідав ся що то воно за річ та циганська коняка (S 1901/19: 3).

Then, in issue no. 26 for 1901, it was again a letter to the editor, sent "from Ukraine" by "a Ukrainian" ("Українець"), which was published in the phonetic orthography ("Дописи. З України" [S 1901/26: 2]), and not a text written by either an "American Ruthenian" or a Galician.

Only issues 1–2 for 1902 were innovative in that they featured a report on Brazil that was not marked as a piece either from Greater Ukraine or from a Transcarpathian folkloristic context. On the contrary, the article was introduced by the comment that someone on the staff of *Svoboda* had translated it from a Polish text sent to the editors from Galicia:

Гостина Івана Воляньского в Ріо-Кляро в Парані, року 1896.
Коли горячка еміграцийна до Бразилії, або як нарід наш зве "Брензолії, [*sic*, without closing quotation marks] таки на добре обхопила Галичину, а нарід за безцін побувавсь рештки батьківскої землі і сотками родин спішив за море за ліпшою долею, а проклонами на устах покидаючи батьківщину з єї ославленими порядками, то навіть галицкі ряди, хоть як они лихі, не могли сего не бачити і про око мусіли щось почати (S 1902/1–2: 2).

Whereas at the end of this piece one could still read: "Продовженє на сторонѣ 7-ôй" (ibid.), an advertisement following it was again rendered in the "phonetic" orthography:

Щоби вилїлити простуду
в однім дни,
бери Laxative Bromo Quinine Tablets … (ibid.).

On the next page, the issue featured a letter to the editor not "from Ukraine" but "from the Old Country" ("Лист із старого краю"), and this Galician text appeared in the "phonetic" orthography as well. Subsequently, the sphere of "phonetic orthography" grew steadily,[25] and beginning with issue no. 51 for 1904, it became predominant. Below are fragments from one page of that issue only:

---

[25] Isolated issues of that period still featured the "etymological" orthography almost exclusively (S 1904/1, for example, the advertisement "Dr. F. J. Meek / (Миколайчик.) / Специялїст / слабостей / жіночих, / дитячих / і венеричних. / Жени при породї дізнають особлившої опіки" [S 1904/1: 12].

З сучасної сальонової полїтики (Михайло Бєля). Перед недивним часом вернув я від праці в суботу, і як звичайно, зачав переглядати декотрі з наших газет, щоби ся довідати, що нового дїє ся в сьвітї. …
Дописи. Зъ Beaver Creek, Alta Can. Менї лучило ся прочитати кілька чисел Ню Йорскої казети [sic!] і подумав я собі: за що тут люде платять, коли в нїй нема нїчого инчого, крім одних клевет. …
Справозданє з дїятельности Руского робічиного [sic] **тов. "Рівність" в Едмонтонї, Алта Канада:** Тов. "Рівність" за час свого истнованя заложило в Едмонтонї читальню ім. Т. Шевченка з слїдуючим видїлом: … Дальше хотячи мати центрум де би ся могли наші Русини сходити, товариство задумує приступити до будови "Народного Дому" (S 1904/51: 2).

Almost two years later, in issue no. 28 for 1906, only a handful of advertisements that had already been published in older issues still employed the etymological orthography. Interestingly, this included *Svoboda*'s self-advertisement: "Читайте! Списъ книжокъ, якû продаємо …" (S 1906/28: 8). The first issue for 1907 no longer featured any text in the etymological orthography; *Svoboda*'s ad had been changed to "Читайте! Спис книжок, які продаємо" (S 1907/1: 8).

As the orthography of *Svoboda* was reformed, the language was modernized, too. Although it is merely traditional prejudice that the "etymological" orthography" did not allow for writing good Ukrainian (one could in fact render any piece of Modern Standard Ukrainian in the "etymological" orthography without damaging its language at all), it is a fact that the "phonetic" orthography had a huge symbolic value in the Ukrainian context. As it was introduced, Ukrainian Church Slavonic and Russian elements became much rarer on all linguistic levels, and the quality of the Ukrainian language increased immensely (see Moser 2007: 232).

5. The All-Ukrainian Orthography and the Split of 1933

Despite its great potential, *Želexivka* remained solely a Galician orthography, whereas all Ruthenian or Ukrainian identity models had always included Greater Ukraine as well.[26] Throughout 1914 Galician spellings of the type *американьский* were replaced by new spellings of the type *американський* (S 1914/1: 3), while one could still read *Želexivka*-spellings, like [*3 широкого*] *сьвіта* and *сьвятий* (ibid.). Beginning from issue no. 6 for 1920, the use of *ї* according to *Želexivka* was abandoned; see *по ріці Дністру і від Дністра по ріці Збручу* (S 1920/6: 2), and *сьв*- was avoided as well; see *посвятили* (S 1920/6: 1). In 1920 the spelling *-ннє, -ттє* for earlier *-нє, -тє* (*оголошенє* [S 1909/1: 4]) was intro-

---

[26] Some other identity models still encompassed Belarusians as "Ruthenians," while others embraced "all-Russian" views (Moser 2011b; Moser 2012).

duced as well. In Galicia, this spelling was standardized by L'viv's Ševčenko Society only slightly later, in 1922, besides the spelling *-ння* (Istorija 2004: 315–40, particularly 321–22).[27] In issue no. 1 for 1920 the spellings *-нє* and *-ннє* occurred on one page:

> Закриттє Української Академії Наук. На приказ Денікіна закрито в Києві україн-ську Академію Наук, а в її місце основано московську. Вернувший з Ростова президент Української Академії Наук В. Вернадський, який їздив тому для вияснення про дальше істнуваннє Академії, подає близші інформації в тій справі. […] Був він принятий ген. Денікіном, якому подав доклад про становище Української Академії Наук. Сей доклад вніс згодом Денікін на розгляд „особаво совещанія". Ухвалено тимчасово заховати весь скарб Академії і продовжувати роботу до утворення в Києві російської Академії Наук […] (S 1920/1: 1)
>
> Справа Польщі. Савєтська Росія робить Польщі мирове предложеннє. Заперечує вістку про плянованє наступу при помочи хінського війска (ibid.).

Unmistakeably non-Galician features were more frequently used in various contributions; see *раде* (3rd pers. sing. only in South-Eastern Ukrainian dialects), the compound spelling of the reflexive particle with the verb and its shortended form in the headlines of an article from issue no. 1 for 1921:

> Як Англія ставиться до України і Галичини? – Правительство Великої Британії **раде** підпирати Україну. – Галичину трактує окремо і хоче галицьким Українцям помогти освободитись (S 1921/1: 2).

The development toward an all-Ukrainian standard that took place in interwar Europe was perfectly echoed by *Svoboda*. Spellings of the type *-ння* appeared in 1925:

> Едмондт тверезіє…
>
> Статистика едмонтонського магістратного суду, виказує, що в місті з кождим роком, що раз то менше арештовань ізза піянства. […] Від 10 мая с.р., себто від дня проголошеного закону в Альберті, 62 соби [sic!] повандувало до Форт Саскачевану на отверезіння […] Удержаннє вязнів в Форт Саскачевані коштувало провінцію до тепер 2.835 […] (S 1925/1: 1).

As late as 1927 both *-ння* and *-ннє* were used within the same issue:

---

[27] Roman Smal'-Stoc'kyj and Theodor Gartner still codified *знанє*, etc., but stated that forms of the type *знання* were perfectly acceptable as well (Smal'-Stoc'kyj – Gartner 1913: 269).

Звільнення зі служби за невивчення української мови. Спеціяльна підкомісія Всеукраїнської Центральної Комісії в справі українізації радянського апарату під головуванням Приходька ухвалила постанову про звільнення з посад деяких службовців ріжних установ та підприємств, що, не зважаючи на попередження, до цього часу не вивчили української мови, хоча їм було дано певні пільгові строки (S 1927/123: 1).

Англійський парлямент за зірванням зносин з совітами. Лондон, 26. мая. – Внесеннє Партії Праці, щоби вибрати спеціяльний комітет, який має провірити заміти, звернені проти Радянського Союзу, перепало [...] (ibid.).

As of early June 1927 spellings in -*нне* still occurred sporadically, but features untypical of Galician traditions were still being used on a broad scale (*залізницю* [S 1927/125: 1], *найновіщий* [ibid., with dissimilation even in this case, as often practiced in Greater Ukraine] etc.). At the time when Soviet Ukraine's People's Commissar of Education Mykola Skrypnyk convened the International Orthographic Conference in Kharkiv (26 May–6 June 1927), not only the Galician media but even the North American newspaper *Svoboda* had already basically adopted an all-Ukrainian language and orthography. This may have been the very reason why *Svoboda* journalists did not even regard this conference as newsworthy. In late May and early June 1927 *Svoboda* did not report on the Kharkiv conference at all. The newspaper paid some attention to questions of language planning in Soviet Ukraine, yet issue no. 136 (14 June 1927) still did not mention the Kharkiv conference, but it featured a sarcastic critique of the language of Soviet Ukraine, focusing on the spread of Soviet abbreviations:

Нова українська мова. Як виглядає тепер українська мова на Україні в большевицьких видавництвах, можуть виробити собі цікаві погляд зі слідуючого уривку, який бережемо буквально зі статті з часопису "Народній Учитель", що виходить в самім Харкові: "Треба знати, що, не зважаючи на ті пільги, які НКО дав при прийомі без іспитів, всеж таки до педтехнікіумів вступили ті, що не мали змови по своїй підготовці вступити до спеціяльного ВУЗ'у, а через те педтехнікум є для них переходним до иншого ВУЗ'у. Є значний відсоток і таких, які профшколи не закінчили з різжнин причин і перейшли до педтехнікумів. А коли і є бажання у профшкольця бути вчителем, то він має рацію вступити до ІНО на факпрофос, тільки не на соцвих, де становище аналогічне що і в педтехнікумах".

Перестрога! – Читаючи се, вважайте, щоби де близько не було собаки, бо може сказитися! (S 1917/136: 1).

Much worse things than the broad usage of Bolshevik abbreviations were about to happen in Ukraine very soon. In January 1930, three years prior to the onset of Stalinist terror against Ukrainian "bourgeois nationalism" and only shortly after the first Stalinist show trial against the so-called "Spilka vyzvo-

lennja Ukrajiny," *Svoboda* published an article on the the Bolsheviks' "War with Ukrainianness," which offered a highly realistic view of the essence of Soviet "Ukrainization":

> Війна з українством. Московські большевики рішили, що вже кінець бавитися в "передишку". Відпочили трохи кати й треба дати їм нову роботу, щоби не забули свого фаху. … Годі вже бавитися в "самоопредєлєніє народов" аж до відділення, бо вже час настав твердійше загнуздати всі народности Росії, зцентралізувати управління всією Росією під твердою московською рукою. … Для того, щоби приспати активність українського національного руху, направленого до створення своєї суверенної держави, большевики вдягнули всіх московських агентів на Україні в українські національні шати. Вони змусили навіть своїх партійців вивчитися "балакати" по українськи і старалися цими зовнішніми формами замилити очі українському народові.
>
> Вся, так звана "українізація України" була нічим иншим, як провокацією української національної ідеї, національної справи. Убравши московських катів на Україні в національні українські шати, большевики гадали, що їх катівської роботи не буде відчувати так болюче український нарід, як відчуваби він, коліб ті кати були в справжньому свойому московському убранню. …
>
> Тепер їх [the Bolsheviks—M.M.] охопила лють і вони починають шукати виновників своєї невдачі. І першим ділом караюча рука московського ката впала на голови українських комуністів, на яких Москва покладала надію як на свою ґвардію, що зручно здурить свій нарід та приведе його до покори червоно [*sic*] Кремлю. Тоді впали жертвою гніву московських можновладців О. Шумський та його прихильники. А потім покотилися голови під сокирою московського ката тисячів українських селян та робітників. Але й цього мало. … Довелося братися ще більше за рішучі методи.
>
> Цими методами мав стати ідейний, а по можливости й фактичний розгром осередка української національної культури, Всеукраїнської Академії Наук, яку створив український нарід в часи свого найкращого революційного пориву, в часи Центральної Ради. Для того арештовано піоніра й творця Академії Наук, С. Єфремова … Щоби здеморалізувати Академію Наук і підорвати її потенціональне значіння в масах українського народу, московські чекісти змусили деяких учених та академіків висловити свій осуд діяльности С. Єфремова. Що варті ті заяви, які зроблені людьми, до потилиці кожного з яких приставчений револьвер чекіста? … (S 1930/1: 2).

Both the Great Famine[28] and the slaughter of Ukrainian intellectuals in 1933 reinforced *Svoboda*'s anti-Bolshevik views. On 13 May 1933 *Svoboda* reported on the deadly Stalinist strike against Ukrainian linguists and the Ukrainian language:

> Знову суд над українськими культурними діячами.
>
> Прага (Чехословаччина). Чехословацькі газети одержали повідомлення з Москви, що на Україні радянська влада готує новий судовий процес над українськими вченими та культурними діячами. Процес цей має нагадувати суд над українським акаде-

---

[28] *Svoboda* did report on the Great Famine in Ukraine. See "Большевицька пятилітка породила голод у Радянщині" (S 1933/1: 1) and many more contributions.

міком С. Єфремовом та над іними вченими нібито за створення ними "Спілки Визволення України".

Большевики твердять, що вони тепер викрили нову українську націоналістичну організацію, яка складалася зі службоввів комісаріяту народньої освіти, ріжних професорів вищих шкіл та вчительства. Між арештованими знаходяться визначніші українські мовознавці, Олена Курило та Трохименко, які були професорами харківського інституту мовознавства.

Чекісти обвинувачують їх у тому, що вони, складаючи словник української мови, "навмисно викидали" з нього всі слова російського походження, беручи їх з ріжних діялектів української мови. Московські чекісти кажуть, що цим вони старалися віддалити українську мову від "братньої московської мови", віддаляючи тим український нарід від московського, а крім того вони ще пропагували впровадження на Україні латинської азбуки, щоб мовляв, тим наблизити Україну до Европи.

Службовців комісаріяту народньої освіти обвинувачують за те, що вони, складаючи список обовязуючої літератури для середніх та вищих шкіл України, вписали в нього лише твори українських письменників усіх земель та європейських письменників, зігнорувавши зовсім московських письменників. Таксамо обвинувачено їх у "примусовій українізації" деяких шкіл у більших містах. Отже акт обвинувачення каже, що всі арештовані продовжували контрреволюційну та сепаратистичну політику, яку провадила Спілка Визволення України до 1928 р. (S 1933/110: 1).

After that, the language and orthography of Soviet Ukraine could not serve as a model since they were a product of Stalinist terror and Russification. When even Galicia and the other regions of the Ukrainian west came under Soviet control, the temporary refusal to regard the official language of any region of the homeland as a shining example was inevitable. The new emigrants after the Second World War, who had experienced Soviet rule and in their majority originated from pre-Soviet Galicia, added to this split. Henceforth, North Americans regarded it as their cultural mission to maintain the pre-Stalinist standards of the Ukrainian language.

6. Conclusion and Outlook

As the early issues of *Svoboda* (see Appendix 1) reveal, the language of North American Ukrainians has experienced a strong impact of English from the very beginnings. Despite the constant pressure of assimilation, Ukrainian communities have persisted for almost five generations in Canada and the U.S., and *Svoboda* has undoubtedly played a major role in this regard (see Appendix 2). As was demonstrated in this study, *Svoboda* strongly contributed to the dissemination of modern Ukrainian national identity on the other side of the Atlantic Ocean. Until the Second World War, its language was always developed in accordance with models from the home country and amended with an eye toward an all-Ukrainian standard. This tradition was interrupted in 1933 and 1945,

when Ukrainians in the diaspora refused to follow Soviet models of Russification.

During the Cold War, when official linguistic models from Soviet Ukraine remained unattractive, North American Ukrainians and *Svoboda* succeeded surprisingly well in preserving pre-Stalinist linguistic standards and further developing the Ukrainian language in their own manner. After 1991 they immediately called for a thorough reform of the Ukrainian language and orthography in Ukraine. Owing to the realities of post-Soviet Ukraine, the first official results have remained meager to date. If, however, the Ukrainian language has been increasingly emancipated from the formerly disproportionate impact of Russian in recent years anyway, and if today some of the most intellectually attractive publications of Ukraine employ non-official orthographic variants close to the diaspora traditions ("Krytyka" and "K. I. S." publishers, etc.), to a large degree this is to the credit of North American Ukrainians, who have never ceased to cherish the Ukrainian language in its pre-Stalinist shape, as they had developed it since the early years of *Svoboda*.

Bibliography

S: *Свобода*. [Various subtitles, places of publications etc. [see par. 2]. 1893 ff.]
    All older issues available online: *http://www.svoboda-news.com/arxiv.htm*

Ažnjuk 1999: Ажнюк, Богдан М. Мовна єдність нації: діаспора й Україна. Київ: Рідна мова
Balan – Kravtsiv 1993: Balan, Boris – Kravtsiv, Bohdan. Svoboda (US) (Liberty). In: Encyclopedia of Ukraine. Vol. 5. Toronto – Buffalo – London: University of Toronto Press, 128
Čajkovs'kyj 2011: Чайковський, Маріано. Початок імміграції до Бразілії та свідчення перших іммігрантів. In: Українці Бразілії – Os Ucranianos do Brasil – Ukrainians in Brasil. Гол. ред.: Гримич, Марина. Київ, Дуліби, 29–50
Encyklopedija 1976/2000: Anon. Соєдиненіє. In: Енциклопедія українознавства. Перевидання в Україні [first edition: гол ред.: Володимир Кубійович, 1976.]. Т. 8. Львів: Наукове товариство ім. Шевченка 2000, 2973
Istorija 2004: Історія українського правопису. XIV–XX століття. Хрестоматія. Упорядники: Німчук, Василь – Пуряєва, Ніна. Київ: Наукова думка
Kravciv 1973/1998: Кравців, Богдан. Свобода. In: Енциклопедія українознавства. Перевидання в Україні [first edition: гол ред.: Володимир Кубійович, 1973.]. Т. 7. Львів: Наукове товариство ім. Шевченка 1998, 227–228
Kravčenjuk 1993: Кравченюк, Осип. Головні редактори "Свободи" 1893–1993. With some more recent information added by [an] unknown author[s]. Available online: *http://www.svoboda-news.com/pro_svobodu/kravchenuk.htm*
Kuropas 1991: Kuropas, Myron B. The Ukrainian Americans. Roots and Aspirations 1884–1954. Toronto – Buffalo – London: Toronto University Press

Magocsi 2005: Magocsi, Paul Robert 2005: Greek Catholic Union of Brotherhoods in the USA. In: Encyclopedia of Rusyn History and Culture. Revised and expanded edition. Ed. by Robert Magocsi – Ivan Pop. Toronto – Buffalo – London: University of Toronto Press, 152

Moser 2007: Moser, Michael. „Ruthenische" (ukrainische) Sprach- und Vorstellungswelten in den galizischen Volksschullesebüchern der Jahre 1871 und 1872. Wien: LIT Verlag (Slavische Sprachgeschichte 2)

Moser 2008: Moser. Michael. Taras Ševčenko und die moderne ukrainische Schriftsprache – Versuch einer Würdigung. München: Ukrainische Freie Universität

Moser 2011: Мозер, Міхаель. Причинки до історії української мови. 3rd edition. Вінниця

Moser 2011a: Мозер, Міхаель. Український П'ємонт? – Дещо про значення Галичини для формування, розбудови й збереження української мови. Львів: Центр гуманітарних досліджень – Смолоскип (Університетські діалоги 14)

Moser 2011b: Мозер, Міхаель. „Русини" й „руська мова" в галицьких граматиках першої половини ХІХ століття. In: Українська мова в Галичині: історичний вимір. Відп. ред.: Я. Ісаєвич – М. Мозер – Н. Хобзей. Львів: Інститут українознавства ім. І. Крип'якевича НАН України (Історія мови 1), 9–54

Moser 2012: Мозер, Міхаель. Дещо про мовну спадщину галицьких москвофілів (на прикладі творів Івана Наумовича). In: Studien zu Sprache, Literatur und Kultur bei den Slaven: Gedenkschrift für George Y. Shevelov aus Anlass seines 100. Geburtstages und 10. Todestages. Ed. by Andrii Danylenko – Serhii Vakulenko. München – Berlin: Verlag Otto Sagner (Die Welt der Slaven. Sammelbände 42), 154–180

Procko 1979: Procko, Bohdan P. The Rise of Ukrainian Ethnic Consciousness in America During the 1890's. In: The Ukrainian Experience in the United States. A Symposium. Ed. by Paul R. Magocsi. Cambridge, Massachusetts (Harvard Ukrainian Research Institute. Sources and Documents Series), 51–67 (+ discussion 68–71)

Revyuk 1931: Revyuk, Emil. Polish Atrocities in Ukraine. New York City: Svoboda Press. Available online: *http://archive.org/details/polishatrocities00revy*

Smal'-Stoc'kyj – Gartner 1913: Smal-Stockyj, Stephan von – Gartner, Theodor. Grammatik der ruthenischen (ukraïnischen) Sprache. Wien: Buchhandlung der Szewczenko-Gesellschaft der Wissenschaften in Lemberg

Appendix 1.
Some Brief Notes on Early English Loans

From the very beginning, numerous English loanwords entered the language of *Svoboda*.[29] The early loans from English are numerous and cover various semantic spheres. Here are a few of them: *Стейтъ* (S 1893/7: 2); *въ Монтанѣ, на вестахъ* (S 1893/2: 3); *300.000 доля-рôвъ* (S 1893/2: 3); *за одного кводра* 'for one quarter' (S 1894/4: 3); *ченджъ* 'change' (S 1893/2: 3); *при барѣ Барькѣперъ* (S 1893/2: 3); *грингорскою* (S 1893/2: 1; from *gringo*), *салюнъ* (S 1900/26: 3); *въ майнахъ* (S 1893/4: 1), *майнерôвъ* (S 1893/2: 3); *перша руска гросерня* (S 1893/2: 4); *три фармери* (S 1893/4: 2); *3 центи за акеръ* (S 1893/4: 2); *На тихъ акрахъ* (ibid.); *съ плейзу на плейзъ* (S 1893/4: 1), *въ инши контри* (S 1893/4: 3); *пер-шій мітингъ* (S 1893/4: 3); *ундертекера* (S 1893/4: 1); *пікнікъ* (S 1893/1: 2), *гаускиперъ* (S 1893/4: 4); *два трены* (S 1893/2: 3); *сѣвъ на горс-кару* (S 1893/7: 2); *стриткара* (1899/34: 1), *тикетъ* (S 1893/5: 4); *рентъ* (S 1893/4: 4), *Въ … бейзментѣ* (S 1894/4: 3); *бетрамы* (S 1894/5: 3); *въ ледяной баксѣ* 'box' (S 1893/4: 1), *"чю"* (in quotation marks) 'chewing gum' (S 1893/5: 4); *въ доброй капотѣ* 'capote' (S 1894/4: 3), *"кікують"* (in quotation marks) 'kick' (S 1900/26: 1), *вачювал* 'watch' (Svoboda 1901/10: 3; from a miners' song, see above); *въ реджістрованôмъ листѣ* (S 1904/1: 6); *money order (мони ордеръ)* (ibid.); *на експресовôмъ офисѣ* (ibid.); *въ ихъ бѣзнесѣ* (1893/2: 2), *съ набитыми револь-верамъ* [sic!] (S 1893/2: 3).

Quite often, English words were inserted into Ukrainian texts in their original orthography: "… просимо напередъ николи не посилати на чеки банку … Най лучше посилати че-резъ Money Order або въ листѣ registered letters, а що найлѣпше черезъ Postall Note" (1894/1: 3), "All right я заплативъ тай хочу сѣдати на тренъ и дверникъ каже що я тимъ треномъ не можу ѣхати" (S 1893/5: 4), "… пôдъ сходами комнати напише "to let" а я бу-ду просити о продовженіе и присягатись що на першого заплачу а онъ скаже "to late" [*sic*]" (S 1893/4: 4), "дôзнатись чи Tarif Bill Вілсона перейде чи нѣтъ" (S 1894/4: 2).

From the beginning, North American p l a c e n a m e s were a challenge for speakers of Slavic languages. Many of the Ukrainianized forms varied in the early years, e. g., *Нью-Iоркъ* (S 1894/1: 2), *въ Ню Йорку* (S 1894/4: 3); see the adjective [*кілька чисел*] *Ню Йорскôй* [*ка-зети*] [*sic*] (S 1904/51: 2), *Джерси Сити* (S 1893/2: 4) vs. *Джерсей Сіти* (S 1893/2: 3), *Аркансасъ* vs. *Арканзасъ* (both S 1893/4: 2), *въ Пітсбургу* (S 1894/1: 2) vs. *въ Питсбургу* (S 1893/7: 4). For many placenames it was unpredictable whether they were to be declined or not; see loc. forms, such as *въ Лонгъ Аиляндѣ* (S 1893/2: 3), *Въ Бенвудъ, О.* (S 1894/1: 2), *въ СкрантонѣПа* [sic!] (S 1894/4: 2; see below), *въ Оліфантъ* (S 1894/4: 3) (all definitely in loc. case), or *до … Пітерсборг* (S 1904/51: 7), *съ Квинстонъ до New York-у* (S 1893/4: 2), as opposed to declined forms, such as *въ Газлестонѣ Па.* (S 1894/2: 4), *въ Вашингтонѣ* (S 1894/2: 4), *въ Нев Арку* (S 1893/5: 4), *до Нев Арку* (ibid.), *въ Пітсбургу* (S 1894/1: 2), *изъ Скрантону* (S 1894/4: 3; see above), *недалеко Кливелянду Огаю* (S 1893/4: 2). In some cases, the indeclinability of names was more understandable from a contemporary point of

---

[29] The language of *Svoboda* in the early years is even more interesting in that it perfectly reflects the fact that its writers (and speakers) not only acquired English loan words, but also brought with them a multitude of loan words from the home country. Along with a multitude of Polish loan words, these are surprisingly many loans from German. To give just two exam-ples: "… наше братство розвинуло американьску а потôмъ руску фану" (S 1893/2: 3), "Сли хочете буду здоровыми, люфтуйте що дня ваши бетрамы и держѣть ихъ чисто" (S 1894/5: 3).

view (and has partly even remained the same in Modern Standard Ukrainian); see names in -*o*, like *въ Санъ Францѣшко* (S 1893/7: 4; loc. case), *до Чикаго* (S 1893/5: 4), *коло Буфало* (S 1893/4: 3).

Quite often, American placenames were given in their original form. Although in many cases these might have been either morphologically complex names or names of lesser-known places, this was not necessarily the case. If one reads *дописъ съ Wilkesbarre* (S 1893/5: 3), this was probably useful for many readers who had never heard of that place. In cases like *Идуть депутаты до Mahanoy City* (S 1894/4: 2) and *Русини зъ Mt. Carmel Pa.* (S 1894/4: 2), the situation is different because these mining towns were quite prominent at that time; here, the morphological complexity of the toponyms might have been decisive. The same might apply to the name of New York, which was sometimes rendered in the Latin alphabet even in the context of other American placenames presented in Cyrillic, as in *съ Квинстонъ до New York-у* (S 1893/4: 2), *Плянъ будови моста черезъ рѣку Гудсонъриверъ зъ Джерси Сити до New Yorku* (S 1893/2: 4), or *Нашъ чоловѣкъ Андрей Федакъ, вертаючи зъ Шенандоа Па, до старого краю, попавъ въ New York-у межи агентовъ жидковъ* (S 1894/4: 2). The once-famous mining center of Shenandoah was treated in a particularly interesting way. In *вертаючи* [*sic*] *зъ Шенандоа Па* it is indeclinable, as one might have expected. Elsewhere, however, the stem is expanded by -*r*, and the name is treated as a masculine noun ending in -Ø, see *коло Шенандору* (S 1894/4: 2). From that stem, then, names of town dwellers were derived; see *Слава Вамъ Шенандорцѣ* (S 1894/4: 2) and *Шенандорцѣвъ* (S 1894/1: 2), along with *бѣднымъ Шенандорчанамъ* (ibid.). Adjectives like *пенсильваньского* (S 1893/5: 4) or *скрантоньска* (S 1894/4: 3) could be formed without problems. The adjective for *Чикаго* is [*съ всемірной выстави*] *чикаговской* (S 1893/4: 2), i. e., *чикагівськ-* if transferred into the Modern Standard Ukrainian orthography. The morphological treatment of many placenames of this kind has remained problematic in modern Slavic languages to date (see *Торонто* etc.).

Appendix 2.
Early Efforts at Language Maintenance as Reflected in *Svoboda*

The following editorial from the second issue of *Svoboda* demonstrates that the key problem of the struggle against assimilation had evolved very quickly. The anonymous author—most likely Reverend Hruška himself—argued that language (here presented in the triune manner as *мова, бесѣда, языкъ*) is the major feature of a nation and called upon "American Ruthenians" not only to maintain their identity, but also to exert (in this particular case, even brutal) group pressure on those who ceased to speak their heritage language: "На широкомъ бо- жомъ свѣтѣ жіе богато народовъ, котри рожнятъ ся межъ собою мовою, звичаями, оби- чаями, нижшимъ або висшимъ степенемъ просвѣти, цивилизаціи. Самою першою и найголовнѣйшою ознакою, по котрой розпознаемъ одинъ народъ одъ другого, есть мо- ва, бесѣда, языкъ. ... Гей поволи! Забылъ еси дураку якъ и ты опинивъ ся въ Castle Garden ... съ вошима поза обшивкою а съ двома прускими фенігами въ кишени ...? Встидатися своей власной мовы такъ значитъ якъ бы встидатися своей родной матери. ... Русини американьски! Сли съ осерпедины [*sic*] васъ найдетъ ся такій, що встидаесь по руски говорити, виганяйте водъ себе якъ паршиву вовцю; въ хату непоскайте на ули- цѣ оминайте, виставте го на смѣхъ, на ганьбу передъ свойма и чужима – напишѣтъ до старого краю: якій тутъ ставъ ся съ Ивана панъ" (S 1893/2: 1).

Like other minorities, American Ruthenians/Ukrainians could maintain their old ethnic or national identity best if they were surrounded by their own community. Many advertisements in *Svoboda*, beginning with the first ad in issue no. 2 for 1893, accentuated the national or language factor, pointing out that one would be served by "one's own man" or that one's language was spoken in a certain facility:

"W. Budzynski. 122 Cedar Str. New York.
Помежи Greenwich i Washington улицями.
АГЕНТУРА
КОРАБЕЛЬНА[30] И КОЛІОВА.
Спродае шифкарты на найлѣпшій линіи морскій на Бременъ и Гамбургъ. Посылае грошѣ до всѣхъ части свѣта.
Звертаемъ увагу, що яко свôй чоловѣкъ обходитъ ся съ людьми сумлѣнно" (S 1893/2: 4).

A particularly interesting text in this regard is Myxajlo Juhas' versified advertisement for his "first Ruthenian butchery" in Scranton, Pennsylvania, in which Mr. Juhas pointed out that he "firmly stands for the Ruthenian people" and was fluent in various languages:

ПЕРША РУСКА БУЧЕРНЯ ВЪ SCRANTON, PA.
Михайла М. Югаса
314 THIRD STREET.
Хочешь купить добре мясо,
Шинку чи смачныхъ ковбасъ,
Не трать брате грошей й часу,
Лишъ пытайся, де бучеръ Югасъ.
Вôнъ всѣляке мясо має,
Зъ людьми красно розмовляє
И поруски [sic!], по словеньски,
По англицки и по польски.
Зъ него Русинъ, бучеръ славный,
Къ добрôй справѣ всегда справный,
За рускій нарôдъ крѣпко стоить,
Вражды люцкой ся не боить.
Тожь Русинамъ треба знати,
Що єго тре пôдпирати;
Красно вважить, въ папѣръ запакує,
Бучерня чиста, ажь ся серце радує.
Мы, Руснаки не жалуємо,
Вôдъ Югася все мясо купувати будемо,
Бо вôнъ у Scranton найлѣпше мясо має,
О тôмъ кожда дитина навѣть добре знає.
Тожь милû братя, нѣкуда ся не волочѣтъ,
До найлѣпшои бучернѣ до Югаса ходѣтъ
Добре, тано, справедливо,
Чисто, смачно и уцтиво!" (S 1904/10: 7).

_____

[30] Ь is in fact inverted in the original publication.

Notably, Juhas the butcher boasted not only of his command of Ruthenian, Polish, and Slovak,[31] but also pointed out his knowledge of English.

As mentioned above, *Svoboda* itself offered its readers materials for the study of the majority language of North America. Moreover, it provided space for advertisements for English courses:

"ЕМІГРАНТ Є

ВЛАСТИТЕЛЕМ

СВОЄЇ СУДЬБИ

в тім краю лише тоді, коли він знає англійський язик. Не знаючи його, Ви не лише будете всилї найти роботу, але на все позістанете тут чужинцем і не будете покористуватись всіма привілєями і свободою, якими користаєсь американський народ. Коли научитесь по англійськи, то Вам легче будесь жити і скорше дібєтесь становища. Ви ще не вибираєтесь до краю, але коли хочете їхати, учіться англійського язика. Той язик має велику будучність в краю. Вам трафляється народа вивчитись заочно сеї мови протягом 3 місяців при дуже легкій методі. Пробну лєкцію иї подробиці висилаємо за одержаннєм 10 цнт. грішми або марками, можна канадійськими. / Адресуйте: 39–41 FIRST AMERICAN PREPARATORY SCHOOL Dept. 46. 525 W. 47TH ST., NEW YORK CITY" (1920/80: 6).

If the major problem of the first generation was to find a place and acquire a certain command of English, the situation changed dramatically for the second and third generations, whose representatives already had to strive to maintain the heritage language. In one issue that appeared in 1914, one finds an interesting reflection on the question of the value of language maintenance as opposed to assimilation:

"**Чи маємо ми вирікати ся рідної мови?** … Скаже хтонебудь: най би була одна мова на сьвітї, бо правда – по що їх стільки? Воно може би то й було добре, а може й не зовсїм. Скажім, коли було би одного лише рода дерево, або одного рода збіже чи инші ростини, то певно легко догадати ся, що на сьвітї було би далеко не так добре, як є тепер. Але коле деревина чи инша ростина є лише зверхньою прикрасою землї, то людська мова є як-би осередком сего житя, його душею, його внутрішньою прикрасою. … Що подумала би, пережила би наша українська мати, коли-б її дитина прийшовши на сьвіт, відізвала ся першим словом замість "мама", "тато" – "модер", "фадер"? Як би таксамо недорічи виглядало, колиб на весїлю молодятам почали співати жінки чужу незрозумілу пісню?" (S 1914/60: 3).

This anonymous call for loyalty to the heritage language is noteworthy in that it does not merely put forward traditional appeals "in the name of the nation," but also aptly brings in another argument, one that is as convincing as it is in fact up to date: Translated into modern terminology, this article was first and foremost (especially in the first part of the quoted fragment) an amazingly strong appeal for linguistic diversity.

---

[31] This is probably the correct interpretation for *словенський*. See the contemporary Slovak word *slovenský* ("Slovak").

PHILIPP HOFENEDER (WIEN)

Das Bild der Emigration in Galizien

Abstract. During the last decades of the Habsburg monarchy, emigration played a central role in the Ukrainian society. Driven mainly by economic considerations, several hundred thousand Ukrainians left their homeland, moving primarily to North and South America. However, emigration to European countries west of Ukraine was also noticeable. The impact of the emigration on the Ukrainian culture is typically evaluated only in comparison with the culture of the new country. This article presents and analyzes several sources, which were published in Galicia itself, discussing the impact of Ukrainian emigration on Western nations.

Während Emigrationsbewegungen im ehemaligen Galizien (1772–1918) über lange Zeit keinen bestimmenden Faktor darstellten, setzt spätestens im letzten Drittel des 19. Jahrhunderts – vorwiegend aus wirtschaftlichen Gründen – eine im Hinblick auf den Umfang, aber auch die gesellschaftliche Situation bedeutende Auswanderung ein. Diese hatte zur Folge, dass bis zum Untergang der Habsburgermonarchie mehrere hunderttausend Ruthenen Galizien vorwiegend nach Nord- und Südamerika verließen. Hinzu kamen jene Ruthenen, die für eine bestimmte Zeit ihren Lebensunterhalt als Saisonarbeiter – vorwiegend in Mitteleuropa– verdienten.[1]

In einschlägigen Untersuchungen wurde bis dato ein Schwerpunkt auf die Situation der ruthenischen Auswanderer in den neuen Ländern gelegt, so etwa in den Vereinigten Staaten von Amerika, Argentinien, Brasilien, aber auch in unterschiedlichen Ländern Europas.[2] Der vorliegende Artikel widmet sich der Darstellung dieser Emigration in Galizien selbst. Der damit einhergehende Perspektivenwechsel soll einige bisher vernachlässigte Quellen in den Vordergrund rücken, die für die Bewertung der ruthenischen Emigration um die Jahrhundertwende interessante Einblicke liefern. Im Vordergrund stehen Texte aus dem Pressewesen. Außerdem wurden einige Briefe ruthenischer Auswanderer sprachlich ausgewertet und – genauso wie einige Texte, die speziell für Emigranten verfasst wurden – in einen breiteren Kontext gestellt.

Zunächst ist festzustellen, dass das Thema der Emigration in galizisch-ruthenischen Quellen der Zeit, aber auch darüber hinaus einen bedeutenden Platz

---

[1] Arbeiten, die sich der Emigration ins Russische Reich widmen, sind hingegen nur selten anzutreffen. Einer der seltenen Fälle ist die Monographie Pilat (1893).

[2] Vgl. dazu grundlegende Arbeiten wie Magocsi 1994, Ažnjuk 1999, Satzewich 2002.

einnimmt. Sowohl in der Tagespresse, aber auch in zahlreichen anderen Quellen wurden unterschiedliche Aspekte des Themas beleuchtet. Im Laufe der Zeit ist es dabei zu einer deutlichen Verschiebung in der Bewertung der Emigration in Galizien gekommen. Noch 1871 ist in einem Mittelschullehrbuch von Omeljan Partyc'kyj, einem führenden Vertreter der Volkstümler, Folgendes zu lesen:

> Мѣсце (село або мѣсто), въ котрômъ мы родили ся и выгодовали, якъ и край, въ котрômъ те мѣсце лежить, зовемо батькôвщиною. Любовь идъ батькôвщинѣ є природна и такъ пристрастна якъ идъ родичамъ, однакожь не у всѣхъ народôвъ однака. Нѣмець тужитъ и банує также й за батькôвщиною, але чувство те студенѣє скоро, и щобы му лишь лѣпше було, поселяє ся и въ Америцѣ; легкодушный Французъ за славою по цѣлôмъ свѣтѣ гонити готовый; Англикъ для торговлѣ и гроша не дбає о землю и край, и цѣле житє своє на морскихъ проводить вовнахъ; но Русинъ радъ бы цѣле житє своє на батькôвщинѣ пережити и кости свои при порохахъ предкôвъ своихъ зложити. И якже бы вôнъ не любивъ того мѣсця, де на свѣтъ прийшовъ, де молокомъ матернимъ выкормивъ ся, де выколысавъ ся и пѣснями вылеліявъ, де забавами детинячими розвеселявъ ся, де научивъ ся спѣвати и родимымъ языкомъ говорити. Якже бы вôнъ не любивъ того мѣсця, де му кождый кутикъ, кожде дерево, кожда рѣчь пригадує всѣ выгоды и роскоши, котрыхъ при любихъ родичахъ уживавъ, котрô голубили єго и якъ зрѣницѣ ока стерегли? (Partyc'kyj 1871: 206).

Der Ausschnitt aus dem Text *Любовь къ Батькôвщинѣ* ist in mehrfacher Hinsicht von Interesse. Zunächst zeigt sich der Gebrauch des Lexems *батькôвщина* (bzw. nach heute üblicher Orthographie *батьківщина*, dt. Vaterland), wie er auch dem modernen ukrainischen Standard bekannt ist. Im Vergleich mit früheren Texten, die eine ähnliche Thematik aufweisen, trifft man auf einen grundlegenden semantischen Wechsel. Deutlich wird im Text das Vaterland nun in einer übertragenen Bedeutung wahrgenommen, als „jener Ort, an dem man geboren wurde, wie auch das Land, in dem sich dieser Ort befindet". Zuvor wurde das Vaterland im wörtlichen Sinne als jenes Stück Land gesehen, das man als Erbe übertragen bekam. Dieser semantische Wechsel findet auch auf sprachlicher Ebene einen Niederschlag. Während es im oben aufgezeigten Text *батьківщина* heißt, findet sich in älteren Texten durchwegs die Bezeichnung *вітчина* (bzw. in unterschiedlichen Schreibungen *вôтчина*, *ôтчина* oder *отчина*). Es kommt zu einem Wechsel von einem kleinen Vaterland, welches die unmittelbare Umgebung meint, hin zu einem großen Vaterland, welches in übertragener Bedeutung ein weitaus größeres Gebiet umfasst.[3] Neben der erneuerten Be-

---

[3] Zu den Begriffen „kleines" und „großes" Vaterland schreibt Hrycak (2006: 107): „Малими батьківщинами були батьківське господарство і місцевість, у якій народився – те, що діставалося у спадок автоматично, без усвідомленого вибору, внаслідок самого народження. А під великою батьківщиною розумілася спільнота ідеологічного характе-

deutung des Begriffs „Vaterland" kommt der Autor Osyp Lozyns'kyj zu dem Schluss, dass sich die im Titel genannte Liebe oder Treue zum Vaterland von Fall zu Fall unterscheidet. Während seiner Darstellung nach Deutsche, Franzosen und Engländer aus unterschiedlichen Gründen ihre Vaterlandstreue schnell wieder ablegen und mitunter aus unmoralischen Motiven auswandern, sind es nur die Ruthenen, die bereit sind, ihr ganzes Leben der Heimat zu widmen. Bewusst werden nationalistische Diskurse in dem Text angesprochen, die über eine ethnographische Dimension verfügen. So ist es kein Zufall, dass das Singen von Liedern und das Erlernen der Muttersprache in diesem Zusammenhang erwähnt werden. Als wesentliche Eigenschaft der Ruthenen konnte so noch im Jahr 1871 deren Sesshaftigkeit hervorgehoben werden. Dieses Bild sollte sich bald deutlich ändern.

In den Jahren um die Jahrhundertwende wurden ruthenische Emigranten in der Tagespresse zunehmend thematisiert. Zeitungen richteten eigene Kolumnen ein, in manchen Fällen berichteten Korrespondenten vor Ort. Neben zahlreichen Zeitungsartikeln wurden auch Bücher zu diesem Thema veröffentlicht. Zu erwähnen sind etwa Erinnerungen (*З житя Русинів в Америції*) des Pfarrers Konstantyn Andruchovyč, der zwischen 1889 und 1892 in den Vereinigten Staaten von Amerika lebte. Andruchovyč berichtet von den Gründen der Emigrationsbewegung, dem Zustand der Kirche in Amerika und den wirtschaftlichen und finanziellen Bedingungen der Auswanderer. Umfangreich widmet er sich dem Verlust der Verbindung zum Vaterland:

> Старші Русини заховують по трохи звичаї і обичаї одідичені по своїх предках. Але молодше поколїнє не є нічим вязане з краєм своїх родичів. Від наймолодших літ окружає єго атмосфера житя енергічного, повного горячки, без ріжниць клясових. Такій дитинї рускій вговорюють, що нема красшого, більшого і сильнїйшого краю, як Сполучені Держави північної Америки. Те саме чує в школї, те саме читає в часописах. Від своїх родичів слухає оповідань про старий край, про те, як они о пісних комперах цілий день робили, як егзекутор податковий тягнув з постелі послїдну вереню і т. п., а то наповняє її жахом і погордою до того краю, і до всього, що з ним вяже ся, а збільшає любов до того краю, де того не видко, де про таке не чути (Andruchovyč 1904: 98–99).

Neben den widrigen Lebensbedingungen wird besonders der Verlust der eigenen Identität thematisiert. Während seinen Beobachtungen nach die erste Generation noch weitgehend ihre Bräuche und Sitten pflegte, bemerkt er bei Vertretern der zweiten und dritten Generation bereits einen Rückgang der ruthe-

---

ру – її не можна було успадкувати, її треба було самому вибрати, і безумовна лояльність до неї вважалася найвищою чеснотою."

nischen Identität. Dafür macht er nicht nur die neue Umgebung der Auswande-
rer verantwortlich. Er verweist auch auf die Problematik der zahlreichen Erzäh-
lungen über die Herkunft der Ruthenen, in denen meist ein negatives Bild Gali-
ziens gezeichnet wird, welches dem durchwegs positiven Bild Amerikas gegen-
übergestellt wird.

Die besonders in den 1890er Jahren stark zunehmende Emigration wird
aber nicht nur in Tageszeitungen und Erinnerungen thematisiert. Auch bedeuten-
de Vertreter der ruthenischen Intelligenz in Galizien wenden sich an Auswande-
rer. So spricht Metropolit Andrij Šeptyc'kyj in einigen Broschüren das Thema
der Emigration an, wie etwa im folgenden Ausschnitt:

> Незадовго зачне ся списувати всю людність в Канаді. То дуже важна хвиля для
> нас, бо від неї залежить кілько нам будуть признавати сили. Ось приміром потреба ка-
> жемо конечно щоб нам дали єпископа руского для Русинів. А ту питають кількож вас є
> Русинів в Канаді? [...] Іду я в Отаві до Immigration Office, то є до того уряду через кот-
> рий всї чужинці переходять і котрий збирає з всїх границь мельдунки, до якого народу
> хто записав ся. Чи вгадаєте, кілько є людий записаних яко Русинів поміж тими що че-
> рез двайцять літ послїдних переїзджало границї Канади? Певно нїколи не вгадалиби-
> сьте – всьо на всього 3107. Чиж є кому давати єпископа? Правда, що від десяти літ
> близько 68 тисяч, що записали ся яко галїщени. Є близько 37 тисяч записаних яко ав-
> стрияки, але Русинів нема більше 3107. Ну би кождий знав, що анї Galician анї Austrian
> не конечно Русином. І жид з Галичини буде галїшен, і нїмець з Відня буде Austrian – а
> за Русина то може по справделивости лишень той уходити, що себе запише Ruthenian.
> Тож, Братя дорогі, шануйте свою честь, не встидайте ся свого народа, своєї віри і свого
> обряду. Як будуть списувати людність Канади, записуйте ся всї до одного яко Русини-
> католики греко-католицкого обряду – яко Ruthenian-catholic of greek-catholic rite in com-
> munion with Rome (Šeptyc'kyj 1911: 49–50).

Auch Šeptyc'kyj, der selbst Kanada bereiste, spricht den Umstand an,
dass viele der Auswanderer nur über eine rudimentäre ruthenische Identität ver-
fügten. Von den rund hunderttausend ruthenischen Emigranten, die seit der Jahr-
hundertwende nach Kanada kamen, ließen sich demnach nur rund 3000 auch als
Ruthenen eintragen. Die Mehrheit gab als Nationalität *галїщен* (Galician) an.
Immerhin noch rund ein Drittel bezeichnete sich bei ihrer Ankunft in Kanada als
австрияк (Austria).

Auch in literarischer Form liegen einige Erzählungen vor, die sich mit
dem Schicksal ruthenischer Emigration auseinandersetzen. In Werken wie *Дома
– а на чужинѣ* oder *Щастє за моремъ. Повѣстка на тлѣ рускои емиґрациі
до Бразилиі* werden dabei vorwiegend die schweren Lebensbedingungen und der
drohende Verlust der eigenen Identität thematisiert.

Neben den bisher erwähnten Quellen, die sich vorwiegend mit den Lebensbedingungen der Auswanderer und deren Identität auseinandersetzen, sind einige Dokumente zu erwähnen, die sich mit alltäglichen Aspekten beschäftigen und in Form von Ratgebern für Emigranten verfasst wurden. Dabei handelt es sich um Texte, die ausschließlich für ruthenische Emigranten verfasst wurden und zum Ziel hatten, diese mit notwendigen Informationen auszustatten. Zu erwähnen ist in diesem Zusammenhang etwa der *Новый англійскій Товмачь для Русиновъ въ Америцѣ*, der im Jahr 1911 bereits zum fünften Mal aufgelegt wurde. Dabei handelt es sich um einen Sprachratgeber, mit dessen Hilfe einfache Situationen in englischer Sprache bewältigt werden sollten. Neben einer kurzen Einleitung und einem weiteren Teil, der englische und ruthenische Texte gegenüberstellt, besteht der Ratgeber aus einem weiteren Abschnitt, der einzelne Sätze in Ruthenisch, Englisch sowie in einer transliterierten Form in der Kyrillica, welche die Aussprache der englischen Formen erleichtern soll. So liest man:

Якь довго потреває наша подорожь?
How long will our passage last?
Гав лонг вил аур песедж лест?

Кôлько коштує та комната денно?
What does the room cost per day?
Гват доз ді рум кост пер дей?

Чи маю плати напередъ (зъ гори)?
Must I pay in advance?
Мост ай пей ін едвенс?

Опакуйте то ще разь, прошу.
Please, repeat it again.
Пліз ріпіт іт еген.

Глядаю мѣсця яко годинникарь.
I am looking for a place as watch-maker.
Ай ем лукінг фор е плес ес вач-мекр.

Der Ratgeber, dem auch ein kurzes Wörterbuch beigefügt ist, umfasst über 200 Seiten. Er ist jenen, nicht zahlreichen Texten zuzuordnen, die bewusst für ukrainische Emigranten in Amerika erstellt wurden. In sprachlicher Hinsicht ist die deutlich galizisch-ukrainische Ausprägung zu erwähnen. Dabei handelt es sich um eine Varietät, die sich an der Sprache der Adressaten orientiert und daher auch zahlreiche Formen besitzt, welche um die Jahrhundertwende bereits

nicht mehr Teil des in Galizien gebräuchlichen Standards waren. Aus den Auszügen ist u. a. zu erwähnen: westukrainisches *денно*, welches heute als dialektal gilt (vgl. modern ukr. *щоденно, щодня*, aber auch poln. *dziennie*), *зъ гори* wie es aus dem Polnischen bekannt ist (*z góry*), *глядати* im Sinne von 'suchen' oder das dialektale *опакуйте* (vgl. slowak. *opakovat'*).

   In den Jahren 1910–1914 wurde in Lemberg die Zeitschrift *Еміґрант. Часопись „Товариства св. Рафаїла" для охорони руських еміґрантів з Галичини і Буковини)* herausgegeben, eine periodisch erscheinende Zeitschrift, die ruthenische Emigranten aus Galizien und der Bukowina über wesentliche Angelegenheiten im Zusammenhang mit der Auswanderung informierte. Bereits in der ersten Ausgabe wird über die missliche Lage ruthenischer Emigranten berichtet:

> Чим є ті американьскі приписи для наших переселенців не треба і говорити. Наші люди продають звичайно свій ґрунт, батьківську хату і вандрують в чужий край шукати ліпшої долї. А приїдуть вимучені на „цвішендеку" до землї, де їм баламут-аґент обіцяв найти тоте щастє, стратять всї гроші, а там беруть чоловіка на трудний „еґзамін" і як єго не здасть, гонять єго американьскі власти без жадної церемонії і без рекурсу назад до дому. І деж він поверне? До кого? Де притулить ся з своєю женою та дрібними дїтьми, коли на єго батьківщинї, що зрошена кровавими потом та гіркими слезами батьків-дїдів розсїв ся нераз як раз той, що постарав ся для него о таке „американьске щастє"? (Emihrant 1910: 7).

   Die Zeitschrift *Еміґрант* warnt zunächst, wie es aus anderen Texten der Zeit bekannt ist, über die Folgen der Emigration. So verkaufen viele Ruthenen ihren Grund und wandern aus, ohne ernsthaft die Möglichkeit einer Rückkehr in Betracht zu ziehen. Dabei werden sie von Agenten (sog. *муж довіря*) finanziell geschädigt. Auch die Einreise nach Amerika selbst wird nicht als Selbstverständlichkeit dargestellt.

   Außerdem werden in der Zeitschrift zahlreiche Informationen abgedruckt, die den zum Teil emotionalen Schilderungen deutlich gegenüberstehen. So findet sich ab der Nummer 4/5 im zweiten Jahrgang (1911) der *Дороговказ для переселенцїв*, ein Reiseführer für Emigranten. Dort ist mehr über die tatsächlichen Reisebedingungen zu erfahren, so etwa über die Reisekosten, die Einreise in die USA, die Registrierung, die Aufenthaltsbestimmungen, die gesetzlichen Bestimmungen in Bezug auf das tägliche Leben und dergleichen.

   Von Interesse sind die in der Kolumne *Листи з чужини* der Zeitschrift *Еміґрант* abgedruckten Briefe ruthenischer Auswanderer. Wie einer Notiz der Herausgeber zu entnehmen ist, wurden diese nur geringfügig korrigiert, doch wurden die mit lateinischen Buchstaben geschriebenen Briefe in der Kyrillica

wiedergegeben. Obwohl die Briefe nicht in ihrer Originalform abgedruckt werden, stellen sie eine auch in sprachlicher Hinsicht interessante Quelle dar. Zwischen den einzelnen Briefen kommt es zum Teil zu großen Unterschieden. Der folgende, im Jahr 1910 in Chicago verfasste Brief zeigt eine verhältnismäßig hohe Übereinstimmung mit der in Galizien üblichen ruthenischen Schriftsprache:

Чікаго 13/XII. 1910
Хвальне Товариство.

Будучи вже довший час в Америці та розпізнавши ся з земляками стало міні троха лекше жити в Америці але коли приглянув ся блишше житю нашому народови стало міні дуже сумно на серци а се тому що наш народ встидає ся свого слова, свої народности та не жаль було би мені коби той нарід встидаючи ся свого слова. Вчив ся англїйского тоби му лекше було жити в Америці, але наш народ не горне ся до англїйского слова а не вирекши ся свого слова перекидає ся на польский нарід де прийдеш нїгде жаден русин не скаже що русин лиш поляк. От наведу нам одну стрічу мою з русинами в фабриці шкла на Kinzie улиці в Чікаго і так коли мене принято до роботи приходжу до одної хати дем мав робити слухаю всьо говорять по польский думаю що се все польаки але колим прислухав ся їх мові том ся став сьміяти бо русин як калїчит по польский то сьмішно слухати от наприклад, питає ся мене, już buczaw piw do szestoj, замісьть казати вже трубів пів до шестої, або другий примір замісьть казати, він на мене вгадав то він калїчит по польский, on na mnie whadował і т. ин. ш. а я кажу до него чоловіче чого до мене говориш по польский, коли знаєш що я русин чого встидаєш ся свого слова кажу до него Руска мати тя родила руска мати тя учила чом же мова єй не мила чом ся в нев встидати маєш а чуджого польубає, та тоє булоби байка коби Рускі родини не віховували своїх дітий в польскім дусї тай не учили дїтий по польский бо така дитина виросте і буде з неї польский яничар котрий буде на власний свій нарід кайдани кувати. […]
М. Р. з С.

Zu erwähnen sind einige Parallelformen wie *народ* und *нарід*, wobei letztere Form in Galizien üblich war, während *народ* im modernen Standard vorherrscht. Orthographische Besonderheiten zeigen sich u. a. bei *польубає* und *польаки*. Harte Verbalendungen des Typs *калїчит* waren zu jener Zeit in Galizien üblich. Auch Formen des Typs *нїгде* waren in Galizien weit verbreitet. Lediglich *коби* gilt bereits um die Jahrhundertwende nicht mehr als Teil des Standards und ist der Umgangssprache zuzuordnen. Dies gilt auch für *чуджого* mit der Affrikate *-dž-*. Im Falle von *віховували* zeigt sich der Ersatz von *у > i*, wie es aus einigen Dialekten bekannt ist. Charakteristischer Weise wechselt der Autor gerade zu dem Zeitpunkt, da er die polnische Herkunft der erwähnten Zitate unterstreichen will, zum Gebrauch lateinischer Buchstaben (*on na mnie whadował*).

Weitere abgedruckte Texte weisen eine deutlich stärker ausgeprägte umgangssprachliche oder dialektale Form auf und eröffnen damit weitere Einblicke in den Gebrauch des Ruthenischen in weiten Teilen der bäuerlich geprägten Be-

völkerung. Dabei wird ersichtlich, dass ungeachtet etwaiger Unifizierungsten-
denzen im Hinblick auf einen ruthenischen Standard in Galizien abweichende
Varietäten erhalten blieben, die nicht nur durch mangelnde Kenntnisse des Stan-
dards zu erklären sind.[4]

З Канади. Вінïпег (Манïтоба)
[...] тут нима що довго бути, бо ту гірщи чимраз стає, нïж в краю, бо ту така бі-
да, народу сила наïхало і тяжко роботу здибати. Нас приïхало 5 разом, то я допіро 5 не-
дïль, якбим став до роботи в місцï Вінïпегу, роблю в різни, там нас робить 218 людий, а
такий смиріт, жи тяжко витримати, як вечер прийду до до́му, то ни годин зïсти кавалка
хлïба, то ще Богу дякую, щом там став, а тих 4 що за мном приïхало, то поïхали на поли
допіро дві недïли за кілька сот миль і прошу вас отче Канонïку, хтоби хтïв їхати, того з
дому збороняйти, жи (би) сюда най ни їхав і най кождий минï вірить, бо я правду пишу,
бо я ту заïхав, то вже робити мушу, а як я сє поверну, то я вам всïм правду розповім а
найбільше молодïжи, най працюють там і грейцар шанують, то лïпши там, нïж (в) Кана-
дï. Більш ни маю що до писаня...

Einige Formen sind der gesprochenen Sprache entnommen. Wieder wer-
den Parallelformen eingesetzt, vgl. *mym* bzw. westukrainisches *my*.[5] Formen des
Typs *жи* (vgl. modern ukr. *що*) sind um die Jahrhundertwende nicht als Teil der
Schriftsprache zu sehen. Auch die Verbalform *збороняйти* (vgl. veralt. poln.
zbraniać) ist als umgangssprachlich bzw. dialektal zu klassifizieren. Zu erwäh-
nen sind darüber hinaus *хтïв* statt etwa *хотів*, *допіро*, *дві недïли* oder *щом я
став*, die als Abweichungen von der Schriftsprache zu klassifizieren sind. Zieht
man die zahlreichen standardsprachlichen Merkmale in Betracht, zeigt sich, dass
in diesen Texten eine Varietät des Ruthenischen zum Einsatz kam, die nicht aus-
schließlich durch eine Abweichung von der in Galizien üblichen Schriftsprache,
sondern selbst ein mehr oder weniger konstantes System darstellt.

Die Migration wurde nicht zuletzt wegen ihrer gesellschaftlichen Be-
deutung auch in Galizien umfangreich thematisiert. In der Presse, der Belletris-
tik, aber auch Broschüren und ganzen Büchern wurde vorwiegend auf die ne-
gativen Auswirkungen der Emigration für das Schicksal des Einzelnen, aber
auch die Situation in Galizien selbst hingewiesen. Demgegenüber sind es nur
wenige Publikationen, wie die besprochene Zeitschrift *Еміґрант*, die Informa-
tionen zusammenstellten, welche für Auswanderer auf ihrem Weg in eine neue
Heimat praktischen Nutzen haben konnten.

---

[4] Diese Texte sind im Sinne einer „Sprachgeschichte von unten" noch eingehender zu un-
tersuchen. Vgl. dazu Elspaß (2005).
[5] An einer Stelle wird *my* als Richtungsangabe verwendet, vgl. *я му заïхав*, wie es für ei-
nige Dialekte charakteristisch ist.

Literatur

Andruchovyč 1904: З житя Русинів в Америці. Спомин з років 1889–1892 написав о. Константин Андрухович. Коломия

Ažnjuk 1999: Ажнюк, Б. Мовна єдність нації: діаспора й Україна. Київ

Doma 1892: М. М. К. Дома – а на чужинѣ. Львôвъ (Изданія общества имени Мих. Качковского, февраль 1892, ч. 195)

Elspaß 2005: Elspaß, S. Sprachgeschichte von unten. Untersuchungen zum geschriebenen Alltagsdeutsch im 19. Jahrhundert. Tübingen (Reihe Germanistische Linguistik 263)

Emihrant 1910: Еміґрант. Часопись „Товариства св. Рафаіла" для охорони руских еміґрантів з Галичини і Буковини

Hrycak 2006: Грицак, Я. Пророк у своїй вітчизні. Франко та його спільнота. Київ

Listy 1973: Listy polskich emigrantów ze Stanów Zjednoczonych i Brazylii z lat 1890–1891. W. Kula – N. Assorodobraj-Kula – M. Kula (Hrsg.). Warszawa

Magocsi 1994: Magocsi, P. R. Our people. Carpatho-Rusyns and their Descendants in North America. Toronto

Novyj svit 1880: Новый свѣтъ (Америка). Книжечка за мѣсяць Червень, 1880 (Изданія общества имени М. Качковского, за редакцію отвѣчае Венедиктъ М. Площанскій)

Partyc'kyj 1871: Партыцкій, Е. Руска Читанка для низшихъ клясъ середнихъ шкôлъ. Часть II. Зъ друкарнѣ К. Будвайсер. У Львовѣ. Накладомъ товариства „Просвѣта"

Pilat 1893: Pilat, T. Wychództwo z powiatów podolskich do Rosyi w roku 1892. Kraków

Satzewicz 2002: Satzewich, V. The Ukrainian Diaspora. London

Šeptyc'kyj 1911: Канадийским Русинам написав митрополит Андрей Шептицкий. Жовква

Šeptyc'kyj 1912: Памятка для руских робітників в Нїмеччинї, Франції, Сполучених Державах, Канаді, Бразилії і Аргентинї написав митрополит Андрей Шептицкий. Жовква

Tovmač 1911: Новый англійскій Товмачь для Русинôвъ въ Америцѣ. Выданє пяте. Pittsburg

Varčin 1897: Варчинъ, Ю. Щастє за моремъ. Повѣстка на тлѣ рускои емиграціи до Бразиліи. Коломыя (Бібліотека для рускои молодежи пôдъ редакцією Юліяна Насальского)

MARINA HÖFINGHOFF (WIEN)

Ukrainische Emigration nach Argentinien und Brasilien und ihre sprachlichen Folgen

Abstract. This paper systematizes the data about the Ukrainian immigrants to South America and discusses the influence of the new social environment on Ukrainian communities. The study, which is based on Ukrainian mass media in Brazil and Argentina, presents a detailed analysis of the language of these publications. In the first half of the 20th century, the Ukrainian settlements in Argentina and Brazil differed in terms of their respective degree of integration: the Argentinean settlement initially remained relatively isolated from its Spanish-speaking environment. Lexical interference from Spanish was a relatively late development in Argentinian Ukrainian. The Ukrainian settlement in Brazil was the largest in South America, and its press contributed significantly to a more effective integration process of the Ukrainian immigrants into the new social environment. The press features numerous borrowings from Portuguese, most of which come from the realms of administration and commerce. As most emigrants hailed from the regions of western Ukraine, the spoken and written language standards of that area were carried over into the linguistic usage on the new continent; not surprisingly, they found their way into the diaspora's press as well.

1. Historische und sozioökonomische Hintergründe der Emigration

1.1. Erste Emigrationswelle (ca. 1870–1914)

1881–1912 verließen nach Schätzungen 430.000 Ruthenen Galizien und die Bukowina. Die Abwanderung resultierte vor allem aus den rückständigen agrarischen Strukturen, aus der Landarmut und dem hohen Geburtenüberschuss, der zu immer kleineren Grundstücken führte. Die bäuerliche Bevölkerung, die den größten Anteil der Einwohner ausmachte, konnte immer schwerer ernährt werden, industrielle Arbeitsplätze standen kaum zur Verfügung. Die erste Emigrationswelle nach Argentinien begann ca. 1890. Zwischen 1897 und 1914 wanderten schätzungsweise 14.000 Ukrainer, vor allem aus Galizien, in das Land ein:

> Besonders zahlreich waren unter den Immigranten Bauern vertreten, die in kompakten Kolonien in unterschiedlichen Provinzen lebten. 1914 wohnten in der Provinz Misiones ca. 10.000 ukrainische Emigranten, ca. 4.000 waren in Buenos Aires und dem naheliegenden Vorort Berisso angesiedelt (Danylyšyn 1979: 78). Neben den Bauern, die abwanderten, durch die Gerüchte über eine Landvergabe beeinflusst, waren ukrainische Lehrer und Pfarrer die zweitgrößte Migrantengruppe. Sie verließen das Land in der Überzeugung, dass ein sozialer Aufstieg im polnisch dominierten Galizien für sie unmöglich oder schwer zu erreichen war (Jobst 2007: 1062).

Genaue Daten über die Staatsangehörigkeit der Immigranten sind schwer zu erhalten. 1897 kamen nach Argentinien 102.673 Immigranten, davon waren 1768 aus Österreich-Ungarn. Ein Drittel davon ließ sich in Buenos Aires nieder (589 Personen) (Sapeljak 2008: 25). Als „rus'ky" oder „austriaken" wurden in Argentinien ausschließlich Ukrainer genannt (Sapeljak 2008: 25).

Nach Brasilien kamen zwischen 1859–1899 über 15.000 Personen, in erster Linie aus dem südöstlichen Galizien (Brody, Zoločiv, Zališčyky, Ternopil'). Die meisten Ukrainer ließen sich in Paraná, im Süden Brasiliens, nieder, außerdem gibt es ukrainische Siedlungen in den Provinzen Santa-Catarina, São-Paolo und Rio Grande do Sul. In ukrainischen Zeitungen wurde um neue Arbeitskräfte (vor allem Landwirtschaftsarbeiter waren gefragt) aus Europa geworben. Eine kostenlose, von der brasilianischen Regierung finanzierte Seeüberfahrt wurde in Ansicht gestellt:

Оповіщенє!
Повідомляю отсим всіх імігрантів в Бразіліі що я переправляю родини які занимають ся рільництвом з Австро Угорщини, з Росиї, і т.п. до Бразілії цілком даром се є на кошти бразилійского правительства (Zorja 1909).

Unter den Neuangekommenen waren in erster Linie Bauern vertreten, die durch die Emigration ihre finanzielle und soziale Lage zu verbessern suchten:

Рускі поселенці прибувши до Бразилії, були се люди найбіднійші, двірскі робітники або зарібники халупники. Дуже мало було між ними таких, щоб вміли читати і писати, а приїхавши сюди мали вони досить роботи щоб здобути собї кусень хлїба, так що все інше полишило ся на боці (Zorja 1910).

Die ukrainischen (ruthenischen) Einwanderer wurden nicht nach ihrer Nationalität, sondern nach der Staatsangehörigkeit registriert, sodass es nicht möglich ist, genaue Zahlen der in Brasilien lebenden Bürger ukrainischer Herkunft festzustellen. Es wird geschätzt, dass die ukrainische Gemeinde in Brasilien Anfang des 20. Jh. ca. 24.000 Personen zählte:

Точних даних щодо загальної чисельності українців у Бразилії не існує. Оскільки українці першої і другої хвиль імміграції прибували до цієї країни з документами, виданими їм в Австро-Угорській імперії та Польщі, бразильські імміграційні органи реєстрували їх відповідно „австрійцями" і „поляками" (Observer 2004).

Die neu angekommenen Landsleute wurden aufgerufen, sich nach der Nationalität korrekt registrieren zu lassen, damit die Gemeinde repräsentativer auftreten könnte:

Як самі знаєте ту в Бразилиї називають чи то Русина чи Поляка „Поляко". Проте при списї кажить що ви є Русин – Рутено, і жадайте щоб вас так вписувано; бо хто знає чи де в котрих місцевостях спису не буде переводити Поляк, а такий залюбки впише вас як „Поляко" бо те саме чинять они і в старім краю. – Бачність отже! (Zorja 1910).

Zwischen 1910–14 fand noch eine verhältnismäßig starke Auswanderungskampagne nach Brasilien statt, die durch die Anwerbung billiger Arbeitskräfte für den Bau der Eisenbahn zwischen São-Paolo und Rio Grande do Sul zustande kam. In dieser Zeit bildeten ca. 20.000 Ukrainer neue Gemeinden in Campinas, Ijuí, Jaguariúna und Erechim (Observer 2004).

1.2. Zweite Emigrationswelle (Zwischenkriegszeit)

Die zweite Emigrationswelle, die vorwiegend politischen Charakter trug, setzte ab den 1920-er Jahren ein und dauerte von 1922 bis 1939. In der Zwischenkriegszeit verließen ca. 300.000 Personen die Westukraine, nach Argentinien kamen in dieser Zeit ca. 120.000 Ukrainer. Überwiegend wanderten Bauern aus den damals zu Polen gehörenden Gebieten der Westukraine aus. In Argentinien stießen sie entweder zu ihren Landsleuten oder ließen sich als Bauern in anderen Provinzen – Chaco, Formosa, Mendoza, Entre Ríos, Córdoba – nieder. Besonders zahlreich waren unter den Immigranten weiterhin Bauern vertreten, aber auch Offiziere der UNR (Ukrainische Nationalrepublik), die eine Niederlage im Befreiungskampf hatten hinnehmen müssen. Nach argentinischen Gesetzen werden Statistiken auf dem Bereich der Immigration nicht nach dem nationalen, sondern nach dem Staatsangehörigkeitsmerkmal geführt, daher liegen keine offiziellen statistischen Daten vor.

Часто трапляється, що аргентинські урядники, визначаючи національність українця, який потребує виробити собі персоніфікуючу цідулю, чують у відповідь: русо, поляко, румано, і аж дізнавшися про місце його уродження, записують його Українцем (Ucrania 1930).

In einigen Fällen begegnet man der Rubrik „Ukrainer", aber die Zahlen sind unbedeutend: Zu Beginn kamen die Ukrainer mit österreichischen Pässen, später mit tschechoslowakischen, rumänischen und polnischen. Zahlreiche Flüchtlinge ukrainischer Herkunft zeigten jene Pässe vor, die sie in der Zwischenmigrationsphase im europäischen Ausland erhalten hatten. Die Zeitung „Actualidades y deportes", Nr. 61, 1937 erwähnt, dass in Misiones ca. 30.000 Bürger ukrainischer Herkunft wohnten (Danylyšyn 1979: 79).

Nach dem ersten Weltkrieg ließ die Zahl ukrainischer Auswanderer nach Brasilien spürbar nach. Dessen ungeachtet kamen in der Zwischenkriegszeit ca. 9.000 Ukrainer nach Brasilien, die ihr Heimatland vor allem aus politischen Gründen verlassen hatten.

1.3. Dritte Emigrationswelle (zweiter Weltkrieg)

Die dritte Emigrationswelle, die politischen Charakter trug, begann nach dem Ende des zweiten Weltkrieges, als ukrainische Flüchtlinge, die nach dem Kriegsende nicht in die Sowjetunion zurückkehren wollten, aus Deutschland, Österreich, Italien etc. in andere Länder auswanderten. Betroffen waren ca. 310.000 Personen. Auswanderer nach Argentinien zählten ca. 6.000 Personen, die sich vor allem in den Städten niederließen, aktive Mitglieder der bestehenden kulturerhaltenden Institutionen „Prosvita" und „Vidrodžennja" wurden oder neue Organisationen gründeten (Šabel'cev 2002: 93). Bis 1989 wanderten weitere ca. 40.000 Ukrainer aus, vor allem aus Gründen der Dissidentenemigration oder Familienzusammenführung.

Nach Brasilien kamen zwischen 1947 und 1951 ca. 7.000 Ukrainer. Dies waren meistens gebildete Personen, die in der Ukraine zur Intelligenzija zählten. In ihrer neuen Heimat konnten sie aber schwer Fuß fassen, sodass die meisten weiter nach Kanada und in die USA zogen. Diejenigen, die in Brasilien blieben, ließen sich vor allem in São-Paolo, Porto-Alegre und Canoas im Staat Rio Grande do Sul sowie in den Staaten Goias, Minas Gerais und Rio de Janeiro nieder (Observer 2004).

1.4. Vierte Emigrationswelle (ab 1990)

Die vierte Emigrationswelle wurde durch den Unabhängigkeitsstatus der Ukraine ermöglicht und ist vor allem durch die bestehenden sozio-ökonomischen Bedingungen zu erklären. Insgesamt verließen in den letzten zehn bis zwölf Jahren ca. 7.000.000 Personen das Land, ein Teil davon hält sich im Ausland illegal auf. Die vierte Emigrationswelle trägt erneut einen deutlich wirtschaftlichen Charakter.

In erster Linie verließen Personen das Land, die im Ausland als Gastarbeiter tätig waren, darunter viele Wissenschaftler.

Laut der außerordentlichen und bevollmächtigten Botschafterin von Argentinien in der Ukraine Lila Roldan Vazquez de Moine zählt die ukrainische Diaspora in Argentinien ca. 300.000 Personen[1]. Die Tatsache, dass keine offi-

---

[1] www.zaxid.net/newsua/2007/11/22/154107/ (02.06.2010).

ziellen Angaben über ethnische Herkunft der Immigranten vorhanden sind und dass die Volkszählung keine Informationen über Zugehörigkeit zu einer ethnischen Gruppe oder nationalen Minderheit, außer zur indigenen Bevölkerung erfasst, schließen weiterhin die Möglichkeit aus, die Größe der ukrainischen Diaspora genau zu bestimmen. Laut den Archiveinträgen der Ukrainischen Griechisch-katholischen Kirche, wohnten allein im Staat Paraná 1996 ca. 320.000 brasilianische ukrainische Katholiken (95%). Dazu kämen 5% orthodoxe Ukrainer, sodass man von ca. 340.000 ethnischen Ukrainern allein in Paraná ausgehen könnte (Observer 2004).

2. Sprachliche Analyse

Die Belege für die lexikalische Analyse wurden folgenden ukrainischen Zeitungen in Argentinien entnommen:

– „Промінь" 1929. Presseorgan einer Gruppe ukrainischer Arbeiter.
– „Україна" Ucrania. 1930. Populäre Wochenzeitung.
– „Українська робітнича трибуна" 1932. La tribuna Ucraniana. Zeitschrift zu den Fragen der ukrainischen Arbeiterimmigration in Südamerika.
– „Наш Клич". Орган ураїнської стрілецької громади в репуб. Аргентині, 1934–1937.

Die ukrainische Presse in Brasilien, die politische, gesellschaftliche und kulturelle Ereignisse aus der Zeit der ersten ukrainischen Emigrationswelle schilderte, ist hier von folgenden zwei Presseorganen vertreten:

– „Зоря – часопис русько-українська в Бразилії": 1909–1910. Diese Zeitung wurde zweimal die Woche in einer Auflage von 500 Exemplaren bis 1910 herausgegeben, bis ihr Betrieb mangels finanzieller Mittel eingestellt wurde (Bondarenko: 2010).
– „Праця": 1913–1917. Die Zeitung erschien zum ersten Mal in Prudentopolis am 22. Dezember 1912 und wird bis jetzt herausgegeben (Bondarenko: 2010).

Als Nachschlagewerke für die lexikalischen Recherchen wurden folgende Wörterbücher verwendet: Das zweibändige ukrainisch-deutsche Wörterbuch von Jevhen Želechivs'kyj aus dem Jahr 1886 wurde konsultiert, um festzustellen, ob das konkrete Lexem Ende des 19. Jahrhunderts als Standard galt. Das im Jahr 1943 von Zenon Kuzelja und Jaroslav Rudnyc'kyj verfasste einbändige „Ukrainisch-deutsche Wörterbuch", das besonders viele Belege westukrainischer Herkunft enthält, lieferte Aussagen über den semantischen und stilistischen Wandel der untersuchten Lexeme. Weitere Änderungen semantischer und stilistischer Natur ließen sich anhand des ukrainischen elfbändigen erklärenden Wörterbuchs

(SUM) aus der Zeit der sowjetischen Ukraine und des vierbändigen erklärenden Wörterbuchs (NTSUM) feststellen.

2.1. Phonetische und orthographische Ebenen

2.1.1. Gebrauch von *в* statt des etymologischen *л*

In der untersuchten Zeitperiode war die Notation von *в* anstelle des etymologischen *л* laut phonetischer Schreibweise bereits Sprachnorm, was auch von den untersuchten Belegen bestätigt wird. Bemerkenswert ist in diesem Zusammenhang die Schreibweise von *горівка* (Ucrania 1930). Die Form ist in keinem der konsultierten Wörterbücher belegt. Dieselbe Form wird auch in der ukrainischen Presse in Brasilien gebraucht: *горівку* (Zorja 1909).

2.1.2 Bewahrung des *г* entsprechend dem fremden *g*

In Fremdwörtern wurde zur Wiedergabe von *g* der Buchstabe *г* verwendet, was der galizischen Schreibtradition entsprach (Shevelov 1966: 160): *ґатунку*[2] (Zorja 1909), *ґратулянти*[3] (Zorja 1910), *ґрунт*[4] (Zorja 1910), *інавґурация*[5] (Pracja 1913), *інтеліґенції*[6] (Zorja 1910), *циґарети*[7] (Pracja 1917), *ґабінеті*[8] (Pracja 1917). Auch in der ukrainischen Presse in Argentinien finden sich Beispiele: *ангажувала, агітувати* (Ucrania 1930).

2.1.3. Palatalisiertes *л'* in Entlehnungen und Fremdwörtern

In den Fremdwörtern wird *л* konsequent palatalisiert wiedergegeben. Besonders viele Beispiele finden sich in den brasilianischen ukrainischsprachigen Presseor-

---

[2] Kuzelja-Rudnyc'kyj (1943: 155) enthält den Eintrag *ґатунок*. Im SUM (1980: II, 41) ist *ґатунок* ohne weitere Vermerke eingetragen, NTSUM (1999: 1, 694) zeigt *ґатунок*.

[3] Bei Kuzelja-Rudnyc'kyj (1943: 157) ist das Verb *ґратулювати* ohne weitere Vermerke eingetragen. Im SUM (1980: II, 160) findet sich *ґратулювати* mit dem Vermerk *dial.(ektal)*.

[4] Kuzelja-Rudnyc'kyj (1943: 157) führt *ґрунт* ohne weitere Vermerke an. Im SUM (1980: II, 181) ist *ґрунт* in der Bedeutung 'Grundstück' mit dem Vermerk *veralt.(et)* eingetragen.

[5] Die Form *інавґурація* ist bei Kuzelja-Rudnyc'kyj (1943: 313) ohne weitere Vermerke eingetragen. Im SUM ist das Lexem nicht belegt.

[6] Bei Kuzelja-Rudnyc'kyj (1943: 315) ist das Lexem *інтелігенція* ohne weitere Vermerke belegt. Im SUM (1980: IV, 36) und im NTSUM (1999: 3, 194) ist *інтелігенція* ohne weitere Vermerke eingetragen. Zur westukrainischen Schreibung von *ï* nach Dentalen s. Žovtobrjuch (1970: 63).

[7] Bei Kuzelja-Rudnyc'kyj (1943: 315) ist die Form *циґарета* belegt. Im NTSUM (1999: 4,778) sind *циґара, циґарка* auch mit *з* wiedergegeben.

[8] Vgl. pol. *gabinet*. Kuzelja-Rudnyc'kyj (1943: 155) verweist bei *ґабінет* auf *кабінет*. Im SUM (1980: IV, 64) findet sich die Form *кабінет*.

ganen: *кільо*[9] (Pracja 1917), *льокаїв*[10] (Pracja 1917), *льокомотива*[11] (Zorja 1909), seltener sind sie in den argentinischen: *симбольом* (Promin' 1929), *фльоти* (Gen. Sg.; vgl. poln. *flota*) (Ucrania 1930), *кляси* (Gen. Sg.; vgl. poln. *klasa*) (Promin' 1929).

2.1.4. Schreibweise in den Suffixen *-с(ь)к-, -ц(ь)к-, -з(ь)к-*

Laut der galizischen Sprachnorm behielten die Suffixe *-ск-, -цк-, -зк-* den nicht palatalisierten dentalen Laut, was in den brasilianischen Quellen konsequent wiedergegeben wird: *бразилійского* (Zorja 1909), *двірскі* (Zorja 1910), *европейским* (Zorja 1910), *польскими* (Zorja 1910), *ляцкий* (Zorja 1910), *француз-ка* (Pracja 1915). Einzelne Beispiele der palatalisierten Schreibweise sind trotzdem vorhanden, was auch in der westukrainischen Presse ab und zu der Fall war[12]: *по руськи* (Pracja 1913), *бабський* (Pracja 1917). In den argentinischen Quellen finden sich ausschließlich palatalisierte Formen: *арґентинські, міського, большевицькі* (Ucrania 1930), *Совіцький*[13], *Совітське* (NK 1934), *україн-ська* (NK 1936).

2.1.5. Neutra mit Verdoppelung des vorstehenden Konsonanten

Regelmäßig wird in den ukrainischen Presseorganen in Brasilien die galizische Norm ohne Konsonantenverdoppelung gebraucht (AUM 1988: 183): *бурмота-ня* (Nom.) (Zorja 1910), *видаваню* (Dat.) (Zorja 1910), *насїня* (Akk.) (Zorja 1910), *День Стрітеня*[14] (Pracja 1917), *до здійсненя* (Zorja 1910). In ganz wenigen Fällen bleibt allerdings noch die galizische Norm auf *-є* ohne Konsonantenverdoppelung behalten, die infolge der Verlängerung des ursprünglich verdoppelten Konsonanten formell wegblieb: *оповіщенє* (Nom.) (Zorja 1909), *ба-жанєм* (Instr.) (Zorja 1909), *убитє* (Akk.) (Pracja 1913). Solche Formen sind in den ukrainischen Presseorganen in Argentinien nicht anzutreffen, eine Konso-nantenverdoppelung ist bei den Neutra auf *-а/-я* üblich, was heute als Standard

---

[9] Bei Kuzelja-Rudnyc'kyj (1943: 331) findet sich *кіло*. SUM (1980: IV, 159) führt dieselbe Form mit dem Vermerk *umgangs.(sprachlich)* an.

[10] Bei Kuzelja-Rudnyc'kyj (1943: 360) und im SUM (1980: IV, 438) findet sich *лакей*.

[11] Kuzelja-Rudnyc'kyj (1943: 374) enthält die Form *льокомотив*. Im SUM (1980: IV, 543) begegnet *локомотив*.

[12] „Проте деякі галицькі й буковинські газети та журнали не додержувались традиційного правопису, поширеного в Західній Україні, й після *с, з, ц* у прикметникових суфіксах *ь* ставили, хоч і незавжди послідовно" (Žovtobrjuch 1970: 65).

[13] Öfters kommt es zur Assimilation an der Grenze zwischen der Wortwurzel und dem Suffix, was der etymologischen Schreibweise nicht entspricht (Žovtobrjuch 1970: 87).

[14] Želechivs'kyj enthält den Eintrag *Стрітенє* (Želechivs'kyj 1886: 928). Vgl. dazu auch Moser 2007: 116.

gilt: *видання* (Nom.) (Promin' 1929), *виздоровленням* (Instr.) (Ucrania 1930), *вивіз збіжжа* (Gen.) (Ucrania 1930), *виривання* (Nom.) (NK 1935).

2.1.6. Dialektale Varianten im Bereich der Numeralia

Der Gebrauch von *и* statt *д* in *-дц'*- ist den südwestlichen Dialekten eigen (AUM 1988: 229): *пятьнайцять чоловіка* (sic!) (Promin' 1929), *одинайцять* (Ucrania 1930). Dieselbe phonetische Besonderheit wurde auch in der Sprache der ukrainischen Auswanderer nach Brasilien beobachtet, südwestlicher Herkunft[15] sind die Formen auf *-йцят/-йцят'* (AUM 1988: 229): *двайцять* (Pracja 1913), *кільканайцятьох* (Pracja 1913), *тринайцятка* (Zorja 1909).

2.1.7. Gebrauch von *дж* und *дз*

Die Affrikaten *дж* und *дз* wurden nicht immer konsequent gebraucht. Öfters wird anstelle von *дз* einfach *з* verwendet, sodass es zum Entstehen von Parallelformen kommt: *кукурудзу*[16] (Zorja 1910) – *з кукурузи* (Pracja 1912). In mehreren Beispielen ist der spezifisch ukrainische Reflex des *dj* als *дж* belegt: in der 1. Person Singular Präsens: *гляджу* (Pracja 1917), in Partizipien oder von Verben abgeleiteten Substantiven, was der Sprachnorm entspricht: *уродження* (Ucrania 1930), *засуджений* (NK 1934), aber auch bei den anderen Formen, in denen laut der Norm im modernen Ukrainischen kein *дж* zu erwarten ist: *обиджай*[17] (Zorja 1909), *медведжего*[18] (Zorja 1910). Diese Beispiele entstammen in erster Linie brasilianischen Quellen.

2.2. Morphologische Ebene
2.2.1. Grammatisches Geschlecht

Zahlreiche Beispiele belegen ein anderes grammatisches Geschlecht als im modernen Ukrainischen. Das sind in erster Linie Fremdwörter, die aus dem Griechischen oder Lateinischen durch deutsche und polnische Vermittlung entlehnt wurden und deswegen in Galizien schon früher einem anderen Flexionspara-

---

[15] „Назви чисел другого десятка зазнали різних фонетичних змін у діалектах [...]; в південно-західних говорах: *одинайц'і(т)*, *дванайц'і(т)*. Так само і в назвах десятків: *двайц'ат'* " (Žylko 1966: 92).

[16] Bei Kuzelja-Rudnyc'kyj (1943: 356) und im SUM (1980: IV, 388) ist die Form ohne weitere Vermerke eingetragen.

[17] Kuzelja-Rudnyc'kyj (1943: 485) führt die Form *обиджати* ohne weitere Vermerke an. SUM (1980: V, 500) verweist bei *обижати*, das mit den Vermerken *umg.(angssprachlich)* und *selt.(en)* versehen ist, auf *ображати*.

[18] Kuzelja-Rudnyc'kyj (1943: 385) verweist bei *медв...* auf *ведм....* SUM (1980: IV, 663) verweist bei *медвежий*, das mit dem Vermerk *dial.(ektal)* versehen ist, auf *ведмежий*.

digma angehörten (Žovtobrjuch 1970: 103). Beispiele dafür finden sich in allen untersuchten Quellen: *ціла оркестра*[19] (vgl. pol. *orkiestra*) (Pracja 1917), *конфіската*[20] (vgl. pol. *konfiskata*) (Pracja 1917), *одна пікета*[21] (vgl. pol. *piketa*) (Pracja 1914), без *ріжниці кляс* (Gen. Pl.), *пануючоі кляси* (Gen. Sg.; vgl. poln. *klasa*) (Promin' 1929), *Совітської фльоти* (Gen. Sg.; vgl. poln. *flota*) (Ucrania 1930), *українська фільма* (Nom.) (NK 1936).

2.2.2. Deklination der Fremdwörter auf -*o* und -*ум*

Neutra auf -*ум* wurden nach polnischem Muster normalerweise nicht dekliniert: *на ціле мунїсініум*[22] (Akk.) (Zorja 1910), *в мунїсініум* (Lok.) (Pracja 1913), *в „Консерваториум музичнім"* (Lok.) (Zorja 1909). In späteren Ausgaben gibt es Beispiele für die Deklination ursprünglichen Neutra auf -*ум*, die in Folge der morphologischen Adaption das grammatische Geschlecht änderten und der entsprechenden Deklinationsart zugeordnet wurden: *у мунїсінії* (Lok. Sg.), *у мунїсініях* (Lok. Sg.) (Pracja 1917). Fremdsprachige Neutra auf -*o* oder -*e* werden laut der modernen Norm der ukrainischen Standardsprache nicht dekliniert. In den untersuchten Belegen der argentinischen Presse kommen die Formen mit den typischen Flexionen der zweiten Deklination in Singular und Plural vor: *в бюрі* (Präp.) (Ucrania 1930), *бюра* (Nom. Pl.) (Ucrania 1930), *замість авт* (Gen. Pl.) (Ucrania 1930), *автами* (Instr. Pl.) (Ucrania 1930). In den brasilianischen Quellen konnten entsprechende Formen nicht gefunden werden.

2.2.3. Instrumental Sg auf -*ов* in der 1. Deklination.

Es gibt einige wenige Beispiele in den brasilianischen Quellen für die in den südwestlichen Mundarten verbreitete Endung -*ов* für Feminina der 1. Deklination im Instrumental Sg.: *з фамілїов*[23] (Pracja 1917), *яков дорогов* (Pracja 1917). In den argentinischen Quellen, die später datiert sind, gibt es keine entsprechenden Beispiele.

---

[19] Kuzelja-Rudnyc'kyj (1943: 520) führt für die Form *оркестра* weitere Vermerke an. Im SUM (1980: V, 746) ist die Form *оркестра* mit dem Vermerk veralt.(et) eingetragen.

[20] Kuzelja-Rudnyc'kyj (1943: 347) führt *конфіската* ohne weitere Vermerke an. Im SUM (1980: IV, 273) erhält die Form den Vermerk *west.(ukrainisch)*.

[21] Das Lexem *пікет* (m) ist bei Kuzelja-Rudnyc'kyj (1943: 691) ohne Vermerke belegt. Im SUM (1980: VI, 532) ist dieselbe Form eingetragen.

[22] Pol. *konserwatorium* (n). Bei Kuzelja-Rudnyc'kyj (1943: 345) und im SUM (1980: IV 263) ist die Form *консерваторія* (f) eingetragen.

[23] Bei Kuzelja-Rudnyc'kyj (1943: 1366) ist die Form *фамілія* in der Bedeutung 'Familie' ohne weitere Vermerke belegt. Im SUM (1980: X, 557) findet sich die Form *фамілія* in der Bedeutung 'Familie' mit dem Vermerk *dialekt.(al)*.

2.2.4. Varianten im Bereich der Pronomina

Für Pronomina sind zahlreiche dialektale Parallelformen belegt. Besonders zahlreich sind solche Formen in den brasilianischen Texten vertreten. Die Possessivpronomina weisen Varianten auf, die den westukrainischen Dialekten zueigen sind: *над єго* (statt *його*) *добром* (Zorja 1910), *еї союзників* (statt *її*) (Pracja 1917). Neben den apokopierten Formen der Demonstrativpronomina, die nicht immer einheitlich gestaltet sind – *ті з боку стоющі* (Zorja 1909), *в той спосіб, здійсненя тої ідеї* (Zorja 1910), *в тім часі* (Pracja 1917) – werden auch ihre Langformen verwendet, die in den galizisch-ukrainischen Dialekten unüblich sind: *старатись о тоє* (Zorja 1910). Neben dem Demonstrativpronomen *все* (*управляти все, все інше*) (Zorja 1909) wird das in Galizien authentische *всьо* gebraucht: *всьо обертає ся* (Pracja 1913). In den argentinischen Quellen werden die Pronomen größtenteils entsprechend der modernen Sprachnorm verwendet. In einigen wenigen Fällen kommt es zum Gebrauch von Parallelformen, wie z. B. beim Possessivpronomen *свій*: *Свій до свого!* (NK 1937), *свойого мужа* (Ucrania 1930).

2.2.5. Komparativformen der Adjektive und Adverbien

In der galizischen Presse wurde zur Bildung des Komparativs konsequent das Suffix *-ійш-* gebraucht, kaum das Suffix *-іш-* (Žovtobrjuch 1970: 105). In den untersuchten Quellen in Argentinien ist oft das Suffix *-іш-* anzutreffen, für *-ійш-* gibt es keine Belege: *найлютіше* (Promin' 1929), *найгідніше* (Promin' 1929), das Suffix *-ійш-* ist hingegen in den brasilianischen Quellen anzutreffen: *найбіднійші, пізнійше* (Zorja 1909).

2.2.6. Gebrauch der zusammengesetzten Zeitformen

Zahlreiche Beispiele belegen in den brasilianischen Presseorganen den Gebrauch der zusammengesetzten Formen des Plusquamperfekts: *зібрав був, не були досї брали амунію, Мігбим був легко заробити собі на житє, Булаб війна вже давно скінчилась* (Pracja 1917). Auch in den argentinischen Quellen sind solche Formen anzutreffen: *Вже давно були б виконали напад* (URT 1932), *Вийшли були на штрайк* (NK 1934), *Повели були відділи* (NK 1937), *Навестив був ту місцевість гураган* (NK 1937), *Події, яки були потрясли* (NK 1937), *Що були ствердили лікарі* (NK 1937).

Man stößt in denselben Quellen auf periphrastische Futurformen mit *буду* und *l*-Partizip, wie sie in der galizischen Presse am Anfang des 20. Jh. noch verbreitet waren[24]: *Німеччіна ніколи не буде могла її забути* (NK 1937).

2.3. Lexikalische Ebene
2.3.1. Gebrauch der Parallelformen
Auf der lexikalischen Ebene ist der Gebrauch zahlreicher Parallelformen festzustellen, der als ein Zeichen unzureichender Normierung zu betrachten ist. Die Gründe dafür sind unterschiedlich: ein paralleler Gebrauch zweier Dialektismen gleicher Bedeutung oder eines dialektal gefärbten Lexems und des normativen: *жінки* (Nom. Pl.) (NK 1934, NK 1937) – *женщини*[25] (Nom. Pl.) (NK 1934), *мущини*[26] (Nom. Pl.) (NK 1934) – *чоловіка* (Gen. Sg.) (Promin' 1929). Ähnliche Beispiele finden sich in den brasilianischen Quellen: *мужа*[27] (Gen. Sg.) – *чоловік* (Nom. Sg.) (Zorja 1909), *бабський*[28] *полк* – *полку невіст*[29] (Pracja 1917), *в своїм язику*[30] – *нашої бесїди, увага – позір*[31] – *бачність*[32] (Zorja 1909). Es kann sich dabei auch um phonetische oder orthographische Parallelformen handeln: *желізниці* (Gen. Sg.) (Ucrania 1930) – *железніцею* (Instr.) –

---

[24] „[...]в богатьох говорах південно-західного наріччя збереглися форми майбутнього часу, утворені допоміжним словом *буду, будеш, буде, будем, будете, будуть* у сполученні з незмінюваним за відмінками дієприкметником минулого часу [...], що були властиві ще давньоруській мові. Їх досить рясно засвідчує мова галицької і буковинської періодики кінця XIX – початку XX ст." (Žovtobrjuch 1970:115).

[25] Kuzelja-Rudnyc'kyj (1943: 217) trägt die Form mit dem Vermerk *veralt.(et)* ein und verweist dabei auf *жінка*. Im SUM ist das Lexem nicht belegt.

[26] Bei der Form *мущина* (400) verweist Kuzelja-Rudnyc'kyj auf *мужчина* (399), bei dem wiederum auf *чоловік* verwiesen wird. SUM (1980: IV, 822) enthält den Eintrag *мужчина*, der mit dem Vermerk *umg.(angssprachlich)*, *selten* versehen ist.

[27] Bei Kuzelja-Rudnyc'kyj (1943: 399) ist die Form *муж* in der Bedeutung 'Mann' ohne weitere Vermerke eingetragen. Im SUM (1980: IV, 820) ist *муж* in der Bedeutung 'Staatsmann' mit dem Vermerk *buchspr.(achlich)* und in der Bedeutung 'Ehemann' mit dem Vermerk *veralt.(et), gehob.(en)* eingetragen.

[28] Bei Kuzelja-Rudnyc'kyj (1943: 15) ist *бабський* in der Bedeutung 'weibisch' ohne weitere Vermerke eingetragen. Im SUM (1980: I, 77) ist die Form in der Bedeutung 'weiblich, typisch für Frauen' dem Vermerk *umgangs.(sprachlich)* eingetragen.

[29] Kuzelja-Rudnyc'kyj (1943: 440) führt den Eintrag in der Bedeutung 'Frau' ohne weitere Vermerke an. Im SUM (1980: V, 267) erhält derselbe Eintrag den Vermerk *dialekt.(al)*.

[30] Bei Kuzelja-Rudnyc'kyj (1943: 1488) ist *язик* in der Bedeutung 'Sprache' ohne weitere Vermerke eingetragen.

[31] Kuzelja-Rudnyc'kyj (1943: 770) führt den Eintrag in der Bedeutung 'Achtung' ohne weitere Vermerke an. Im SUM (1980: VI, 817) erhält die Form den Vermerk *dialekt.(al)*.

[32] Bei Kuzelja-Rudnyc'kyj (1943: 20) ist das Lexem ohne weitere Vermerke eingetragen. Im SUM (1980: II, 115) erhält *бачність* den Vermerk *dialekt.(al)*.

залізниця (Nom. Sg.) (NK 1934), *желїзо*[33] (Nom. Sg.) – *зелїза* (Gen. Sg.), *же-лїзничі* – *зелїзничий* (Pracja 1917), *рестаураціях* (Promin' 1929) – *рестав-ранти* (NK 1934), *страйк* (NK 1934) – *штрайк* (NK 1934), *богато*[34] – *бага-то* (Zorja 1909), *чеколяда* (Nom. Sg.) – *шоколяда* (Nom. Sg.) (Pracja 1917), *лучшої* – *лутшої* (Zorja 1909). Nicht selten werden synonyme Parallelformen verwendet, bei denen die eine Form ukrainischer, die andere westeuropäischer Herkunft ist: *авіяція* (NK 1934) – *летунство* (NK 1934). Manchmal handelt es sich in beiden Fällen um Entlehnungen: *петролеа* (Gen. Sg.) – *танки* (Gen. Sg.) (Ucrania 1930). Besonders zahlreich sind die – in erster Linie phonetischen oder orthographischen – Parallelformen unter den geographischen Namen: *Авга-ністан* (Ucrania 1930) – *Афганістан* (Ucrania 1930), *Гішпанія* (NK 1935) – *Ішпанія* (NK 1935) – *Еспанія* (NK 1936).

2.3.2. Dialektismen

Wie auch in der galizischen Presse am Anfang des 20. Jh. wird in den untersuch-ten Presseorganen viel dialektale und lokal verbreitete Lexik gebraucht. Zahl-reiche Galizismen wurden in die Literatursprache aufgenommen und in den Wörterbüchern ohne Vermerk „dialektal" oder „regional" belegt. Später wurden viele westukrainische Wörter als „Ruthenismen" und „Polonismen" bezeichnet und aus diesem Grund in Wörterbüchern üblicherweise nicht aufgezeigt (Franko 1999: 13): *бараболь* (Gen. Pl.)[35], *женщина*[36], *ріжниця*[37], *с дика*[38], *домашня*

---

[33] Kuzelja-Rudnyc'kyj (1943: 216) verweist bei *желїз…* auf *заліз…*; *заліз…* (Eintrag *желїз…* fehlt) ist im SUM ohne jeglichen Vermerk belegt, dabei finden sich zahlreiche wie-tere Ableitungen und Komposita (SUM 1980: III, 190). Zur Fernassimilation vgl. Shevelov (1979: 695): „Well documented is the assimilation in *žalizo* (← *želězo*) to *zalizo* (with *za-* as-sociated with the prefix *za-*)".

[34] Kuzelja-Rudnyc'kyj verweist bei *богат…*, das mit dem Vermerk *westukr.(ainisch)* ver-sehen ist, auf *багат…*(Kuzelja-Rudnyc'kyj 1943: 37). Der Eintrag *богато* fehlt im SUM.

[35] Bei Kuzelja-Rudnyc'kyj (1943: 19) ist die Form *бараболя* mit dem Vermerk *dialekt.(al)* belegt. Als Dialektismus ist *бараболя* auch im SUM (1980: I, 103) eingetragen.

[36] Kuzelja-Rudnyc'kyj trägt die Form mit dem Vermerk *veralt.(et)* ein und verweist dabei auf *жінка* (Kuzelja-Rudnyc'kyj 1943: 217). Im SUM ist das Lexem nicht belegt.

[37] Die Form *ріжно…* wird mit dem für die Gegenden um L'viv, Ivano-Frankivs'k, Terno-pil' und Černivci typischen Reflex *ж* notiert (AUM 1988:93). Im SUM (1980: VIII, 8; I, 630) findet man *різно…* und *відрізнятися* als normative Lexeme, *відріжнятися* ist mit dem Ver-merk veraltet versehen.

[38] Kuzelja-Rudnyc'kyj (1943: 170) verzeichnet das Lexem *дик* ohne Vermerk, SUM (1980: II, 274) bezeichnet es als *westukr.(ainisch)* gegenüber normativem *дикий кабан, вепр*.

студня[39] (Nom. Sg.). Darunter sind einige Wörter polnischer Herkunft: *вуйкове*[40], *гербата*[41], *газдів і газдинь*[42], *стрийкове*[43], *тано*[44].

2.3.3. Entlehnungen

In der brasilianischen Presse ukrainischer Auswanderer werden viele Fremdwörter gebraucht. Der Gebrauch fremder Lexik, die nur bestimmten Sozial- und Kulturschichten eigen war, war auch in der galizischen Presse am Ende des 19. – Anfang des 20. Jh. verbreitet[45]. Fremdwörter, die meistens aus dem Polnischen oder durch polnische Vermittlung noch vor der Emigration in die ukrainische Sprache übernommen wurden, stammen in erster Linie aus den Themenbereichen Politik, Verwaltung und Wirtschaft: *аванзував*[46], *аранжери*[47] (Nom. Pl.), *ґратулянти*[48], *режистрованна*[49] (Gen. Sg.), *фестин*[50] (Nom. Sg.), *шифскарти*[51] (Nom. Pl.), *цофатись*[52], *дактилі*[53] (Nom. Pl.), *бросквині*[54] (Nom. Pl.).

---

[39] Bei Kuzelja-Rudnyc'kyj (1943: 1241) ist die Form *студня* ohne weitere Vermerke eingetragen. Im SUM (1980: IX, 800) ist das Lexem mit dem Vermerk *dialekt.(al)* belegt.

[40] Bei Kuzelja-Rudnyc'kyj (1943: 133) ist die Form *вуйко* ohne weitere Vermerke eingetragen. SUM (1980: I, 784) versieht das Lexem mit dem Vermerk *dialekt.(al)*.

[41] Pol. *herbata*. Das Lexem ist bei Kuzelja-Rudnyc'kyj (1943: 140) mit dem Verweis auf *чай* versehen. Im SUM (1980: II, 53) erhält es den Vermerk *westukr.(ainisch)*.

[42] Bei Kuzelja-Rudnyc'kyj (1943: 155) sind die beiden Formen ohne weitere Vermerke eingetragen. Im SUM (1980: II, 12) erhalten beide Formen den Vermerk *dialekt.(al)*.

[43] Bei Kuzelja-Rudnyc'kyj (1943: 1234) ist die Form *стрий* ohne weitere Vermerke eingetragen, im SUM (1980: IX, 769) wird sie als *dialekt.(al)* klassifiziert.

[44] Bei Kuzelja-Rudnyc'kyj (1943: 1271) ist *таний* mit dem *Vermerk westukr.(ainisch)* versehen, im SUM (1980: X, 33) erhält es den Vermerk *dialekt.(al)*.

[45] „[...] характерною рисою мови тогочасної західноукраїнської періодики було захоплення в ній місцевими словами іншомовного походження, що засвоєні в основному через польську або німецьку мову й майже не поширені в українській загальнонаціональній літературній мові. Здебільшого вони не ввійшли і до лексичного складу місцевих українських говорів, а належали до професійного словника певніх кіл інтелігенції" (Žovtobrjuch 1970: 152).

[46] Aus dem dt. *avancieren* über das pol. *awansować (na)* vom fr. *avancer*. Das Lexem *авансувати* ist bei Kuzelja-Rudnyc'kyj (1943: 3) und im SUM (1980: Bd. I, 8) ohne Vermerke belegt.

[47] Aus dt. *arrangieren*, pol. *aranżować* < frz. *arranger*. Das Lexem *аранжувати* ist bei Kuzelja-Rudnyc'kyj (1943: 11) und im SUM (1980: I, 56) ohne Vermerke belegt.

[48] Aus dem dt. *gratulieren*, pol. *gratulować*. Das Lexem *ґратулювати* ist bei Kuzelja-Rudnyc'kyj (1943: 157) und NTSUM (1999: 1, 701) ohne Vermerke belegt. SUM (1980: II, 160) führt das Lexem *ґратулювати* mit dem Vermerk *dial.(ektal)*.

[49] Aus por. *registrar*. Bei Kuzelja-Rudnyc'kyj (1943: 961) ist *реґіструвати* mit dem Verweis auf *реєструвати* belegt, auch im SUM (1980: VIII, 485) ist *реєструвати* eingetragen.

[50] Pol. *festyn* 'Fest'. Das Lexem fehlt bei Kuzelja-Rudnyc'kyj und im SUM.

[51] Das Lexem fehlt bei Kuzelja-Rudnyc'kyj.

In den argentinischen Quellen sind vor allem Fremdwörter aus den Themenbereichen Politik und Wirtschaft zu finden: *демоляції*[55] (Gen. Sg.) (Ucrania 1930), *екзекуції*[56] (Gen. Sg.) (NK 1934), *пастеурезація*[57] (Ucrania 1930), *реманент*[58] (Ucrania 1930), *страйк*[59] (NK 1934), *шифскарти*[60] (Nom. Pl.) (Ucrania 1930).

2.3.4. Realienbezeichnungen

Realienwörter dienen den Umständen entsprechend zum Schließen lexikalischer Lücken, die durch die neuen Lebensbedingungen im Immigrationsland entstanden sind. In der Regel ist ihr Assimilationsgrad niedrig, das formelle Merkmal dafür ist der Gebrauch von Anführungszeichen, Klammern oder zusätzlichen Erläuterungen. Selten schaffen sie die Aufnahme in die normative Lexik, sodass sie in den Standardwörterbüchern nicht kodifiziert werden. In den untersuchten ukrainischen Presseorganen Argentiniens gibt es nicht viele Beispiele von Realienwörtern: *вугляра* (Gen. Sg.) (*карбонеро*) (span. *carbonero* 'Kohlenhändler') (Ucrania 1930), *продаются чакри від 10 до 50 гект.* (span. *chacra* 'kleines Landgut') (Ucrania 1930). Hingegen sind sie sehr oft auf den Seiten der ukrainischen Presse Brasiliens anzutreffen, wobei sie nicht selten mit Anführungszeichen, Klammerglossen oder zusätzlichen Erläuterungen auf Ukrainisch oder Portugiesisch hinzufügen: *фазендяр* (Por. *fazendeiro* 'Gutsbesitzer'), *естадоальний* (Por. *estadual* '(bundes)staatlich') *коллєктор* (Por. *colector* → *coletor* 'Kollekteur'), *в квадро урбано* (Por. *quadro urbano* 'städtischer Raum'), *вийшов едиталь* (Por. *edital* 'Bekanntmachung'), *т. зв. „валє постал"* (Por. *vale postal* 'Geldanweisung') *registrado* (Por. *registrado* → *registado* 'registriert, eingeschrieben'), *тютюн так званий десфіядо* (Por. *desfigado* von *des-*

---

[52] Aus dem pol. *cofać się* 'zurücktreten'. Das Lexem ist bei Kuzelja-Rudnyc'kyj (1943: 140) mit dem Verweis auf *відступати* eingetragen. Im NTSUM (1999: 4, 791) ist das Lexem mit dem Vermerk *dial.(ektal)* belegt.

[53] Pol. *daktyl* 'Dattel'. Das Lexem ist bei Kuzelja-Rudnyc'kyj (1943: 158) ohne Vermerke belegt. Das Lexem fehlt im SUM (1980: 10).

[54] Pol. *brzoskwinia* 'Pfirsich'. Das Lexem ist bei Kuzelja-Rudnyc'kyj (1943: 44) ohne Vermerke belegt. Das Lexem fehlt im SUM.

[55] Die Lexem fehlt bei Kuzelja-Rudnyc'kyj und im SUM.

[56] Bei Kuzelja-Rudnyc'kyj (1943: 207) ist die Form *екзекуція* ohne Vermerke belegt. Im SUM (1980: II, 456) ist das Lexem *екзекуція* mit dem Vermerk *veralt.(et)* versehen.

[57] Das Lexem ist bei Kuzelja-Rudnyc'kyj (1943: 548) in der Form *пастеризація* belegt. Dieselbe Form ist im SUM (1980: VI, 90) ohne Vermerke eingetragen.

[58] Das Lexem ist bei Kuzelja-Rudnyc'kyj (1943: 965) mit dem Vermerk *landw.(irtschaft)* belegt. Im SUM (1980: VIII, 500) ist das Lexem mit demselben Vermerk eingetragen.

[59] Das Lexem ist im SUM (1980: IX, 449) und Kuzelja-Rudnyc'kyj (1943: 1231) ohne Vermerke belegt.

[60] Das Lexem fehlt bei Kuzelja-Rudnyc'kyj.

fiar 'zerlegen'), *цигарети* (*шарути*) (Por. *charuto* 'Zigarre'), *перекуски* (*шураски*) (Por. *churro* 'frittiertes Spritzgebäck, oftmals mit einer süßen Füllung, das mit Zucker und Zimt bestreut gegessen wird'), *піпа кашасу* (*горівки*) (Por. *pipa* 'Fass', *cachaça* 'Zuckerrohrschnaps'), *сульфурето де антімонїо*, означає *по руськи, сїркан антімону* (Por. *sulfureto* 'Sulfit', Por. *antimónio* 'Antimon') u. v. a.

2.4. Syntaktische Ebene

2.4.1. Gebrauch der Kopula *бути* im Präsens

Der modernen ukrainischen Sprache ist der Gebrauch der Kopula *бути* im Präsens nicht zueigen, dieses Merkmal war für ostukrainische Dialekte schon Ende des 10. – Anfang des 20. Jh. nicht typisch. In der westukrainischen Presse dagegen war dies eine verbreitete Erscheinung, die auf den Einfluss westukrainischer Mundarten oder der polnischen Syntax zurückzuführen ist. Hier sind einige Beispiele aus den argentinischen Presseorganen: *Всякі средства суть добрі і оправданї, Суть кольонїї, що нам завинили сотками мільрейсів, Єсьмо певні* (Ucrania 1930). In den ukrainischsprachigen Zeitungen Brasiliens war der Gebrauch des Prädikatsnomens im Instrumental auch verbreitet: *Суть властителями найлутших кусніків землі, Єсть він чоловіком чесним* (Pracja 1917).

2.4.2. Gebrauch des Prädikatsnomens im Instrumental

In Analogie zu einem zusammengesetzten nominalen Prädikat mit der Kopula *бути* im Präsens und dem nominalen Teil im Instrumental entstand eine für die westukrainische Sprachpraxis typische Konstruktion aus einem Prädikatsnomen im Instrumental ohne Kopula. Solche Konstruktionen sind in den ukrainischsprachigen Presseorganen Brasiliens und Argentiniens ziemlich oft anzutreffen: *Женщини псаломщиками в Росії, Автономія Галичини причиною нової крізи, Що революція у Росії неминучою* (Pracja 1917); *Жидівка міністром скарбу С.С.С.Р.* (Ucrania 1930), *Большевицький посол в Атенах убійником* (Ucrania 1930), *Причиною голоду неврожай і спізнена весна* (Promin' 1929).

2.4.3. Wortverbindungen mit Numeralien in der Funktion des Subjekts

Eine syntaktische Besonderheit im Gebrauch der Substantive in der Funktion des Subjekts nach den Kardinalzahlen ist südwestlichen Dialekten zueigen. Sie besteht darin, dass das Substantiv und die Kardinalzahl in der Genitivform gebraucht werden, das Prädikat steht gewöhnlich im Singular: *Їхало двох їздців, Йшло чотирох льокаїв, Чотирех людий нинї опанувало Румунїєю* (Promin' 1929). In den von uns untersuchten argentinischen Quellen gab es auch Beispie-

le mit dem Prädikat in der 3. Person Plural: *В місцевому шинку забавлялися трох жовнірів на кількох цівілів* (Ucrania 1930).

2.4.4. Akkusativobjekt der Lebewesen

Zum Vorschein kommt auch die in den südwestukrainischen Dialekten spezifische Form des Akkusativobjekts, die beim Gebrauch der Bezeichnungen für Lebewesen mit der des Nominativs und nicht des Genitivs identisch ist. Zahlreiche Beispiele sind in den brasilianischen Quellen zu finden: *Щоби діти виховати по руськи, Маємо жінки і діти в дома, Полишили своїх жінок, діти у свій вітчині, Підюджував свої овечки, Має і портеру на віз і коні* (Zorja 1909); vertreten sind solche Formen auch in den argentinischen Presseorganen: *Продається кони* (NK 1935), *Кождий, хто любить свої діти* (Ucrania 1930).

3. Ergebnisse

Die Sprachanalyse wurde anhand der örtlichen ukrainischen Presse Anfangs des 20. Jh. in Argentinien und in Brasilien durchgeführt,˙ sodass auf einzelnen Sprachebenen folgende Ergebnisse sichtbar wurden:

Auf der phonetischen Ebene sind Erscheinungen zu beobachten, die als wichtigste Merkmale der ukrainischen Standardsprache gelten und durch entsprechende Orthographie zum Ausdruck gebracht werden. Gleichzeitig sind von der Sprachnorm abweichende phonetische Besonderheiten vor allem dialektaler Natur vorhanden. Bei der Orthographie wurde oft die galizische Schreibweise beachtet, in erster Linie die der Fremdwörter, die von der Standardsprache nicht übernommen wurde.

Die morphologische Ebene spiegelt die Sprachnorm wider, die als überregional angesehen werden kann, obwohl einige für südwestliche Dialekte typische Merkmale vorhanden sind, die der westukrainischen Presse am Anfang des 20. Jh. noch zueigen waren.

Für die lexikalische Ebene ist vor allem der Gebrauch zahlreicher Parallelformen phonetischer, orthographischer, stilistischer und etymologischer Natur, sowie die Verwendung von Fremd- und Realienwörtern typisch.

Auf der syntaktischen Ebene wurden zahlreiche Abweichungen von der heute existierenden Norm festgestellt, die auf am Anfang des 20. Jh. in westukrainischen Regionen übliche – öfters von der polnischen Syntax beeinflusste – Normen zurückgehen.

Erwartungsgemäß übertrugen die Auswanderer die für ihre Herkunftsregionen existierende Sprachnorm auf ihren mündlichen und schriftlichen Sprachgebrauch in der Emigration. Da in der Ukraine Anfang des 20. Jh. die Sprache

noch nicht endgültig normiert war, sind viele Besonderheiten dialektaler Natur auch in der ukrainischen Emigrantenpressesprache vorhanden. Die ukrainische Gemeinde in Brasilien war die größte in Südamerika und sorgte durch Aufklärungsarbeit in ihrer Presse für eine effektivere Integration der ukrainischen Auswanderer unter den neuen sozialen Bedingungen. Die Zeitungsartikel und Annoncen enthalten zahlreiche Realienbezeichnungen, die als Beispiele der Interferenz des Vokabulars durch lexikalische Einheiten aus der portugiesischen Sprachumgebung dienen, die vor allem im Bereich der Verwaltung und des Handels Platz hatten. Da die ukrainische Gemeinde in Argentinien ihrem Spanisch sprechenden Umfeld anfänglich relativ geschlossen blieb, gibt es kaum Interferenzerscheinungen. Vereinzelt finden sich Beispiele der Interferenz des Vokabulars durch lexikalische Einheiten aus dem Spanischen.

Literatur

AUM 1988: Атлас української мови. Том другий: Волинь, Наддністрянщина, Закарпаття і суміжні землі. Гол. ред. І. Г. Матвіяс. Київ
Bondarenko 2010: Бондаренко, М. Українська діаспора в Бразилії.
   http://rius.kiev.ua/Diaspora/bond (8.06.2010)
Danylyšyn 1979: Данилишин, М. Українці в Аргентині. Buenos Aires
Encyklopedija 2004: Енциклопедія. Українська мова. Редакційна колегія: В. М. Русанівський т.і. Київ
Franko 1999: Franko, Z. Боротьба за українську мову в дожовтневий період. In: Мовознавство 6, 11–16
Hrynčyšyn 2003: Гринчишин, Д. Мовленнєві особливості українців Бразилії. In: Збірник пам'яті Ярослави Закревської. Львів (Діалектологічні студії 3), 121–131
Jobst 2007: Jobst, K. S. Ukrainische Arbeitswanderer aus Galizien im Zarenreich im 19. und frühen 20. Jahrhundert. In: Enzyklopädie Migration in Europa. Vom 17. Jahrhundert bis zur Gegenwart. Klaus J. Bade et al. (Hrsg.). Padeborn, 1061–1063
Kuzelja-Rudnyc'kyj 1943: Ukrainisch-deutsches Wörterbuch, bearbeitet von Zeno Kuzela und Jaroslav B. Rudnyćkyj, unter Mitwirkung von S. Iwanyćkyj und K. H. Meyer, 3. Aufl. Wiesbaden [Erstauflage 1943]
Moser 2007: Moser, M. „Ruthenische" (ukrainische) Sprach- und Vorstellungswelten in den galizischen Volksschullesebüchern der Jahre 1871 und 1872. Wien – Berlin (Slavische Sprachgeschichte 2)
NK 1934: Наш Клич. Орган ураїнської стрілецької громади в репуб. Арґентині
NK 1935: Наш Клич. Орган ураїнської стрілецької громади в репуб. Арґентині
NK 1936: Наш Клич. Орган ураїнської стрілецької громади в репуб. Арґентині
NK 1937: Наш Клич. Орган ураїнської стрілецької громади в репуб. Арґентині
NTSUM 1999: Новий тлумачний словник української мови. Т. 1–4. Київ
Observer 2004: Українська громада Бразилії. – Народний оглядач, 2004, 23 червня. *http://observer.sd.org.ua/news.php?id=4082* (8.06.2010)

Pracja: Праця. Просьвітний двотижневик для Руського народу в Бразилії. „Pracia".
    Jornal quinzenal para os Ruthenos no Brazil, 1913–1917
Promin' 1929: „Промінь". Видання групи українських робітників. Буенос-Айрес
Šabel'cev 2002: Шабельцев, С. Українські рееміґранти з Аргентини (1950–1960-ті рр.).
    In: Український історичний журнал 5, 92–104
    http://www.history.org.ua/JournALL/journal/2002/5/7.pdf (2.06.2010)
Sapeljak 2008: Сапеляк, О. Українська спільнота в Аргентіні: історико-етнологічний
    аспект. Львів
Shevelov 1979: Shevelov, G. Y. A Historical Phonology of the Ukrainian Language Heidel-
    berg (Historical Phonology of the Slavonic Languages IV)
SUM 1980: Словник української мови. Т. I-XI. Київ 1970–1980
Ucrania 1930: Україна. Ucrania. Популярний Тижневик. Видає Українська Видавнича
    Спілка в Буенос-Айрес
URT 1932: Українська робітнича трибуна. La tribuna Ucraniana. Двотижневик, присвяче-
    ний справам укр. робітничоі іміґраціі в Південній Америці
Želechivs'kyj 1886: Želechivs'kyj, Je. Malorusko-nimec'kyj slovar. Bd. 1–2. L'viv
Zorja: Зоря. Часопис русько-українська в Бразилії. Aurora. Jornal Rutheno-Ukraino no
    Brazil, 1909–1910
Žovtobrjuch 1970: Жовтобрюх, М. Мова української періодичної преси. Кінець XIX –
    початок XX ст. Київ
Žylko 1966: Žylko, T. Нариси з діалектології української мови. Київ

Světla Čmejrková (Praha)

Украинцы и украинский язык в Чешской республике

Abstract. The article surveys the current state of the Ukrainian diaspora and the Ukrainian language in the Czech Republic. It highlights the special role played by the Rusyn Ukrainians in Czech historical memory and discusses the status of Czech "repatriates" after 1987. The article analyzes autobiographical accounts of Ukrainian migrants to the Czech Republic with a focus on their language history, language management, and crucial cultural concepts. It also explores the linguistic and cultural interactions between Czechs and Ukrainians in modern-day Czech life.

1. Украинцы в Чешской республике

Украинцы имеют в Чешской республике статус официально признанного национального меньшинства, и украинский язык таким образом считается в Чешской республике традиционным языком. Украинскому языку обучают в так называемых воскресных школах и на разных курсах, его можно также изучать в ВУЗах в Праге, Брно и Оломоуце.

Численность жителей Чешской республики по национальностям в 2001 г.[1]

национальность	численность жителей	%	с 1991
Чешская	9 249 777	90,4	↑
Моравская	380 474	3,7	↓
Словацкая	193 190	1,9	↓
Польская	51 968	0,5	↓
Немецкая	39 106	0,4	↓
Украинская	**22 112**	**0,2**	↑
Вьетнамская	17 462	0,2	↑
Венгерская	14 672	0,1	↓
Русская	12 369	0,1	↑
Румынская	11 746	0,1	↓
Силезская	10 878	0,1	↓

Менее 0,1% составляют болгарская, греческая, сербская, хорватская, румынская и **русинская** национальности (**1.106**).

---

[1] Ср. Nekvapil – Sloboda – Wagner 2009: 16; по данным переписи населения 2011 г., украинцы являются самой многочисленной группой иностранцев в Чешской республике.

На данный момент в Чешской республике на украинском языке говорят кроме постоянно там проживающих главным образом сезонные и временно пребывающие экономические мигранты. Среди приезжих из Украины есть частные предприниматели, сотрудники сферы услуг, студенты и пр., но прежде всего, это люди рабочих и других низко квалифицированных профессий.

Численность иностранцев на территории Чешской республики на 30.04. 2009[2]

гражданство	численность	имеют вид на жительство
Общее число	443 870	39 %
Украина	**133 548**	**31 %**
Словакия	78 024	33 %
Вьетнам	60 986	58 %
Россия	27 986	44 %
Польша	21 942	50 %
Германия	16 567	27 %
Молдавия	11 183	20 %
Монголия	7 120	21 %

Не все, кто приезжает из Украины, говорят по-украински: те, кто приехал из восточной и южной части Украины, часто говорят только по-русски. Однако в Чешскую республику едут, в основном, мигранты из украиноязычной западной части Украины. По-украински в Чешской республике говорят и представители иммиграции 20-х и 30-х годов, и их потомки. Предположительно, на украинском языке в Чешской республике говорят около 100.000 человек (Nekvapil – Sloboda – Wagner 2009: 40). Однако это лишь приблизительные данные, поскольку не существует достоверных сведений о том, на каком именно языке – на украинском, русинском, русском, чешском или, как мы увидим, на смеси этих языков – говорят иммигранты из западной Украины. Значение имеет и то, учитываем ли мы, как эти мигранты говорят между собой – в семье или на работе – и как в общении со своими работодателями или лицами, у которых они от случая к случаю работают. Как правило, между собой они общаются на украинском языке, а в общении с работодателями они стараются использовать некое подобие чешского языка.

---

[2] Ср. Nekvapil – Sloboda – Wagner 2009: 17; последняя перепись населения была проведена в 2011 г., но данные о национальности жителей Чешской республики пока не известны.

Прежде чем я обращусь к case study, т. е. к частному исследованию, в котором попробую обрисовать образ украинской женщины, регулярно приезжающей в Чешскую республику на заработки и воплощающей собой массу современных мигрантов с Украины, занятых на подсобных работах, я намечу культурно-исторический фон, на котором – часто контрастно – идёт современная миграция.

2. Украинцы в Чешской республике

В чешском сознании, по крайней мере у людей старшего и среднего поколений, сложился образ украинца-русина, который приезжал или учиться, или работать, или на сезонные заработки, или на постоянное жительство. Его характерными чертами были хорошо понятный диалект и приверженность греко-католической обрядности. Представления о жизни русинов были очень конкретными особенно тогда, когда Подкарпатская Русь входила в состав Чехословацкого государства. Это продолжалось почти две десятилетия (с 1918 г. до 1938 г.). А когда эта часть страны была присоединена к СССР, Подкарпатскую Русь вынужденно или добровольно покинули те граждане Чехословакии, которые здесь работали как государственные служащие, то есть учителя, чиновники, полицейские, архитекторы, строители, лесники и пр.

Образ русина в сознании чехов был связан с романтикой традиционной жизни деревенского человека, его тяжёлой социальной ситуации, бедности и моральной чистоты. Таким этот образ зафиксировали в первой половине XX в. чешские литераторы. Романтизацию этой области, характеризующейся большим этническим, религиозным и культурным разнообразием, довершил образ разбойника, каким его воспел Иван Ольбрахт в романе «Никола Шугай, разбойник». Этот образ живёт в чешском сознании и поныне, и те чехи, которые сегодня едут в Закарпатскую Украину в поисках романтики гор, не забывают посетить ни могилу Николы Шугая в Колочаве, ни могилу его Эржики, любовь к которой стоила Николе жизни. Образ тяжёлой и этически переполненной жизни на Подкарпатской Руси создал в своём произведении также Карел Чапек, в частности в повести «Гордубал». Образы деревенской жизни в этой части Украины закреплены в культурном сознании чешских читателей.

Другого рода представления об украинцах в чешских землях связаны не столько с экономической, сколько с политической эмиграцией после Первой мировой войны. В Чехословакию эмигрировали по большей части образованные, высококультурные, а часто и политически активные люди,

которые в 20-х и 30-х годах XX в. вели в чешских землях большую просветительскую, культурную и общественную деятельность. Их целью было поддерживать сознание принадлежности к украинскому этносу. После Второй мировой войны просветительская деятельность этой волны эмиграции ослабла, но полностью не прекратилась. Украинское сообщество не потеряло своего единства, что продемонстрировано в фильме, имеющем большое значение для массового восприятия образа украинца в чешской культуре, «Спасибо за каждое доброе утро», снятом в 1994 году по сценарию Галины Павловской. Она, дочь поэта-украинца из Праги, сознающего свою этническую и культурную принадлежность, закрепила в сценарии свои автобиографические впечатления и изобразила украинское сообщество в Чехословакии во второй половине XX в. и его контакты с украинской средой – нередко через частые визиты многочисленных родственников, приезжающих в Чешскую республику, как правило, по экономическим причинам, а именно за покупками.

Для восприятия приезжих из Украины значение имеет и ещё один момент, а именно: возвращение волынских чехов на родину в 90-х годах. Это были потомки чешских колонистов, которые во второй половине XIX в. покупали дешевую землю в западной части Украины, в Волынской и Киевской губерниях. После аварии в Чернобыле они воспользовались возможностью репатриации. Анализом их положения в ЧР я занималась в статьях *The categories of "our own" and "foreign" in the language and culture of Czech repatriates from the Ukraine* (Čmejrková 2003) и *Они наши или чужие?* (Čmejrková 2006a).

3. Материал и метод: Портрет пани Галины – анализ автобиографического рассказа

На этот раз я выбрала для исследования автобиографический рассказ женщины, которая приезжает из Украины в Прагу на заработки уже десять лет. Она принадлежит к тем украинцам, которые нашли выход из трудной экономической ситуации в своей стране, покинув Украину. По этой причине украинцы в последнее время, по некоторым данным, стали самой многочисленной иноэтнической группой в Чешской республике. Эти украинские работники независимо от образования берутся за неквалифицированную работу, в основном в сфере строительства, сельского хозяйства или уборки помещений, чтобы прокормить семью в Украине. В нашей стране их проблема – низкий социальный статус. Кроме того, у некоторых нет легаль-

ных рабочих контрактов и вида на жительство. Именно эти мигранты сейчас являются прототипом украинца в Чешской республике.

Наш респондент пани Галина чаще всего приезжает в Прагу по трёхмесячным визам, полученным, например, по приглашениям от чешских граждан. (Украинцы, приезжающие таким способом, не учитываются статистикой по иностранцам, так как статистика регистрирует только пребывания свыше 90 дней.) Она родом из-под Львова, из Ивано-Франковской области (ранее Станислав), из деревни Рахиня под городком Долына. Сейчас ей 53 года. Мы узнаём, что на Украине пани Галина преподавала русский язык.

A: vy ste učila na vesnici?

H: aha, učila na vesnici, když bym pracovala ve městě to asi ee pravděpodobně nejela bym sem, protože všechno se to začalo z teho, že musela penězy na na cestu jako e na autobus platit. když nedavali peníze tak já nemělam na tu cestu peníze. prostě neměla. a my sme nedostavali deset měsíců vůbec žádnu korunu. a pak a pak už bylam tolik naštvaná, protože to tak bylo nepříjemné ee vždycky si půjčíš na tu cestu a nevíš kdy je splatíš. i když to pár například e řekneme tak tricet korun ale to bylo hrozne.

Она поясняет не только свою личную ситуацию, но и общую ситуацию на Украине:

H: no vidíte že proboha už se ty peníze docházejí a do práce nepůjdeš, protože není ta práce. a co dál? a pak budeme všichni na ee aspoň, aspoň bude jídlo nějaké, že? jestli nebude na něco jiného tak aspoň bude budeme připraveni ee ja nevidím nějaký to aby něco se zlepšilo. u nás. možna se zlepší, možná že nějaký tricet let, tak jo, ale teď ne.

A: a myslíte že v Rusku je to lepší?

H: ještě hůř, ještě hůř. ještě v Moskvě jo možná, u nás taky možná v Kijevě lidi e žijou líp protože tam je ee představte si že u nás v našem městě sou takovy ceny, no ee cukr staly dvakrát je dražší jako u vás. no a teď si představte ty ceny vaši a naši, ty jako já myslím že plat, to jako z čeho platit, ale nikoho to vůbec vůbec nezajímá. že natolik už zdrážily všichny ty potraviny … můžete si představit, že by vaši zvýší najednou do měsíce ee o sto procentov? tak takové ceny může představit nikdo.

Пани Галина – образованная женщина, которая чувствует потребность оправдать отъезд из дома и переход на более низкий социальный уровень, чтобы не упасть в глазах тех, кто даёт оценку ей и её решению.

H: mi ruščina strašně libila. ja jako z těch, mě tak vadilo když přijelam ee musilam jet sem a nemohlam e nemohlam učit doma, tak mě strašně to vadilo.

Отрывки из её биографии, которую она рассказывает в процессе уборки, – это попытка создать удовлетворительный образ своего решения. Её речь подтверждает, что рассказ о прошлом приносит человеку ощущение, что знание, к которому он пришёл, остаётся, и что смотреть на прошедшую жизнь с перспективы старшего возраста – это значит суммировать, что человек сделал, откуда вышел и к чему пришёл (Čmejrková 2006b: 141–143, Čmejrková 2007: 141–142). Это первая аналитическая перспектива, с которой я буду наблюдать рассказ: нам будет интересен процесс реконструкции и конструкции, т.е. воспроизведения собственной жизни в автобиографическом рассказе, который всегда одновременно является оценкой прошедшей жизни и поступков, из которых она складывается.

Вторая аналитическая перспектива, которая, впрочем, связана с первой, исходит из теории языкового менеджмента: речевая деятельность состоит из порождения речи, а также из ее оценки (Nekvapil 2002: 255–266, Neustupný – Nekvapil 2003: 185–186). Мы одновременно говорим на языке и имеем к нему определенное отношение, а иногда мы даже эксплицитно выражаем отношение к собственным или чужим языку и речи, когда комментируем их, употребляя метаязыковые замечания.

4. Нарративная (ре)конструкция жизни

Посредством того, что человек рассказывает, он нарративно конструирует свою личность, свою идентичность, интегрирует сам себя в мир, в котором жил, и сопоставляется с миром, в котором находится во время воспоминаний. Рассказ воспринимается как важное социальное и когнитивное действие: он является способом понимания мира, а в конечном итоге, и способом понимания самого себя. Автобиографический рассказ конфигурирует и реконфигурирует наш опыт, структурирует прошлое, объединяет элементы в целое и придаёт смысл жизненной линии (Brockmeier – Harré 2001: 39–40, Bruner 1987: 691–692, Freeman 1993: 50–51, Freeman – Brockmeier 2001: 75–77). Взаимосвязь нарративного воображения и создания собственного «я» через построение образов себя и образов других подчёркивают в своих работах о развитии нарративной компетенции ряд современных теоретиков нарративности (например, Johnstone 2001: 643–645).

Мы видели, что наш респондент, пани Галина, даёт понять, что не будь экономических трудностей, она никогда бы не оставила свою работу. Она приводит и другие причины, которые, возможно, также подтолкнули её к решению:

A: takže jak dlouho ste učila ruštinu?

H: ve škole osmnáct let. osumnacet let, a pak a: mám ještě ee protože když ten první rok šlam na vyšší školu tak neprošlam jako tak šlam pracovat na továrnu. a kvůli temu že pracovala na továrně, tak mám těch pět let ee ( ) tak jako započítalo se do důchodu. a když byla bym když bym pracovala například jako byli v tu dobu ee pionérvožatyj

A: vedoucí

H: vedoucí. tak bym nemjela ten ee to by nešlo

...

H: a hlavně začne ta ruščina. já nic nemám jako prostě mi například strašně líbila ee tak jako nevím proč to zruš̱ili

A: oni ji zrušili jo?

H: no, zrušili, jako: zrušili ve škole. vůbec. no a pak to pak ee já učila, mělam takovou literaturu světovou, a pak šla ta pe– perekvalifikacia trochu, no moc ne protože to jako to tolik lidí zůstalo jako ṉe že bez práce, no tak mělam ee chrjesťjanskou etiku ee takže práce měla.

A: a jak dlouho ste učila tu křesťanskou etiku?

H: nu eto ešče asi tři roky ... pak mě strašně vadilo, že tam ve škole v každu tři̱du začaly stavět ty ee ikony jako víte co

A: jo, jo, jo

H: mě to strašně vadilo, ale hrozně, protože, ne protože jsem nějaký ateist, ne. ale jako si myslím že to vůbec nepatří. tam to vůbec to nepatřilo.

...

H: no a: i ta škola na tej vesnici (bez oktjabrit) za prvé, že oni ee myslili si že že: e stát dá im peníze na: novu školu, takže: a ta stará škola byla stará, takže oni všechno rozebrali e nu, ona byla opṟavdu stará ale dalo by se ještě být. tak přestěhovali děti do: takovy byly kluby u nás takovy jako nu to je hrozný. tak už ty uči̱teli chovali nějak diuně, protože všichni jako (.) jakoby ee ha̱dali pořád v klubu, že ty rodiče ( ) když bylam doma tak chodili na doučiva- nie, na doučivanie ee ukrajinščiny, no ale (.) ale

A: takže vy jste doučovala ukrajinštinu?

H: no ukrajinštinu protože není to stejně, jako syntaxis jo eee tam le̱xika nějaká taková jako no, také to učila a to se normálně dá, a už jako všechno, a to se dá normálně ještě

Пани Галина в своём рассказе старается создать такой образ себя самой, который бы удовлетворил и её, и её слушательницу, она создает образ своей жизни не только в Украине, но и в новой стране – в Чешской республике.

4.1. Категориально обусловленный предикат «украинские работники пьют»

Пани Галина настойчиво дистанциируется от тех образов украинских мигрантов, с которыми её могли бы ассоциировать. В её оценке появляются некоторые предикаты,[3] которые связаны с категорией «украинец, работающий в Чешской республике» в глазах мажоритарной народности: в её пред-

---

[3] Термин *категориально обусловленный предикат* восходит к термину *category bound predicate* и *category bound activity* (Sacks 1995: 221, Silverman 1998: 83–85).

ставлении жизни украинцев в Чешской республике выразителен предикат «пьянство», и она отвергает свою связь с данным предикатом. Хотя она отождествляется с данной этнической категорией (сравн. *vaši a naši*), она занимает позицию, с которой она осуждает членов собственной народности:

A: no a do té ubytovny to také nechcete?

H: ne, ne, já nechci, protože ee víte co, chodí opily, ee vodí chlapy vodí žensky, žensky chlapy, to je takovej bordel, že si nemůžete představit. já tam prostě nedokážu bejt ani žít. i mě štve když vidím opilého, nebo žensku nebo chlapa a: ještě aby ee já nevím jako vaši ale naši oni hned se chtěj seznamovat, chtěj kamara:dit, já to nemám zapotřebí vůbec, já si chci prostě pracovat a jako a jak nejrychlejc vypracovat a

A: a jet zase domů

H: a ject domů, a to to, já by nevydržela tolik let když bym nebyla tak když bym bydlela tak jak eti. tak se snažím nějak

4.2. Категориальный предикат «украинские работники работают усердно»

Пани Галина не только дистанциируется от тех украинцев, чьё пребывание в Чешской республике ей кажется предосудительным, потому что они пьют, но также и объясняет, что не все члены данного этникума одинаковы и в другом отношении: она подчеркивает, что не все украинские работники в Чешской республике работают так усердно, как она:

A: a oni mají všichni práci, kteří tam jsou v těch ubytovnách?

H: ne, ne no, podívejte, teď mi včera mi volala jedna známá my sme tak kamarádky a říkala u Michaila netu práci. a ona má doklady rozumíte? ona má doklady. ale dycky ménje ménje ty práci protože, já nevím. no nevim proč. oni jako víte co, chtějí mít peníze, chtějí mít i voľno nějaké a: chtějí ee no jak ta například Ljuba co byla tady ona říkala viš Halino já by tak nelítala jako ty, že ee sem tam. No a občas musí člověk občas já štyri mám byty přes přes deň jako když něco, tak no a co?

4.3. Категориальный предикат «украинские девушки ищут знакомства»

Пани Галина дистанциируется и от тех, кто ищет в Чешской республике комфортную и более интересную жизнь, чем дома. На основании собственного опыта она приводит частные случаи, оправдывающие некоторые предикаты, из которых наиболее колоритным является в ее рассказе пример «поисков знакомства». Данный категориально обусловленный предикат, кстати, зафиксирован в уже упомянутом фильме «Спасибо за каждое доброе утро».

A: tak vy už nejste u té paní?

H: nea net no podívejte, ona: přijde domu. ona vždycky počítač. ... protože ona s ně-
kým mluví všechny ty. ale to každý den, a sedit u te- ten počítači já přijdu v osm hodin do-
mů:, tak ona sedí do ty doby i do dvou hodin...... vždycky je:nom ten počítač. a mluví
s nějakyma chlapama a seznámuje se vůbec, pak jde na procházku. to s nějakým ee tym ee
černochem chodila, pak ee nějaky dva kluky mladí, ona má štyricet let, a ty kluci dvacet sedm
příbližně dvacet sedm, jako ukazovala jim Prahu, nechodila do práce dva dni a dcera a chodili
a ukazovali tu Prahu to mě, rozumíte? to mě vůbec jedno, dělej si co chce. jenom ona když já
přijdu z práci večer, a ona a děti, Halino, a kdes byla tak dlouho? a jakou to má cenu víte ee
vždyť vždyť já přijdu taková:, přijdu s igelitkou, s taškou. a igelitka narvaná protože nějaky jí-
dlo a něco nesu a ona mě se bude ptát jako podezíravě kdes byla? chápete? a ja říkám t- to ne-
poznáš? no pak ještě jednou ten kluk tetova, kam tak chodíte? říkám, víš co Mišo, Miša, když
seš zvědavy tak ráno za mnou půjdeš a stejně nic neděla nemá co dělat, jako, na ale proč se
vrátíte? a ja řikám no tak protože co proč se ptáš takovy blbosti?

Закончим данную тему и ту часть, в которой мы наблюдали, как пани
Галина создает образ собственной жизни на Украине и в Праге. Как пишет
Charlotte Linde (1993: 3), «чтобы мы могли вести общественную жизнь и у
нас было чувство удовлетворения от того, что мы социально приемлемая и
стабильная личность, мы должны обладать связной, допустимой и постоян-
но обновляемой версией жизненной истории». Я наметила несколько мо-
ментов, которые пани Галина использует при создании такой версии.

Продолжая анализ образа жизни, создаваемого пани Галиной, мы
подходим ко второй аналитической перспективе, к явлениям языкового ме-
неджмента в её рассказе.

5. Речь пани Галины в свете теории языкового менеджмента

Из отрывков, которые я до этого привела, ясно, что в языковой биографии
пани Галины фигурирует несколько языков, т.е. родной диалект, литера-
турный украинский, русский, который она изучала в школе и преподавала,
и чешский, который она освоила, уже приехав в Чешскую республику. Нас
будет интересовать анализ её речи не только с точки зрения того, как она
говорит на этих языках, но и как она относится к этим языкам и как она
комментирует свою речевую компетенцию. Тем более, что её отношение к
языкам отчасти профессионально: как лингвист она высказывается по по-
воду языков, на которых говорят в Украине, например, по поводу закарпат-
ского говора, сравнивает городской язык и так называемый деревенский
диалект и говорит о чешском, который она учила и учит, а также о чередо-
вании кодов. Она высказывается и относительно ограниченного кода, кото-
рый использует в разговоре с клиенткой-иностранкой, с которой она с тру-
дом общается при уборке, объясняясь на пальцах (posunština).

5.1. Русский

Мы не имеем в записи прямых сведений о том, насколько хорошо пани Галина владеет русским, но её отношение к этому языку ясно из её рассказа. С одной стороны, она неоднократно признаётся, что русский ей нравится, т. е. в личном эмоциональном отношении,

H: mi ruščina strašně libila. ja jako z těch, mě tak vadilo když přijelam ee musilam jet sem a nemohlam e nemohlam učit doma, tak mě strašně to vadilo.
H: a hlavně začne ta ruščina. já nic nemám jako prostě mi například strašně líbila ee tak jako nevím proč to zrušili.

С другой строны, как ясно из предыдущего отрывка, она высказывает критическое мнение об институциональном менеджменте языковой ситуации на Украине: она акцентирует плюсы русского как языка международного общения:

H: ne, ne, ne. u nas ee u nas teď už není ruščina. no řeknu bohužel, protože, bohužel, potože bohužel. protože ee hodně by všichni rozumili ee ty staty co byly ee (.)

5.2. Украинский

Пани Галина осознаёт языковое разнообразие украинской среды на родине, различия возрастные и социальные:

H: vždycky řikli visničařsky. slyšet bylo že to z visniček. a ty lidi ja nevim proč b- ale ( ) lidi:, i když byly taky v tu dobu rozumite? například babičky, maminky byly žily v tu dobu ale mluvily jinak jak ty lidi na vesnici.

Она признаёт также территориальную дифференциацию диалектов и о себе говорит, что использует литературный украинский:

A: jaký je to dialekt podle vás kterym vy mluvíte?
H: ee já jako ee ukrajinsky. no ee ja mluv- ne ja mluvim ee nepoužívam ďialekty. protože jako: když pracovalam ve škole tak ja s- prostě jako mluvim literaturně ee jazykem ee, ale e máme hodně znam hodně protože každa naše vesnice má s: ružny ružny ďialekty. takže jako ee například ee na vy- sem na vychod řekne řekne na tu stejnou věc na na například ee neřekneme e řikame normalně na ližko postel ližko ee tam když ee k tomu Rumunsku tak budou řikat lužko. a: ee na: ee tym ee zakarp- jako předkarpatsk- Předkarpatska Ruś tak řikali ee bambeteľ. no: u nas v Polsk- u nas na vesnicech taky tam to bliž k Polsku taky řikali bambeteľ. no tak to, to je
B to je nějaké asi jidiš
H: například taky u u: používaji hodně ja ja sje najila, řeknou sem najedena, ja sje najila, ja sje napila. tak na e na vesnici mluvi. a: ee jako vite, jako to jako podobny ja jsem ja jsem a ja sje, prostě jako vypadlo to ee podobny no hodně takovych e

A: a vy to říkáte jak?
H: ja ja na- já najilasja. tak to řikam, u nas to je sja, ta je taka jako vratna
A: zvratná částice

Пани Галина осознает интерференцию литературного украинского, а также родного территориального украинского/русинского говора и чешского:

H: například ee já se doteď nemuž- e já doteď nemužu e jako říct správně. například, já jsem schopna to udělat. tak e normalně by mělo byt. a: já ee mě vždycky chce se chce se, já ee ne [smích] já no, chci řict vždycky, já schopna to udělat. protože ja jsem tak to pro mě jako ee jako nějak vypada jako: e neliteraturni. no podlje našeho rozumite? podlje to je, a u nas takhle na vesnicich mluvi.

Здесь она эксплицитно отрицает, что употребляет в своей речи украинский/русинский диалект. Чешское *já jsem schopna* она ассоциирует с глагольной формой 1-го лица, известной ей из местного диалекта (*tak to pro mě jako nějak vypada jako neliteraturni*), в котором глагол *быти* встречается в 1-ом лице с окончанием *-м/им* (*no podlje našeho, u nas takhle na vesnicich mluvi*), т. е. с нелитературной формой. Она осознает, что ей хочется (*chce se chce se, chci řict vždycky*) сказать *já schopna to udělat*, так как данная форма отвечает литературному украинскому *я здатна* или *я спроможна*, но она знает, что в чешском *já jsem schopna* употребляется вспомогательный глагол *býti* (аналогично форме 1-го лица в ее родном диалекте, *я ем здатна*).[4]

Интересно, что несмотря на данную развернутую и довольно правильную рефлексию морфологического строя этих трех или более языковых кодов

H: zvratne zejmeno, tak ono: ee to je sja, to ne zejmeno, to ne zejmeno, to je jako sufix, slova sja, jako sufix tak je ee tak to se použiva jako schvalně ma byt na: konce slova. ja se najila. na vesnice řeknou. potom mě vždycky vždycky, jako když řeknu tak jak ma byt spravně a mě připada že to ja řekla nějak di- nějak divně. a u vas taky se rozbira slova například na nějaky součastky... kořen, přefix (.) přefix, no postfix jako nebo postfix to je sufix u nas. normalně řekne (se ji) postfix,

---

[4] За консультацию по поводу украинских диалектов я благодарна Ружене Шишковой.

пани Галина не осознает отличительную черту своей речи – почти системное окончание -*м* в формах 1-го лица прошедшего времени в своих чешских высказываниях:

A: jak dlouho vám to trvalo se naučit česky?

H: no tak ee na začatku bylo těžko protože když ee první dní nebo mjesíc když jelam v tramvaje, autobusu tak to byl takovy hluk a všechno takove ničemu nerozumilam nic, no prostě posluchala ee ale nic nic nerozumila, no tak pak začalam čist, večer když šlam spát tak musela něco čist ee a: ee začalam s knihy protože ta kniha byla tam kde bydlela Brana smirti. no za prve to strašně velka kniha nevim kdo (ji) napsal, ale em eem bylo hodně tam takovych slov kterym nerozumilam, ale s- jako v tom kontekstu tak sem snažila pochopit, četla několikrat a: hlavě že nap- napřiklad četla jednu stranku vsju: a pak vůbec nerozumim ničemu tak se dvakrat třikrat vracím aby něco pochopila.

Повторяющиеся формы типа *mělam dítě, když první rok šlam na vyššu školu, tak neprošlam, ja už nic nehledalam, když bylam doma, tak ale hodně mluvilam, mluvilam i když špatně* свидетельствуют о том, что она, несмотря на убеждение, что не употребляет диалект, является активным носителем именно украинского русинского диалекта.

Пани Галина декларирует свое отношение к диалектам очень решительно. В своем восприятии языковой ситуации она опирается очевидно на собственный опыт учительницы в украинских школах, а также и на свое лингвистическое воспитание. Меняющийся институциональный менеджмент языковой ситуации ее смущает:

H: no, a teď je tak divně, protože ja nevim napřiklad já nemužu pochopit jak na tych na Zakarpa- na Přikarpatsky Rusi vubec děti chodi do školy. ne jako jak chodi, jak tam ty chudáci učitely maji ty chudáci děti oceňovat. protože je tak smichana řeč že, ja občas nerozumim vůbec nic, ničemu. jak oni mluvi. oni maji smichane dohromady ee polske ee rumunske ee rumunsko, maďarsko, česko, slovensko rozumite? to všechno dohromady smichane. a to jak mluvi rodiče ee doma tak děti stejne mluvi e mezi sebou, a e když musi něco psát ve škole, tak ja nechap- ja prostě nechápu to ditě nijak jinak nemuže napsat, spravně nemuže napsat a to ten učitel no jako všechno rozumi a jak muže ocenit to?

Совсем отрицательно она относится к вопросу обучения русинскому, или, выражаясь ее словами, закарпатскому диалекту в школах. Отрицая языковой статус закарпатского диалекта, она решительно защищает институциональные права литературного украинского.

H: jedna holka ale to mi bylo tak divně, protože ona skončila odborne nějake učiliště, a: měla jako neukončenou u nas tak se jmenuje odborne učiliště jako neskončena vyš- vyšša škola no a: ale jako to normalně fungovalo… takže. takže: e ne- nebyla taková hlupa, ale …

ona jednou řekla tak naši děti učí ee zakarpatsku řeč. řikam Olgo, takova řeč vubec neexistuje. a ona, jak neexistuje? ale existuje, u nas mluvi všichni. řikam no ale proboha tak to neni možne rozumiš? je ukrajinsky, ukrajinščina, je ruščina, ale aby byl zakarpatsky jezyk tak není.

Понятие русинского языка ей не известно, она будто бы впервые слышит данное название диалекта и отрицает его возможный статус литературного языка:

A: a rusínština?
H: rusin- ruština?
A: rusínština
H: rusinščina to jako ee myslíte (.) vy myslite jako rusinščina že to patři zakar- e přikarpatskym Rusinum? ale to není rusinščina. to je: to je: ďialekt. to je ďialekt. ja rozumim že může se učit ee například že muže byt nějaky fakultativ ee z z ďialektu i kdo chce tak se muže uči:t a: jako porovnavat, ale normálně když to je stejně jako by například ee u vás v Česku ve škole začali uči:t řekli že uči například ee nu ty co bydlí nedaleko od Německa nebo Rakuska tak řekli by že nějaky tam ďialekt je, tak že to je řeč, ale to spravně neni řeč, to je ďialekt. no a a proto řikam že
B: no to není spisovný jazyk?
H: to vube- ne, jako to neni vite no jak e učíte češtinu, a čeština neni ten ďialekt, takže jako ee ru:- ruščin- ne, jako e jak to řikate?
A: rusinština
H: rusinščina tak to neni jezyk, to je ďialekt. to je jako no řekneme tak že tu řeč používaji neoficiálně používaji ee lidi. ale když je to Ukrajina, tak tam je ukrajinščina a nemuže byt rusinščina. a proto jako je: to hezky že že učí například ďialekty a protože to je jako smíchana ta řeč a a budou rozumit, ale jak samotna jak samotny jazyk tak on neexistuje.

Мы проанализировали высказывания, касающиеся вопросов языкового менеджмента, и рассмотрели с одной стороны те высказывания пани Галины, которые свидетельствуют о её рефлексии по поводу собственной компетенции, и с другой стороны, те высказывания, в которых она говорит о своем восприятии языковой ситуации в Украине и институциональном менеджменте. Таким образом, мы занимались вопросами микро- и макроменеджмента. Перейдем теперь к анализу тех явлений микроменеджмента пани Галины, которые связаны с ее владением чешским языком.

5.3. Чешский

Мы имели возможность заметить ряд примеров проникновения восточнославянских черт в ее чешское произношение, морфологию и синкаксис. Интерференцию она иногда осознает, отмечает и исправляет, иногда нет.

Что касается фонетики, она регистрирует своё не совсем чешское произношение слов *huby, mučnik, hlupa, kupila, dluho, susedka, kutek, tu žen-*

sku, žádnu korunu, nějaku skřiň, na celu zeď, oni se stěhuju ...; она приводит пример:

> jdu na hlid<u>a</u>nie a děti občas se smjejou, Halino a ty to řikaš špatně. a ja schvalně řikam chceš husku? a ona <u>př</u>ece to <u>ne</u>ni huska

Или отмечает своё особое произношение *jsem*:

> no ee všimam si všimam si i toho že: em (.) jako například e no například ja řeknu <u>sem</u> (.) <u>sem</u>. a: e klučik mamje řekne Halina řika nespravně musi řict sem. no ja řikam to neni sem to jsem. ale no tak ja ještě jako eee ja vim že to je ee že to se tak <u>ř</u>ekne, že ee spisovna řeč piše se tak a řekne se tak,

В ее речи вспомогательный глагол в формах 1-го лица *jsem* часто опускается: *když jelam v tramvaje, ničemu nerozumila, no prostě posluchala, ale nic nerozumila, pak zač<u>a</u>lam čist, večer když šlam spát, tak musela něco čist, začalam s knihy, ta kniha byla tam kde bydlela, hodně slova kterym nerozumilam, četla několikrat, četla jednu stranku vsju, já musila pracovat, když pracovala v restavraci, <u>h</u>ledalam něco jineho, vždycky bylam vztekla, nemohlam se dovolit, dříve nevšimalam teho protože ee když neznalam, já přes známý to našla, dostalam vizum, zapomnělam...*

Формы сослагательного наклонения, возникающие опять-таки под влиянием диалекта: *abym byla s dcerou, abym něco pochopila, abym nezapomněla, když bym udělal pro vas pozvanie, když bym byla, když bym bydlela, když bym pracovala ve městě, to asi nejela bym sem, když byla bym pracovala, když bym pracovala...*

Опущение возвратных частиц *si, se*: *tak sem musilam snažit, jak sem ptalam vás tych mučnikov, několikrát sem chystala odjet, tak sem snažila pochopit, no tak něco všimam, mně ruščina strašně libila...*

Опущение экзистенциального глагола *být*: *no za prve to strašně velka kniha, když ja řeknu něco česky tak to normalně, jakoby on plasticky chirurg, já si myslím nějaký divný ten byt, no tak to jako náš byt, tam například tužka a zápisník a takovy věci...*

Синтаксические конструкции, возникающие под влиянием русского языка или под влиянием диалекта: *byly takovy slova, u mě taková myšlenka, kam ty jdeš?, jenom já jedna, ona jedna z všech pracuje, nechci masa, já neměla vůbec žádnoho místa...*

Интерференция рода: *to není taková probléma, každý má nějaky nějaku skřiň...*

Употребление 2-го лица настоящего времени в наглядно-примерном значении: *Mužeš požadat jenom na devadesat dni na vic nemužeš; ty penize docházeji a do práce nepůjdeš; vždycky si půjčiš na tu cestu a neviš kdy je splatiš; platiš penize, bydliš jako na nádraži, lituješ ji; pol měsjace budeš pracovat na ten byt; občas jdeš, přijdeš; jako u nas vyhodit to znamená ee no něco prostě už nepotřebuješ jako na smetě hodit.*

Ее рассказ интересен также с точки зрения употребления литературного и нелитературного чешского, но данный вопрос уже за пределами интересов данного сборника.

Литература

Brockmeier – Carbaugh 2001: Narrative and Identity. Studies in Autobiography, Self and Culture. Ed. by J. Brockmeier, J. – D. Carbaugh. John Benjamins Publishing Company. Studies in Narrative 1

Brockmeier, – Harré 2001: Brockmeier, J. – Harré, R. Narrative. Problems and Promises of an Alternative Paradigm. In: Narrative and Identity. Studies in Autobiography, Self and Culture. Ed. by J. Brockmeier – D. Carbaugh. John Benjamins Publishing Company. Studies in Narrative 1, 39–58

Bruner 1987: Bruner, Jerome. Life is Narrative. In: Social Research 54/1, 691–710

Čmejrková 2003: Čmejrková, S. The Categories of "Our Own" and "Foreign" in the Language and Culture of Czech Repatriates from the Ukraine. In: International Journal of the Sociology of Language 162. Ed. by J. Nekvapil – S. Čmejrková, 103–123

Čmejrková 2006a: Čmejrková, S. Они наши или чужие? In: Глобализация – этнизация, т. 2: Этнизация. Ed. by Г. Нещименко. Москва, 3–29

Čmejrková 2006b: Čmejrková, S. Rekonstrukce a konstrukce života ve vyprávění. In: Teorie a empirie. Bichla pro Krčmovó. Brno, 141–150

Čmejrková 2007: Čmejrková, S. Vzpomínky a paměti jako narativní diskurs. In: Čeština v dialogu generací. Ed. by J. Hoffmannová – O. Müllerová. Praha, 141–175

Freeman1993: Freeman, M. Rewriting the Self. History, Memory, Narrative. London.

Freeman – Brockmeier 2001: Freeman, M – Brockmeier, J. Narrative Integrity. Autobiographical Identity and the Meaning of the "Good Life". In: Narrative and Identity. Studies in Autobiography, Self and Culture. Ed. by J. Brockmeier – D. Carbaugh. John Benjamins Publishing Company, Studies in Narrative 1, 75–100

Johnstone 2004: Johnstone, B. Discourse Analysis and Narrative. In: The Handbook of Discourse Analysis. Ed. by D. Schiffrin – D. Tannen – H. Hamilton. Blackwell, 635–649

Linde 1993: Linde, Ch. Life Stories: The Creation of Coherence. Oxford

Magocsi 2007: Русиньскый язык. Ed. by P. R. Magocsi. Opole

Nekvapil 2002: Nekvapil, Jiří. Management jazykový. In: P. Karlík – M. Nekula – J. Pleskalová. Encyklopedický slovník češtiny. Praha, 255–256

Nekvapil – Sloboda – Wagner 2009: Nekvapil, J. – Sloboda, M. – Wagner, P. Mnohojazyčnost v České republice. Multilingualism in the Czech Republic. Praha

Neustupný – Nekvapil 2003: Neustupný, J. – Nekvapil, J. Language Management in the Czech Republic. In: Current Issues in Language Planning 4, 181–366

Sacks 1995: Sacks, H. Lectures on Conversation. Oxford
Silverman – Sacks 1998: Silverman, D. – Sacks, H. Social Science and Conversation Analysis. Cambridge
Šišková – Mušinka – Hrušovský 2009: Šišková, R. – Mušinka, M. – Hrušovský, J. Vyprávění a písně Rusínů z východního Slovenska. Jihokarpatská ukrajinská nářečí v autentických záznamech. Praha

Олександр Тараненко (Київ)

Мовна присутність української західної діаспори в сучасній Україні

Abstract. The language of western Ukrainian diaspora has been exerting strong influence on both the status and corpus of the Ukrainian "metropoly" language in modern Ukraine. This process leads to a certain distancing of Ukrainian from Russian. Different socio-political, cultural and linguistic groups within the Ukrainian society vary in their attitude toward this ongoing change. The most striking parallels to these developments in Ukrainian can be found in modern Belarusian.

1. Під «українською діаспорою» в Україні розуміють в основному західну українську еміграцію (емігрантів кількох хвиль переселення та їхніх нащадків) у Північній та Південній Америці, Західній Європі, Австралії, але насамперед у США і особливо в Канаді. Якщо в радянський час під поняттям діаспори звичайно розуміли «розсіяння» по світу євреїв і вірмен, але щодо українського зарубіжжя говорилося – загалом нейтрально – про українську «трудову» і несхвально – про «політичну» еміграцію, то від 90-рр. назва «українська діаспора» стала досить уживаною (крім відомих семантичних відтінків слів *діаспора* і *еміграція*, останнє слово в радянський час мало й певні конотації «небажаності»), а на позначення її представників уже сформувалася низка дублетних найменувань: *діаспорники, діаспоряни, діаспорити, діаспорці*, рідше *діаспорівці*. Стереотипний образ «діаспорного українця» в уявленні населення «материкової» України станом на кінець 80-х – початок 90-х рр. мав у собі такі риси, як: а) у політичному аспекті – це активний поборник державної незалежності України (насамперед, зрозуміло, від Росії); б) у соціальному аспекті – активний, наполегливий у досягненні мети, успішний і, звичайно, «багатший» порівняно з «материковими» українцями; в) у культурно-мовному аспекті – людина, що, будучи громадянином іншої держави й перебуваючи вже тривалий час у постійному іншомовному оточенні далеко від своєї історичної батьківщини, не тільки зберегла свою належність до українського джерела, а й відчував моральний імператив закликати до цього й «материкових» українців; якщо конкретніше, то це переважно носій «галицьких» культурно-мовних особливостей (хоча в структурі західної української діаспори, крім галичан і буковинців, свої «сегменти» мають, як відомо, закарпатці-русини, лемки і

«східняки-наддніпрянці», а також представники останньої, четвертої, хвилі еміграції, етнографічно-культурні відмінності між якими вже значною мірою нівельовані). При ближчому знайомстві «материкової» України з діаспорою від початку 90-х рр. цей стереотипний образ став поповнюватися деякими новими рисами (про що далі).

Присутність у політичному та культурно-мовному житті сучасної України ознак (справжніх або тільки приписуваних) такого явища, як мова української західної діаспори, є досить помітною, виявляючись у впливах як на статус української мови в державі, так і на корпус її літературно-стандартної форми і викликаючи різне ставлення до себе з боку різних верств суспільства.

2. Українська діаспора і статус української мови в Україні

Разом зі значною активізацією від початку 90-х рр. контактів між українською діаспорою і Україною – через засоби масової інформації (як власне українські, так і перенесені в Україну з-за кордону), публікацію або завезення літератури авторів з діаспори, різноманітні спільні заходи української і діаспорної громадськості (Всесвітні форуми українців, що стали проходити в Україні з 1992 р., політичні та наукові конференції, конгреси Міжнародної асоціації україністів з 1990 р. та ін.), зустрічі представників діаспорної громадськості з керівниками України під час їхніх візитів до США й Канади, у численних особистих контактах у самій Україні та в країнах проживання діаспори і взагалі як наслідок глибшого ознайомлення з її політичним і культурним життям – в Україні стали повніше усвідомлювати засади організації культурної, освітньої, мовної діяльності зарубіжного українства, неминуче зіставляючи їх, звичайно, з основами забезпечення мовних прав етнічних українців на їхній історичній батьківщині. Зокрема, не могли не привертати уваги такі аспекти життя західної діаспори, як наявність у цих країнах досить численної україномовної періодики, книжкової продукції, шкіл з вивченням української мови (для порівняння: у східній українській діаспорі в межах СРСР цього не було зовсім, а в самій Україні, напр., станом на 1990 р. в обласних центрах Лівобережжя Чернігові, Харкові, Донецьку, Луганську, Дніпропетровську, Запоріжжі, Одесі шкіл з українською мовою викладання лишилося вкрай мало або й не стало зовсім); розвиток українознавчої науки, збереження й видання фольклорної, художньої, наукової спадщини; практикування приватних пожертвувань на потреби культури, літератури, науки тощо (зі списками жертводавців); прагнення до самоорганізації у складі різноманітних політичних,

культурних, наукових, спортивних, жіночих та інших об'єднань; публічне спілкування українською мовою (причому не з обов'язку, не за посадою) людей, що мали репутацію відомих у світі, успішних, заможних (напр., економіста Богдана Гаврилишина, бізнесмена Петра Яцика); намагання вплинути на державну політику, культурну та наукову громадськість своєї та інших країн, на міжнародну громадську думку з обстоюванням інтересів України (так, Канада, де українці є однією з найчисленніших етнічних груп населення, однією з перших визнала в грудні 1991 р. державну незалежність України; значною мірою саме завдяки діаспорній громадськості світ узнав правду про голодомор в Україні 1932–1933 років; очевидно, насамперед під впливом української діаспори англомовних країн в англійській мові стала досить виразною тенденція до обмеження вживання при назві України означеного артикля: *the Ukraine*, оскільки це асоціюється зі статусом не самостійної держави, а скоріше краю).

Вплив української західної діаспори на соціальний статус української мови став поширюватися на межі 80-х – 90-х рр. далеко не останньою мірою завдяки вже самому факту постійного спілкування її представників цією мовою під час перебування в Україні (це стало привертати увагу, висвітлюючись, зокрема, по радіо й телебаченню). Парадоксальність ситуації спілкування (а відповідно, й мовної ситуації в Україні в цілому) увиразнювалася особливо тоді, коли представники материкової України, які супроводжували, приймали або обслуговували гостей з діаспори, розмовляли з ними або в їхній присутності російською мовою (це було характерним явищем, зрозуміло, особливо в радянський час, але лишається й тепер, хоч уже й меншою мірою, насамперед у Південно-Східному регіоні) і переходили на українську, лише ніби виявляючи певну поступку іноземцям, або й не намагалися цього робити:

[…] болючим є той факт, що серед загалу мешканців як у Харкові, так і у Києві панує російська мова. Тут є одна особливість. Я говорив тільки українською мовою, і всі мої співрозмовники переходили на українську. Вони досконало її знають, але не говорять нею ([Інтерв'ю з головою Шкільної ради при Українському конгресовому комітеті США Євгеном Федоренком] – За вільну Україну, 25.01.1996, 2);

Не розумію ваших офіціянтів і продавців. Звертаюся до них українською, а половина відповідає російською. Далі говорю українською, а половина половини вперто тримається російської. […] У Нью-Йорку, де існує ціла суміш рас, націй і національностей, кожен продавець зразу перейде на мову покупця (О. Мотиль. – Газ. по-українськи, 13.05.2010, 9).

Крім того, стало розвіюватися уявлення, яке навіть не обговорювалося, настільки було само собою зрозуміле, що носії української мови знають (мають знати) і російську мову, і, отже, носіям російської мови немає потреби турбуватися про зрозумілість свого мовлення в спілкуванні з ними, напр.:

У 1989 р. в Донецьку цілий місяць функціонувала виставка американського дизайну [...] Найбільше всіх здивувало, що гідами тут були молоді американські українці, які знали українську мову, але не знали російської. Це «русскоязычным» донеччанам в голові не вкладалося: як це так – знати українську і не знати російської? (Г. Гордасевич. А ще був випадок – Літ. Україна, 15.04.1999).

Серед актів цілеспрямованого впливу з боку діаспори на мовну політику України, які, безперечно, так чи інакше знаходять відповідний відгук у цій сфері, слід назвати достатньо численні звернення міжнародних українських організацій та їхніх з'їздів до державного керівництва України із закликами забезпечити реальні можливості для повнокровного соціального функціонування української мови як державної мови країни та протестами проти запровадження другої державної або офіційної мови (напр., із «Звернення української діаспори у справі мовної політики в Україні», підписаного керівниками Світового конгресу українців, Світової федерації українських жіночих організацій, Наукового товариства ім. Шевченка, Української вільної академії наук та багатьох ін. – учасниками II Всесвітнього форуму українців:

[...] ми побачили, що в Українській державі немає України. Ми могли пересвідчитись, що за шість років нашої державності українська мова, українська культура, книговидання опинилися у трагічному стані. [...] Дехто з нас [...] встиг побувати в різних регіонах нашої держави. Там ситуація ще гірша, ніж у нашій столиці. [...] Ми можемо ствердити, що у нашій державі в усіх сферах суспільного і культурного життя нашого народу надається перевага російській мові і російській культурі, а українська мова і культура вкоте виявилися упослідженими. (Час-Time, 6.11.1997),

листи організацій української діаспори та її представників, що їх наводять і українські ЗМІ, з протестами проти використання в дипломатичних представництвах України за кордоном не української як державної, а, за традицією, російської мови, напр., з листа Б. Залуги, Швеція, до Президента України:

Треба заборонити використання російської мови співробітниками українських представництв за кордоном. Навіть якщо хтось звертається до них російською – вони повинні відповідати державною мовою (Укр. слово, 16.12.1999),

протести проти виступів державних керівників України на офіційному міжнародному рівні російською мовою (напр., про виступ по австралійському національному телебаченню колишнього Президента Л. Кравчука: М. Галабурда-Чигрин. Чи нам тепер вивчати російську мову? – Час-Time, 6.03.1997; учасники Світового конгресу українців висловили зауваження Президентові В. Ющенку за те, що він розмовляє по-російському з президентом Російської Федерації: т/к «Студія 1 + 1», ТСН, 20.08.2008).

Українські інституції західної діаспори, підприємці, приватні громадяни надають фінансову підтримку у виданні в Україні літератури українською мовою, у дослідженнях української мови. Петро Яцик став ініціатором і меценатом Міжнародного конкурсу з української мови (з 2000 р.), що носить тепер його ім'я.

3. Українська діаспора і корпус української літературної мови (УЛМ)

У сучасних умовах утвердження української мови в статусі державної мови України, коли питання нормативної основи її літературної (стандартної) форми стало не просто в черговий раз предметом широкого обговорення в суспільстві, але й, без сумніву, одним із чинників мовної ситуації в країні – з бурхливими й заполітизованими дискусіями між прибічниками і супротивниками її радикальних реформ, далеко не останнє місце в масовій свідомості посідає проблема її питомості («українськості») після тривалого періоду її функціонування й розвитку в тіні та під потужними впливами мов сусідніх народів і перш за все, зрозуміло, російської. У цих питаннях вибору напряму для дальшого розвитку УЛМ українській західній діаспорі також належить не останнє місце. Вплив її на корпус материкової літературної мови виявляється у поширенні в Україні як самої її мовної практики, так і більш цілеспрямовано – словників, довідників з культури української мови авторів з діаспори, їх порад і прямих настанов.

Позиція української західної діаспори в поглядах на те, якою має бути «справжня» УЛМ, як відомо, зовсім не є монолітною, а сама її мовна практика є досить невпорядкованою (див., зокрема: Ажнюк 1999: 279–348, 349–420). Однак якщо не брати до уваги мовну практику «нової хвилі» української еміграції на Заході – з кінця 1980-х рр., яка спирається загалом на нормативні засади материкової УЛМ й тому сама стає об'єктом крити-

ки[1], мова публічної діяльності основної частини західної діаспори в її пра-
вописній, граматичній основі та значною мірою в лексичному інвентарі і
стилістичних особливостях прагне спиратися на мовні настанови і мовну
практику 1920-х – початку 1930-х рр. у радянській Україні (періоду «украї-
нізації»), зокрема на «харківський» правопис 1928 р., та довоєнного періо-
ду в Галичині, на Буковині, але водночас – у практиці різних друкованих
видань, у численних рекомендаціях та застереженнях – зазнає різноманіт-
них «редагувань», що й породжує хаотичність самої мовної практики і по-
стійні, причому часто заполітизовані, дискусії. У самій Україні звичайно
поширюються й закріплюються ті рекомендації й ті особливості мововжит-
ку західної діаспори, які – об'єктивно зумовлені чи суб'єктивно спрямова-
ні – ведуть до дальшого дистанціювання української мови від російської[2].
Оскільки, з одного боку, традиційна мовна практика західної української
діаспори спирається переважно на базу південно-західного наріччя україн-
ської мови (а не її південно-східного наріччя, як «офіційна» літературна
мова) і на західноукраїнський варіант УЛМ (з більшою представленістю в
ньому полонізмів, германізмів, відсутніх у структурі материкової мови),
що існував до початку Другої світової війни, а з другого боку, впливи цієї
діаспорної практики стали виявлятися в 90-і рр. одночасно з активізацією в
мові «Великої України» особливостей живого мовлення міського населен-
ня Галичини (насамперед, звичайно, Львова), сукупність цих мовно-стиліс-
тичних явищ у немовознавчому середовищі сучасної України, особливо се-
ред критиків цього явища, часто нерозчленовано іменують як «галицько-
діаспорну (діаспорно-галицьку) мову».

Впливи мовної практики діаспори (як власне її особливостей, так і,
як було сказано, мовних особливостей доби українізації та західноукраїн-
ського варіанта УЛМ, що запроваджуються через її посередництво, вклю-
чаючи полонізми та германізми, відсутні в «офіційній» УЛМ) виявляються
насамперед на лексичному рівні (пор. запровадження нового для України
номінативного розмежування між *діаспорою* і *«материком»*: *«материко-
ва» українська мова* і под.). Серед цих явищ неважко помітити ті, що зу-
мовлені насамперед номінативними потребами – відсутністю в «офіційній»

---

[1] Пор., напр., критичні зауваження з боку представників «старої» діаспори щодо по-
ширення останнім часом «новоприбульцями» «зросійщених» мовних, зокрема право-
писних (УП-1990/93), норм (Сербин, Харчун 1993: 137–138; Мак 1996).

[2] Багато в чому подібні тенденції характеризують, як відомо, і сучасний стан біло-
руської літературної мови (див., напр.: Выгонная 1998: 140–147; Лукашанец 2003: 140–
151; Bieder 2003: 23–31).

УЛМ назв (узагалі або однослівних) для позначення відповідних понять, зокрема актуалізованих в умовах нової пострадянської дійсності, викликаних новою стилістикою спілкування – потребами політкоректності і под. (напр.: *голодомор, довкілля*, організація українських скаутів «*Пласт*» з похідними *пластун, пластунка*; у мовознавстві: *мововжиток, мовостиль*; *академія* «урочисте засідання, збори»; *імпреза* – замість *виступ, концерт, вистава; вечір; захід; каденція* «термін повноважень або скликання», *кандидувати* «бути кандидатом [на виборах], балотуватися»; *симпатик; неповносправний* замість *інвалід: неповносправні діти, люди*), і ті, що викликані стилістико-нормативними настановами і спрямовані на заміну вже наявних найменувань – як таких, що викликають сумнів щодо їхньої нормативності й узагалі «питомості» в українській мові або просто видаються менш виразними (їх значно більше, і вони привертають до себе значно більшу увагу суспільства як новий напрям у розвитку УЛМ і просто як один з виявів новітньої «моди» в українській мові, викликаючи до себе різне оцінне ставлення).

Так, у загальноукраїнській мовній практиці (переважно через ЗМІ, мовлення окремих письменників, діячів культури, громадських діячів) поширилися, фіксуючись уже і в нових словниках, такі одиниці, як (через скісну риску подано раніше або й досі більш уживаний синонім): *довкілля/ навколишнє середовище* (пор. рос. *окружающая среда*); *меншовартість/ неповноцінність; прийняття* (зібрання запрошених осіб)/*прийом; сиротинець* (притулок для дітей-сиріт)/*дитячий будинок, інтернат, будинок дитини* тощо; *телевізія/телебачення; чинник*, переважно у мн. (з досить загальним, неконкретним значенням «представник; діяч, функціонер; урядовець; [компетентний] орган»: *офіційні, державні* та ін. *чинники; відповідальний чинник адміністрації США* і под.); *засадничий/принциповий*, *основоположний*; значно розширилося функціонування слів *розбудовувати, розбудова; достойник; зверхник/начальник, керівник; знаний* (як у дієприкметниковому, так і в прикметниковому значеннях: «*Знані люди України*» – книжкова серія вид-ва «Бібліотека українця»)/*відомий*; *аби* (в підрядних реченнях мети, з'ясувальних)/*щоб, для того щоб*: «Однак *аби* це сталося, потрібно, *аби* щороку такі захворювання зростали». – Т/к «Новий», програма «Репортер», 16.02.2006) та ін. Як наголошують прихильники такого оновлення УЛМ, у цьому явищі реалізується насамперед тенденція до обмеження в українській мові кількості іншомовних слів (запозичень як з неслов'янських, так і з російської мови) із заміною їх на власне (або давніше відомі) українські – одиниці народної мови та словотвірні кальки, тобто

відбувається повернення до української лексикографічної та термінотвор-
чої практики другої половини XIX – першої третини XX ст. з орієнтацією,
зрозуміло, й на практику української діаспори. Однак повна картина цього
явища складніша й не така однозначна. Насамперед при цьому, по-перше,
обмежується у вжитку переважно лише та іншомовна (неслов'янська) лек-
сика, що наявна і в російській мові; по-друге, заміна відбувається в напря-
мі не тільки від іншомовної до питомої лексики, а й навпаки – з уживанням
іншомовних слів (наприклад, *едиція, едиційний* замість *видання, видавни-
чий; мілітарний* замість *військовий*), які знову ж таки мають бути відсутні в
російській мові; по-третє, в межах самої як іншомовної лексики, так і лек-
сики слов'янського походження часто відбувається активізація одиниць,
спільних з польською, і обмеження у вжитку одиниць, спільних з росій-
ською мовою.

Тенденцію до того чи іншого звуження вживання іншомовної (неслов-
в'янської) лексики демонструють такі, наприклад, випадки (переважно вже
відомі в історії УЛМ другої половини XIX–XX ст.), як: *відсоток* (пропоно-
ване ще в XIX ст., пор. п. *odsetek, odsetka*)/*процент; наклад/тираж; число/
номер; правник, правничий/юрист, юридичний; таємний, таємно* (напр.,
гриф у відповідних службових документах: «Цілком таємно»)/*секретний,
секретно; летовище/аеродром; копальня/шахта; мірило/масштаб; світли-
на/фотографія; вислід/результат; хрестиківка* (пор. п. *krzyżówka*)/*крос-
ворд; середмістя* (пор. п. *śródmieście*)/*центр* [*міста*]; серед нових явищ:
речник (це слово досі мало значення «виразник, поборник, представник ко-
го-, чого-небудь»; пор. п. *rzecznik*, яке має ширше значення, вживаючись,
напр., і як *rzecznik prasowy*)/*прес-секретар*. Така тенденція помітніше наяв-
на в ЗМІ Галичини, оскільки там повніше ще відчуваються традиції пурис-
тичної практики дорадянського періоду: *наплечник (наплічник)/рюкзак,
стрільниця/тир, карний/штрафний майданчик* та ін. Найповніше ж вона
представлена в низці перекладних (переважно російсько-українських) га-
лузевих словників (частина з них була підготовлена на гранти наукових та
інших кіл західної діаспори) – у термінології. Хоча нерідко складається
враження, що за межі таких словників ті чи інші з пропонованих замін не
можуть вийти, оскільки їх укладачі, як видається, більше були заклопотані
тим, щоб якомога вичерпніше подати лексичні матеріали аналогічних
словників попередніх періодів (крім, зрозуміло, радянського періоду 30-х –
80-х рр.) і словників діаспори, а не тим, щоб ще раз їх уважно проаналізу-
вати з відповідними вилученнями та доповненнями. Наприклад (неважко
помітити, що з кількох пропонованих українських відповідників на остан-

ньому місці часто подано той, що його вважали досі найприйнятнішим або й єдиним): рос. *дизентерия* – укр. *різачка, червінка, дізентерія* (за правописом 1928 р.), *дизентерія*; *амбулаторный* (про пацієнта) – *рухомий, приходячий, легкий, амбуляторний* (за правописом 1928 р.), *амбулаторний*; *шок* – *удар, штовх, зворух, шок*; *шприц* – *штрикалка, порскавка, шприц* (Мусій, Нечаїв, Соколюк 1991); рос. *элемент* – укр. *первень, елемент*; *кран* – *ґрант, кран(т)*; *перпендикулярный* – *перпендикулярний, нормальний, сторчовий, простопадний*; *коэффициент* – *коефіцієнт, сучинник* (Козирський – Шендеровський 1996) (хоча, наприклад, слово *перпендикулярний*, незважаючи на його вихідне значення в латинській мові «прямовисний, вертикальний», стало означати, на відміну від *сторчовий* і *простопадний*, вимір не тільки по вертикалі, а й по горизонталі, а *сучинник* може викликати зовсім небажані асоціації – чому б тоді вже не *співчинник?*).

З іншого боку, аналогічній заміні, але вже на іншомовні слова (відсутні в російській мові) підлягають, як було сказано, і слова зі слов'янськими коренями, запозичені (справді або тільки за поширеним уявленням) з російської мови і взагалі подібні до відповідних російських слів: *амбасада/ посольство*; *аг(ґ)енція, консула(я)т/агентство, консульство* (слова зі слов'янським суфіксом); *гелікоптер* (пор. п. *helikopter*, англ. *helicopter*)/*вертоліт* (пор. факт протилежної заміни в руслі послідовного пуризму в сучасній хорватській мові: *vrtolet* замість *helikopter*); *арсен/миш'як*.

Яскравою ілюстрацією до явища активізації іншомовних слів, відсутніх у російській мові, але звичайно наявних у польській, є такі випадки, як: *валіза/чемодан*; *мапа/карта* (географічна) (лишається, однак, без змін, як і в польській мові, *картографія, картографувати* і т. ін.); *піг(ґ)улка/таблетка* (хоча п. *pigułka* – це «пілюля»); *шпиталь/госпіталь*; *фундація/фонд*.

У межах лексики, слов'янської за походженням, тенденцію до того чи іншого звуження у вжитку слів, спільних з російською мовою, із заміною їх іншими словами, нерідко спільними з польською мовою, демонструють, наприклад, випадки: *потяг* (калька п. *pociąg*, яке є калькою нім. *Zug*)/*поїзд* (калька рос. *поезд*); *спільнота* (сукупність людей, народів, країн, чимось пов'язаних між собою, наприклад: *міжнародна, світова спільнота*)/*спільність*; *запотребувати/затребувати*; *навзаєм/взаємно*.

Але діаспоризми можуть вступати в конкуренцію і з тими словами, які зовсім не є подібними до відповідних російських одиниць: *мистець/митець, знаний/відомий, правдивий/справжній, зазвичай/звичайно, наразі* (стало вживатися в розширеному значенні порівняно з п. *na razie* «поки що» – у значенні «на цей час; зараз; тепер»: «*Наразі* – випуск новин»)/*за-*

раз. Навіть більше – слова, відмінні від російських, можуть заступатися словами, подібними до них: *спротив* (наприклад: *рух політичного спротиву;* пор. п. *sprzeciw,* рос. *сопротивление*)/*опір; переємність* (пор. рос. *преемственность*)/*наступність; впродовж* (у часовому значенні)/*протягом* (пор. кваліфікацію *впродовж* як ненормативного, що виникло під впливом рос. *в продолжение,* ще в: Огієнко 1924: 74); активізація в сучасному вжитку іменника *спомини,* хоча домінантою цього синонімічного ряду в «офіційній» УЛМ є *спогади* (наприклад, у запрошенні: «Спілка письменників України 27 квітня 1999 року запрошує на вечір "Олекса Горбач: Спомини про відомого мовознавця"»), іменника *союз* у значенні «громадське об'єднання» (*Союз українок* та ін.), хоча звичною назвою тут є *спілка* (*спілка письменників, професійна спілка* і под.). Відчуття мовцями того, що це є одним із зразків сучасного елітарного слововживання, очевидно, переборює побоювання того, що їх можуть запідозрити у вживанні росіянізмів. У мовостилі певних кіл поновилася стара практика (ще часів революції і громадянської війни), що збереглася в мові сучасної західної діаспори, подання форм з негативною конотацією *большевик* і *совєти* (*совіти*), *совєтський* (*совіцький*) замість нормативних форм радянського часу *більшовик, ради, радянський* – як підкреслення неукраїнськості (занесення їх з Росії) самих позначуваних цими словами понять (напр.:

Одним із незаперечних доказів спотвореної духовної суті *совєтської людини* письменник вважав калічення рідної мови (Дивослово, орган Міністерства освіти і науки України, 2005, № 2, 53),

пор. так само в сучасній польській мові: презирл. *sowiecki* замість *radziecki*). Ця тенденція, таким чином, переборює тут тенденцію суто національно-мовного пуризму, за критеріями якого подібні факти розцінювалися б не інакше як ще один вияв русифікації української мови.

Більшість цих активізованих або новостворених слів обмежується у вжитку сферами художнього та публіцистичного стилів, оскільки, крім зрозумілого консерватизму мовців, на заваді ширшому функціонуванню таких одиниць можуть стояти й обмеження в їхніх словотворчих можливостях та їхня номінативна неоднозначність (особливо в межах одного тематичного поля): так, лишаються поки що без конкуренції похідні від наведених вище слів *тираж, номер* та ін. – *тиражний, тиражувати* (на відміну від польської мови); *нумерувати, нумерація; фотографічний, фотографувати, фотоательє* та ін.; *центральний* (*центральна вулиця* і т. ін.); час-

тотнішим поки що лишається *процентувати*, а не *відсоткувати*; *летовище* пропонують відповідником, наприклад, до рос. *аеродром і аеропорт*; *шпиталь* – до рос. *госпиталь, лазарет, лечебное заведение*; *кріс* – до рос. *винтовка і карабин*; *набій* – до рос. *заряд і патрон*; *копальня* – до рос. *прииск, рудник, шахта* (Бурячок, Демський, Якимович 1995); *часопис* – це *журнал і газета*; *гуртовий* (в економіці) – це *оптовий і валовий*; новозапроваджене *речник* – це *прес-секретар, прес-аташе, прес-офіцер*.

Меншого поширення, переважно в мові певних суспільних кіл та ЗМІ, у ЗМІ Галичини, а також у мовленні осіб, що прагнуть спілкуватися «вишуканою» українською мовою, набули такі діаспоризми (полонізми і германізми, які здебільшого були у вжитку і в довоєнній західноукраїнській мовній практиці), як *атентат* (у контексті діяльності ОУН, УПА в 20-х – 50-х рр.: *виконати атентат*; пор. з «перекладом»: «Михайло Цар […] виконав атентат – здійснив замах на директора української гімназії». – Експрес, 2.02.2006); *інвазія* («25.12.1917 – Московська армія під командою В. Антонова-Овсієнка розпочала інвазію України». – Укр. слово, 27.11. 1997) замість *навала, вторгнення*; *офензива* («У половині липня большевики розгортають шалену офензиву на очікуваному відтинку фронту». – За вільну Україну, 15.07.2004) замість *наступ*; *міліціянт* замість *міліціонер* (у тому числі й щодо української міліції), *поліціянт*; важке для перекладу *драстичний* («Є таке українсько-канадське слово *драстичний*. Не знаю, чи слухачі його зрозуміють»: О. Савенко, заступник міністра інформації України. – Укр. радіо – Перший канал, 30.07.1997; «[…] занадто драстичним було в суспільстві саме те слово – "націоналізм"». – Книжник-review, 2000, № 5) замість *різкий, брутальний, суворий* та деяких ін.; *макабричний* замість *жахливий, страхітливий*; *мілітарний* (*втручання, допомога* і т. ін.) замість *військовий*; *тяглість* замість *безперервність* та ряд ін.

Не без впливу мовної практики діаспори деякі нові тенденції поширилися і в сфері особових імен. Найпомітніші з них – це, з одного боку, уникання в певних колах іменування осіб з використанням ім'я та по батькові, оскільки останнє, згідно з досить поширеною думкою, є суто російською традицією іменування. Така думка зумовлена тим, що в новій історії України традиція вживання імені по батькові справді поширювалася з Росії, і в західних землях України, крім Волині, її не існувало аж до середини XX ст., а в діаспорі вона й дотепер обмежується переважно «східноукраїнським» середовищем. Однак традиція такого іменування зародилася на українських землях ще в княжу добу, і лише з поширенням польського, а в західних землях культурно-мовних впливів і інших сусідніх народів вона

стала звужуватися – не останньою мірою, якщо брати середовище заможних соціальних верств, через конкуренцію із запозиченими *пан, пані* (*паня*), а також *панич, панна* (у Росії ж ця традиція не переривалася). З другого ж боку, внаслідок пуристичного відштовхування від формул іменування попереднього періоду (з використанням ім'я та по батькові і зі словами *товариш, товаришка*) став популярним – найпомітніше, зі зрозумілих причин, виявляючись серед журналістів і викликаючи прагнення наслідувати або ж, навпаки, іронію й роздратування в різних групах мовців – спосіб офіційного іменування осіб (аж до найвищого в державній ієрархії рівня) за формулою «*пан (пані)* + особове ім'я», наприклад: «*Пане Леоніде!*» – звертання лідера студентської делегації до тодішнього Голови Верховної Ради України Л. М. Кравчука в стінах цього найвищого державного органу в жовтні 1990 р. Однак у мовному етикеті діаспори, як і дорадянської України, така формула цілком доречно використовується тільки в сфері побутового й узагалі невимушеного спілкування, тоді як у більш офіційних сферах уживаються формули «*пан (пані)* + прізвище або назва людини за посадою, званням тощо». (Самі аматори такої шанобливої й водночас «демократичної» манери звертання/іменування, очевидно, також відчувають якусь її неадекватність: так, теле- і радіожурналісти перед виходом в ефір можуть звертатися до гостя, наприклад, *Іване Петровичу*, але після цього переходять на *пане Іване*). З менш помітних тенденцій можна відзначити такі (активізовані переважно в західноукраїнських областях), як: а) відновлення практики давання дітям подвійних імен: *Анна-Марія, Дмитро-Любомир* і под.; б) розширення практики використання первісно гіпокористичних форм жіночих імен як нейтральних і офіційних: *Орися, Дарка* і под. (пор. *Слава Стецько* – голова Конгресу українських націоналістів, після повернення з еміграції була депутатом Верховної Ради України).

Набувають також продуктивності або принаймні окреслюються такі словотвірні типи, як:

в іменниках – у сфері позначення осіб: активізація словотвірної фемінізації – зі стилістичною нейтралізацією фемінативів, уже наявних в УЛМ (зокрема в 20-і рр.), але фіксованих у словниках до 90-х рр. з обмежувальними позначками (як розмовних і т.ін.: *директорка, поетка, інженерка, професорка* та ін.), засвоєнням їх з мови діаспори і творенням за цими зразками нових одиниць (*лідерка, прем'єрка, прес-секретарка, режисерка, спікерка* та ін.); зросла кількість фемінативів із суфіксом *-ин-я: мисткиня, членкиня*, набуває частотності *продавчиня* (замість *продавщиця* – з «небажаним» суфіксом); позначення осіб за родом занять із суфіксом *-ов-: спор-*

товець (замість *спортсмен*, хоча поряд з цим іменником звичайно виступає прикметник не *спортовий*, як у польській мові, а, як і давніше, *спортивний*), *цирковець*, новіше *бізнесовець* (замість *бізнесмен*); ширше вживання збірних іменників замість форм множини: «Шановне *панство*!» (досить часте сучасне звертання), «П. Дорожинський одночасно здійснив цілу низку зустрічей з *членством* ОУН» (Укр. слово, 10.06.1999); у віддієслівних іменниках на *-ння* зі значенням місця, збірності, результату або знаряддя дії – форми з наголошуваним суфіксом *- óва-*, які не мають прямої словотвірної мотивації від відповідних дієслів з нормативним нині суфіксом *-увá-* (у Словнику української мови в 11 т., наприклад, як стилістично нейтральні подано тільки *риштовання, спростовання, спрямовання, угуповання* та деякі ін.): *паркувати – паркування* (дія), але «*паркування* (тобто спеціальний майданчик) на 100 місць», так само: *асигнóвання, ґрунтóвання, комплектóвання, маркóвання, маскóвання, пакóвання, штампóвання* (Бурячок – Демський – Якимович 1995; Войналович – Моргунюк 1997; Русско-украинский словарь 2003); іменники з суфіксом *-івк-а*, що являють собою результат універбації атрибутивних словосполучень і конденсації слів: *візитівка*, пор. п. *wizytówka*, – замість *візитка*, пор. рос. *визитка* (хоча опорне для цієї форми словосполучення *візитова картка* вживається значно рідше порівняно з *візитна картка* – основою для *візитка*), *кредитівка* (від *кредитова спілка*, хоча значно частіше, як і раніше, вживається *кредитна спілка*), *автівка, таксівка*, за цим зразком уже виникло й *маршрутівка* (маршрутне таксі);

у прикметниках – досить активне вживання і творення відносних прикметників з переважно наголошуваним суфіксом *-ов-ий*, звичайних, зокрема, для польської мови (переважно замість форм з *-н-ий*, звичайних, зокрема, для російської мови): *авангардовий, атомовий, мільйоновий, районовий, світоглядовий, тритомовий* і под., з похідними іменниками: *тритомовик* і под.; деякі з таких прикметників набувають поширення, не маючи наявних конкурентних форм й заповнюючи номінативні лакуни: *відпочинковий* (*центр, сезон* та ін.), *допомоговий* (переважно про соціальні служби за кордоном: *допомоговий комітет*), *безпековий* (з ненаголошеним суфіксом); замість перших означальних компонентів у складних іменниках (переважно англійського походження): *бізнесовий* (*інтереси, кола, діяльність, справи* і т. ін.; щоправда, в суто термінологічних одиницях переважно лишаються *бізнес-план, бізнес-проект, бізнес-клас* і под.), *пресовий* (*конференція, агенція, фонд, ринок* та ін., поряд зі значно частотнішими *прес-конференція, прес-служба, прес-центр* та ін.), *конгресовий: конгресо-*

вий комітет та ін. (поряд з частотнішими *конгрес-центр* та ін.); *баскій-ський, бразилійський, канадійський* (замість *баскський, бразильський, канадський*); активізація *міліційний, поліційний* (замість *міліцейський, поліцейський*); у присвійних прикметниках – активізація творення похідних від прізвищ (утім, далеко не всі це приймають, оскільки вживання прізвища без ініціалів може сприйматися ніби як нешанобливе щодо його носія): «за *Кравчукового* президентства», «*Януковичева* політика»;

у прислівниках – активізація їх уживання і творення від відносних прикметників: «робота по 10–12 годин *добово*», «він був росіянином *мовно*», «*майново* забезпечений», «[…] мені все ж мають дати можливість хоч би *телефоново* зв'язатися з моїм кремлівським керівництвом» (Б. Олійник);

у дієсловах – активізація префіксальних форм вираження значення доконаного виду замість двовидових дієслів: *збойкотувати, здемократизувати, зденаціоналізувати, змобілізувати, зреабілітувати, сфінансувати; заатакувати, заініціювати, заманіфестувати*; активізація вживання і творення відіменникових і відприкметникових дієслів з префіксами *у- / уне-*: *удоступнювати, узалежнювати/унезалежнювати* (пор. у російськомовному дискурсі – в друкованому органі Компартії України:

А начиналось всё 12 июня 1990 года, когда Верховный Совет РСФСР принял Декларацию о суверенитете. От кого? Де-факто русские (как теперь говорят – «россияне») *«унезалежнились»* от всех братских советских народов (Ю. Соломатин. – Киев. вестник, 4.08.2005),

унебезпечувати, урухомлювати, усамостійнюватися та ін. (пор. давніші *убезпечувати, уможливлювати/унеможливлювати* та деякі ін. і застереження проти таких форм як полонізмів ще в: Огієнко 1924: 421); активізація вживання пасивних дієприкметників від неперехідних дієслів: *загрожений* (*загрожена Україна, мова* і под.), пор. п. *zagrożony*, «*наражений* на небезпеку», пор. п. *narażony*, та ін.

У морфології іменників – активізація вживання варіантів жін. р. ряду іншомовних іменників (у конкуренції з більш рекомендованими в 30-х 80-х рр. формами чол. р.): *зала, генеза, оаза,* рідше *Євангелія, катехиза, парада* та деякі ін.; уживання іменника чол. р. *есей* (на відміну від раніше запозиченого *есе,* сер. р.); почастішання практики відмінювання іншомовних іменників на -о: *приїхати автом* (*автами*), *у метрі, літак з Торонта* і

под.[3]; запровадження відмінюваного іменника *медії*, мн. «засоби масової інформації» замість *медіа*, невідм.

Серед синтаксичних конструкцій з варіантів попереднього періоду на позначення часу «Зараз *десята година* (так, як і в польській мові)/*десять годин* (так, як і в російській мові)» другий уже не вважається нормативним; порівняно швидко усталилися конструкції *в Україну, в Україні* замість традиційних зворотів з *на*, щодо чого серед мовознавців діаспори, як відомо, точилася дискусія (з такою ініціативою виступив І. Огієнко (Огієнко 1958: 117–119), тоді як Ю. Шевельов, П. Ковалів, В. Чапленко, П. Одарченко були проти). Розширилося функціонування дієслівної зв'язки *є* (свій вплив тут робить, звичайно, й живе мовлення вихідців із Західного регіону України): «*Це є* "Вікна"!» (слова ведучого цієї телевізійної програми в середині 90-х рр.), із заступленням *це* на *то*: «*Зброя – то є* для чоловіка те саме, що сумочка для жінки» (Дм. Капранов, письменник. – Т/к «1+1», програма «Я так думаю», 5.02.2004). Стали привертати увагу такі особливості керування, як *на еміграції* (на відміну від більш узвичаєного *в еміграції*, пор. *у вигнанні;* пор. п. *na wygnaniu* і *na emigracji*), «професор *на кафедрі, на університеті*» замість *кафедри, університету*.

Серед фонетичних явищ у цьому зв'язку слід насамперед назвати активізацію вживання звука/літери *ґ* в іншомовних словах (цю букву, як відомо, було директивно вилучено 1933 р. і відновлено у графіці української мови за нормами УП-1990/93, хоча і в порівняно невеликій кількості випадків: у власне українських і в деяких давно запозичених словах; як компроміс санкціоновано також нормативність вимови як з [г], так і з [ґ] у власних назвах іншомовного походження: *Гете*, у вимові [*Гете*] і [*Ґете*]). У мовленні певних осіб, у мовній практиці деяких ЗМІ, видавництв і окремих видань цю літеру (звук) стали вживати ширше – з прагненням до повного відтворення її написання (звучання) в іншомовних словах: *реґіон, ґенерація, інтеліґенція, лінґвістика* та ін. В акцентуації слів стало досить частотним наголошування *пані* (у мн.), випадки *бандерівці, бандерівський* і под.

У сучасній Україні не стихають «правописні (азбучні) війни». «Правописною» звичайно іменується полеміка між супротивниками нормативної основи нині чинної в Україні («офіційної», як її характеризують крити-

---

[3] Утім, не варто розглядати практику вживання таких слів у мові діаспори як якусь усталену й послідовну. Звичайним для неї є хитання у відмінюванні: напр., у род. в. *Торонта* (частіше) й *Торонто* (рідше), *Чікаґо, Осло* та ін. (частіше) й *Чікаґа* та ін. (рідше), *маестра* і *маестро, ґестапо* і *ґестапа* і т.ін. (див.: Ажнюк 1999: 376–378).

ки) УЛМ і її прихильниками, яка вже встигла охопити широкі кола населення країни (не тільки україномовного, а й російськомовного, оскільки українська мова – це єдина державна мова країни), хоча вона виходить далеко за межі власне правопису (як принципів відбиття на письмі особливостей вимови, живого мовлення). Особливі загострення цих дискусій відбувалися на межі 80-х – 90-х рр. під час обговорення і прийняття нині чинної редакції УП-1990/93 рр. і на початку 2000-х рр., коли мав бути затверджений УП-1999, який критики називали «діаспорним правописом»[4].

І Міжнародний конгрес україністів (1990 р.) виступив з пропозицією виробити нову редакцію правопису української мови, єдину для всіх, хто користується нею, в тому числі й поза межами України. У 1994–1996 рр. працювала Українська національна комісія з питань правопису при Кабінеті Міністрів України, до складу якої входили й учені з діаспори, однак якогось цілісного варіанта нової редакції правопису з різних причин так і не було запропоновано. Кілька ж інших правописних комісій, що працювали після цього в Україні (не всі з них, до речі, були офіційно затверджені, як, зокрема, й та – в складі кількох осіб, що підготувала УП-1999), уже не вводили до свого складу представників діаспори. Зі свого боку, одночасно з діяльністю Української національної комісії з питань правопису українські наукові інституції в США неодноразово виступали з заявами про те, що вони «не надто захоплені "остаточним схваленням українського правопису", що має незабаром відбутися в Києві», оскільки «шістдесят років можновладці русифікували в Україні правопис, намагаючись його якнайбільше наблизити до російського» (М. Антонович, президент Української вільної

---

[4] Задля справедливості слід, однак, відзначити, що така характеристика УП-1999 була продиктована насамперед ідеологічними моментами, тоді як у своїх власне прескрипційних аспектах він був досить непослідовним щодо норм УП-1928, а отже, й правопису західної діаспори. Так, запровадивши в одних випадках норми УП-1928 (напр., у формах род. в. одн. іменників *сіль, радість* і под. – закінчення -*и*; в іншомовних словах – відмінювання іменників на -*о*) і обмежившись у деяких інших випадках тільки санкціонуванням варіантності (у формах род. в. одн. іменників *ім'я, вим'я* і под. – варіанти *імени* і *ім'я* і под.; в іншомовних словах – *ефір* і *етер*, *міф* і *міт* і под.) та іншими половинчастими дозволами (форми *авкціон, павза* та ін., але *клоун, ноу-хау, Каунас* та ін.; *діаспора, Віярдо* і под., але *радіус* і под.; розширення випадків уживання літери ґ, але тільки на власні назви людей), у ряді інших випадків УП-1999, навпаки, ще далі відійшов від правил УП-1928, ніж усі інші правописи радянської та післярадянської доби: це запровадження початкової літери **и** в українських словах (*иржа, иноді* та ін.), в іншомовних словах – запровадження апострофа після літер на позначення губних, задньоязикових та фарингального приголосних там, де в мові-джерелі відсутня йотація (*б'юро, к'юре, Г'юго* і под.), поширення «правила дев'ятки» на всі власні назви (брати *Ґримм, Дидро, Міссисипі* і под.).

академії наук. – Новини з Академії, 1997, ч. 21. с. 1; про це ж ішлося в «Зверненні до української преси в Америці» – листі за підписом голови Наукового товариства ім. Шевченка в Америці Л. Рудницького і М. Антоновича, у листі до керівництва мовознавчих інститутів НАН України наукового секретаря Інституту української мови (Ukrainian Language Institute) в Нью-Йорку Б. Береста).

Хоча в обох названих вище редакціях «Українського правопису» – УП-1990/93 і УП-1999 – реформуванню і «осучасненню» (меншому в першій із цих редакцій і значно більшому в другій) підлягала чинна на той час редакція УП – відповідно 1960 і 1990/93 рр., а не редакція УП-1928, а зміни в них полягали не тільки у відновленні тих чи тих принципів УП-1928 (а отже, й «діаспорного» правопису), їх оцінювали насамперед – як їх ініціатори, так і (значно більшою мірою) їх критики – саме з цього боку. Причому якщо одні критики несхвально оцінювали сам факт орієнтування, на їхню думку, обох УП на «правопис діаспори», інші з незадоволенням відзначали лише часткове повернення принципів УП-1928 і навіть прямий відхід від них. Пор., з одного боку, запевнення керівника робочої групи, що готувала УП-1990/93, А. А. Бурячка: «Запропоновані зміни наблизять нашу вимову до вимови української діаспори», а з другого, – несприйняття цих змін відомими в діаспорі, а тепер і в Україні філологами С. Караванським, Д. Нитченком (див. огляд: Щітківська 1991). Ініціатори запровадження УП-1999 уже заперечували свій намір орієнтуватися на «мову діаспори», що їм закидали опоненти. Пор. характерні критичні оцінки цього проекту правопису:

Кстати, меня очень смущает заявление Мыколы Жулинского о том, что обсуждение нового правописания проводили в Америке и Канаде. А почему не в Украине? [Интервью с писателем Павлом Загребельным] – Факты и комментарии, 3.03.2001, 6);

відзначаючи в інтерв'ю газеті факт орієнтування ініціаторів УП-1999 насамперед «на мову діаспори», відомий мовознавець В. М. Русанівський, який був, зокрема, керівником правописної комісії, що підготувала УП-1990/93, зауважує, що пристосування «до звичок переселенців» – «приниження для 50-мільйонного українського народу» (Голос України, 23.01. 2001);

Чому материкові українці мусять обов'язково приймати певні збережені в українській діаспорі мовно-правописні норми – як єдино правильні? (В. Жежера. Пафос як патос. – Голос України, 5.01.2001, с.11);

І чому раптом ми на початку нового століття маємо писати і вимовляти слова так, як це було в 20-х роках минулого століття, як нині є в діаспорі, де мова, як відомо, «законсервована» саме на тому рівні, та й то лише у представників старших поколінь? (Мова – живий організм, не чинімо над ним насильства [виступ від редакції газети]. – Літ. Україна, 18.01.2001),

а з іншого боку, спростування цих закидів керівником робочої групи УП-1999:

У проекті немає жодного правила, яке б не ґрунтувалося на живому мовленні Наддніпрянської України, і приписувати українській діаспорі якесь втручання в наші орфографічні справи – вигадка, щоб наладнати людей на спротив змінам і викликати якісь недобрі емоції до братів, яких доля розкидала по світах (Німчук 2001).

У телепередачі, присвяченій обговоренню УП-1999, на іронічне зауваження ведучого: «Подули вітри з діаспори» М. Г. Жулинський, який був тоді віце-прем'єр-міністром з гуманітарних питань і підтримував цей проект, також заперечував вплив діаспори:

Говорити про те, що це буде діаспорний правопис, – це нонсенс (т/к ICTV, програма «Факти : Докладно», 24.01.2001).

До речі, одні кола західної діаспори сприйняли УП-1999 схвально, але інші – різко критично (див., наприклад: Караванський 2000).

Оскільки досить поширеною в суспільстві є думка, що чинний УП-1990/93 є «тимчасовим», деякі друковані (зокрема й ті, що перенесені з-за кордону) та електронні ЗМІ і книговидавництва (приватної форми власності), а також автори окремих книжок запроваджують «власні» правописні норми (з різною мірою відновлення правил УП-1928). У цілому норми правопису західної діаспори збережено в деяких періодичних виданнях, що виходять за кордоном і продаються в Україні (журнал «Визвольний шлях», газети «Шлях перемоги», «Мета»), у репринтному перевиданні в Україні багатотомної «Енциклопедії українознавства», у багатотомному «Літописі УПА» та ін. З іншого боку, преса діаспори подає повідомлення інформаційних агентств і ЗМІ з України часто без зміни правописної основи та стилістики оригіналу; журналісти, редактори «нової хвилі» еміграції можуть практикувати у своїх виданнях УЛМ метрополії. Інформаційні програми, що їх передають з-за кордону для радіо й телебачення України, ґрунтуються на чинних нормах УЛМ («Вікно в Америку» на УТ-1 і т/к «5 канал», «Українська служба новин» на радіо ВВС та ін.).

Зразки діаспорного варіанта УЛМ доходять до широкої аудиторії в Україні, звичайно, й через інші друковані та електронні ЗМІ, наприклад (курсивом виділено ті одиниці – слова, їхні варіанти, словоформи, звороти, що на час оприлюднення відповідного тексту виходили за межі «офіційної» УЛМ або принаймні перебували на її межі):

Вельмидостойний Пане Президенте! Від імені Державного Центру Української *Народньої* Республіки *в екзилі* передаю *на* Ваші *руки* глибоке *признання* народові України, який *дня* 1 грудня ц. р. *заманіфестував* перед цілим світом, що Україна бажає бути самостійною, незалежною державою українського народу. Референдумом 1 грудня народ України потвердив *тисячелітню тяглість* державних традицій України […] *Рівночасно* складаю Вам наші найщиріші *ґратуляції з вибором* Вас Президентом України. […] Доводимо до Вашого відома, Пане Президенте, що з *привернанням* повної *незалежности* України закінчується даний нам Трудовим *Конгресом* України мандат діяти від *імени* українського народу […] *Остаюсь* з глибокою пошаною, Микола Плав'юк, Президент УНР *в екзилі* (Вечірній Київ, 5.12.1991);

у назвах установ, організацій української діаспори: Об'єднання *бувших* вояків України у Великій Британії, *Екзекутива* Центрального *Союзу* українських студентів і под. З популяризацією в 90-х рр. в Україні роману Івана Багряного «Сад *Гетсиманський*» читацька аудиторія у своїй більшості вже, очевидно, й не здогадується, що за нормами чинного правопису тут має бути *Гефсиманський*.

Більш цілеспрямований вплив на нормативні засади УЛМ в Україні відбувається поширенням рекомендацій мовознавців, філологів, різних аматорів з діаспори через їхні посібники, словники, наукові праці, друковані періодичні органи, що їх видають в Україні або завозять сюди (таким чином поширилися, зокрема, погляди І. Огієнка, Ю. Шевельова, П. Одарченка, С. Караванського та ін.). Позиції авторів з діаспори щодо наявних і бажаних норм УЛМ є, звичайно, досить відмінними і різняться між собою як у змістовому плані, так і в плані радикальності та категоричності щодо критики одних і висування інших нормативних засад УЛМ. Основна лінія, що розділяє їх у поглядах на те, якою має бути «справжня» УЛМ, загалом збігається з їх належністю до середовищ емігрантів із західноукраїнських земель та їхніх нащадків, вихованих і виховуваних на традиціях західноукраїнського варіанта УЛМ, і емігрантів з підрадянської України, вихованих на засадах УЛМ на основі переважно південно-східних говорів. Так, коли двом найавторитетнішим українським мовознавцям з діаспори – Юрієві Шевельову та Олексі Горбачу – 1993 р. було запропоновано ввійти до складу створюваної комісії з питань реформування українського право-

пису, Ю. Шевельов охоче дав згоду і брав участь у роботі комісії 1994–1996 рр., причому виступав, як видається, за поміркованість у запровадженні змін до чинного правопису[5], тоді як О. Горбач, дізнавшись, що в основу обговорення буде покладено не УП-1928, а чинний в Україні правопис, не виявив такого бажання. Емігранти-«наддніпрянці» наводять широкі списки полонізмів, яким, на їхню думку, не місце ні в мові діаспори, ні взагалі в українській мові (див., наприклад: Одарченко 1997: 85–174, 175–196, 202–205, 225–226 та ін.; тут згадуються такі полонізми, як *агенція*, *амбасада*, *засадничий*, *канапка* «бутерброд», *мисткиня*, *правдивий* «справжній»: *правдива кава* і под., *речник* та багато ін.), тоді як «наддністрянці» вказують на велику кількість у материковій українській мові росіянізмів, причому до останніх нерідко зараховують і одиниці, просто спільні з російською мовою[6].

Щодо загального неприйняття певними колами західної діаспори нині чинної в Україні нормативно-правописної основи літературної мови можна навести, зокрема, такі міркування одного з чільних діячів Наукового товариства імені Шевченка у США. Вбачаючи у факті заборони свого часу режимом Франко в Іспанії каталанської мови (це тривало майже сорок років), крім зрозумілих негативних, і дуже важливий об'єктивно позитивний для неї момент (це краще, ніж вона не була б заборонена, але стала «іспанізованою»), авторка, обстоюючи, зокрема, повернення норм «Українського правопису» 1928 р., вважає, що й для української мови, яка зазнала тотального зросійщення в радянський час, формально не бувши забороне-

---

[5] Так, пропонуючи, напр., відновити в межах парадигми іменників IV відміни форми род. в. іменників *імени* і под. за зразком *теляти* і под., Ю. Шевельов, однак, вважав недоцільним повертатися до форм род. в. іменників III відміни *радости* і под.; щодо правопису іншомовних слів, то він рекомендував не змінювати форми слів з уже усталеною традицією (хоча й з такою, напр., непослідовністю, як *бібліотека*, але *Афіни*), але визнавав за правописом право приписувати певні норми новозасвоюваним словам (Шевельов 1997). Пор. його іронічне протиставлення «правописних ситуацій» в Україні і в західній діаспорі, зроблене ще 1986 р., коли ні він, ні, очевидно, будь-хто інший не могли й припустити, які «правописні війни» спалахнуть в Україні всього через кілька років: «На Україні малахіянські (натяк на головного героя п'єси Миколи Куліша "Народний Малахій". – *О. Т.*) мрії про реформу правопису, хвала Богові, перевелися, але на еміграції повно Народних Малахіїв, що з них кожний має свій проєкт реформи правопису й мови, і тим наполегливіше, чим менше він має хоч би мінімальну орієнтацію в мовознавстві» (Шерех 1998: 249).

[6] Пор., напр., полемічні зауваження П. Одарченка щодо характеристики таких слів, як *грижа*, шкільна *дошка*, *заставка*, *лощина*, *наволочка*, іншомовних слів *ґалстук*, *пальто*, *піджак* та багато ін., як нібито ненормативних росіянізмів (Одарченко: 197–207, 217–221 та ін.).

ною, такий варіант «консервації» був би менш згубним (Залеська-Онишкевич 2001); обговорюючи питання про те, що українська мова внаслідок звуження поля її соціального функціонування фактично може стати мовою малої групи, мовою еліти, авторка зауважує:

> Може, це навіть і добре. [...] Вона стає соціолектом. Вона може стати престижною [...] Але вона мусить себе заявити як мова без страху перед накиненими нормами. Спочатку вона мусить бути використана і випробувана у перекладах літератури і теоретичних посібників [...], повинна вводити українську термінологію, а не самі кальки, макаронізми та інтернаціоналізми. І поступово вона повинна стати тим, чим тепер стає, наприклад, ірландська мова [...] Спочатку для тієї україномовної еліти, а опісля для всіх. Еліту будуть наслідувати (Залеська-Онишкевич 1997: 19–20).

(Такого варіанта розвитку ситуації, що українська мова, зведена до стану «елітного соціолекту», може просто не відродитися, авторка, очевидно, не припускає). Однак позиція рішучого наполягання на кардинальних змінах у нормативних засадах чинної в Україні УЛМ характеризує, звичайно, не тільки погляди «наддністрянців». Так, чи не найбільшим авторитетом з діаспори у виробленні норм «справжньої» УЛМ став для широкого загалу в Україні С. Караванський, виходець зі Сходу України, який у роки незалежності активно виступає в українській періодиці на теми очищення української мови від слідів русифікації та плекання її питомих ознак, опублікував в Україні вже кілька посібників і словників цього профілю й виступає з різкою критикою як «офіційної» УЛМ (закликаючи, зокрема, до повернення УП-1928), так і «офіційного» мовознавства, що її боронить[7]. Вияви відвертого бачення месіанської ролі західної діаспори для виправлення мовної ситуації в Україні є досить звичайним явищем, як, наприклад, оцінні судження в пресі країн поселення на зразок:

> Українці мають перенавчатися української мови від канадців (див., наприклад: Stoffel 2000: 823);

---

[7] Так, навіть критикуючи «моду» останнього часу, яка поширилася, звичайно, не без впливу мовної практики діаспори, напр., на активізацію вживання відносних прикметників з суфіксом -ов- (*мембрановий, пунктировий* та ін. замість звичайніших досі *мембранний* і под.), на «абикання» («для того, *аби* відбути» – замість *щоб*), автор і в цьому вбачає підступи «колоніального мовознавства»: «Треба визнати, що пошесть "абикання" нестримно поширюється [...] Але це не значить, що наша духовна еліта має безкритично сприймати все, що готує їй суржикова кухня бездарних філологів, вихованих на теорії "злиття мов". Характерна риса цих філологів – тотальне незнання української мови, спритно масковане впровадженням невластивих нам зворотів та форм (напр., сполучника *аби*)» (Караванський 2001: 123, 58–59).

з передмови видавців до одного наївно-гіпертрофованого пуристич-
ного словника (автор, до речі, родом з Кубані, – аматор-немовознавець, але
словник має рекомендацію до друку відомого мовознавця Я. Рудницького),
які, сформулювавши питання:

> Що ліпше Україні? Чи мати словник, хоч і з помилками, але що поборює мос-
> ковщення української мови, чи не мати такого словника?,

відповідають на нього так:

> Українські еміграційні патріоти мусять вже тепер мати у своїй хаті бодай цей
> словник, щоб колись вислати його в Україну на другий же день по розвалі СРСР; […]
> по розвалі СРСР усі школи та бібліотеки України матимуть […] словник, який навчає
> мовно помосковщених інтелігентів (а таких тепер є, мабуть, 90 %) вживати українських
> слів замість тих московських, що їх вони звикли вживати […] (Штепа 1977: 10)[8].

XV Великий Збір українських націоналістів виступив з окремою ре-
золюцією про ухвалення нового українського правопису, де було сказано,
що

> «Організація українських націоналістів висловлює протест у зв'язку з намаган-
> нями певних сил в Національній академії наук України загальмувати або й взагалі зір-
> вати ухвалення нового українського правопису» й вимагає «рішуче прискорити» його
> ухвалення (Укр. слово, 25.05.2000).

Безпосередній вплив на корпус материкової УЛМ з боку представни-
ків діаспори здійснюється також під час особистих контактів як висловлен-
ня своєї думки щодо тих чи інших особливостей мовлення партнера з
України як «неправильних (неукраїнських, російських)». Наприклад, у роз-
мові українського журналіста з українцем із Австралії:

> На запитання нашого кореспондента Микола Цюрак відповідає […] неодмінно з
> мовними заввагами. ГІСТЬ: Не називайте, будь ласка, *Пилиповичем*. Це русизм. Я –
> Микола Цюрак, син Пилипа й Параски […] КОР.: А як ви, пане Миколо, потрапили на
> чужину з Прикарпаття?; наприкінці інтерв'ю: КОР.: *Спасибі* вам, добродію. ГІСТЬ: Е,
> ні. Це – русизм. Треба: *дякую*. КОР.: Ну хай, «дякую» за відверту розмову. Гадаю: коли
> такі в Австралії живуть козарлюги, як ви, то: вкраїнському роду не буде переводу.
> ГІСТЬ: Я згоден із вами. Але, прошу пана, не можна писати чи вимовляти «Вкраїна»,

---

[8] У цьому словнику серед багатьох цілком прийнятних, хоча загалом і не оригіналь-
них рекомендацій запропоновано, напр., такі заміни «чужослів», як: замість *інквізитор*
– *кат, катюга, москвин*; замість *комсомол* (України) – *москаленки*; замість *комуніст*
(український) – *хахол, малорос, яничар, пахолок* і вже зовсім незрозуміло чому: замість
змія – гадюка, замість *розповідати – оповідати* та ін.

«вкраїнський»… Хто ж каже: Вавстрія, Вугорщина, Ванглія, Вамерика, Вавстралія? КОР.: А в Тараса Шевченка – як? ГІСТЬ: Генієві все дозволено. А нам слід дотримуватися свого українського правопису. КОР.: Розумію: з чужини видніше (М. Шудря. – Україна, 1990, № 12, 8–9).

Якщо гість з діаспори твердо переконаний у правильності своєї мови і вважає своїм місіонерським обов'язком прищеплювати її й жителям «материка», то його український партнер не виявляє такої наполегливості в обстоюванні своєї позиції, причому це не тільки внаслідок особливостей традиційного національного виховання з його негласними імперативами м'якості спілкування та поступливості партнерові, посилених і радянським вихованням – «не висуватися», «не лізти туди, куди не просять» (так, він не зауважив гостеві таких «неправильних» за нормами материкової мови зворотів з його мовлення, як *на провінції*», «ми *вживаємо книжки* з Америки й Канади»), а й, безперечно, тому, що він і сам не до кінця впевнений у бездоганності своєї української.

В Україну переносяться моменти нерідко досить гострих мовно-правописних дискусій в середовищі західної української діаспори, переважно між вихідцями із Західної («галичанами», «західняками») і Східної («наддніпрянцями», «східняками») України[9]. Як зазначає з приводу цих дискусій і своїх хитань у питаннях нормативних засад української мови відомий поет і мовознавець з Канади Яр Славутич (походженням «наддніпрянець»):

Навіть наддніпрянці (такі, як я сам!), що пристосувалися до галицької вимови чужих слів (мовляв, це віддаляло українське мовлення від російського), також почали потроху ревізувати своє пристосовництво та оглядатися на наддніпрянську вимову. Як відомо, суперечки й зудари заповнювали еміграційні часописи. Найгірше полягало в тому, що одних називали «ляхами», а інших «москалями», хоч обидві сторони були українськими, лише з відмінними особливостями у мовленні (Яр Славутич 1994: 73);

[…] майже всі новоприбулі, як і давніші поселенці на американському континенті, походили з Західної України і «гегали» [тобто вимовляли етимологічний [g] у запозичених як [г]. – *О.Т.*]. Мені не випадало «гегати», тобто бути білою вороною серед неприхильно настроєних до «східняків». На обговоренні мого першого підручника один «гімназіяльний професор» (тобто звичайний учитель) проголосив такий вирок: «під взглядом педагогічним тамтой підренчик не добрий, бо в нім узгляднено російське слово *ковзани*» (Яр Славутич 1996: 67).

---

[9] «Ні галичани, ні наддніпрянці не бажають миритися зі становищем мовної меншини: перші – зважаючи на свою кількісну перевагу в діаспорі, другі – пам'ятаючи про те, що вони є більшістю на материковій Україні» (Ажнюк 1999: 408).

Відомий літературознавець і перекладач І. Качуровський («східняк», який нині живе у Мюнхені) опублікував (під псевдонімом Хведосій Степанович Чичка) досить глузливий фейлетон (Мовні поради Хведосія Чички. – Літ. Україна, 1.02.1996) з приводу специфіки мови української діаспори та її впливу на сучасну мовну практику в Україні і позиції неприховуваної вищості у ставленні емігрантів-«західняків» до мовлення емігрантів-«східняків» у повоєнній Європі:

> Нині, коли мова діаспори […] цілими цистернами вливається у вітчизняні діалекти», […] *з цілóванням ручóк* сприймає Україна діаспорні мовні шедеври. Тому […] невдовзі ми всі *будемо вугорили добірнов українськов мовов.* […] Коли півсторіччя тому ми, східняки, або совєти, як нас тоді звали, залишилися на Заході, нам було дуже прикро, що літературної української мови ми не знаємо. […] Хтось із нас висловив бажання: «Пирогів би напекти…» І його відразу ж виправили: «Єсли ходит о стіслість, пироги не печут, а варут» [у західноукраїнських говорах *пиріг* має значення «вареник». – *О.Т.*][10].

Відчуття за собою в представників соціально активних кіл західної діаспори морального права брати діяльну участь у духовному житті України й насамперед у розв'язанні її мовних проблем цілком природно випливає з їхнього не менш зрозумілого почуття гордості за те, що, навіть не маючи власної етнічної державності, вони зберегли й плекали в своєму середовищі рідну мову, тоді як українці в Україні (не кажучи вже про українців зі східної діаспори), на їхнє переконання, не виявляли такої національної стійкості (це почуття посилюється ще й від усвідомлення себе частиною сильних політичних націй у країнах свого поселення й конкретніше – соціально активнішими та успішнішими в житті). Однак акцентування на такому протиставленні українців із західної діаспори і українців з України, що неминуче має породжувати й почуття зверхності у ставленні перших до других, викликає в опонентів (з того ж таки українського табору) категоричне заперечення:

---

[10] Характерно, що позиція самої газети, яка надрукувала цей фейлетон, виявилася недостатньо послідовною: з одного боку, вона його опублікувала; з другого ж боку, одержавши «лавину критичних відгуків», «листів, сповнених обурення» (напр.: «Автор зневажає діаспору, коли перед нею шапку треба зняти»), вона фактично вибачилася перед читачами («Правильно, дорогі читачі, не дозволяймо кпити з рідної мови»), але водночас додала в P.S.: «[…] дотепний фейлетон представника діаспори (а що Ігор Качуровський саме її представник – навряд чи в кого виникнуть сумніви: надто знана ця людина) з приводу т. зв. мови діаспори та її парадоксів» (Хведосій Чичка під вогнем критики. – Літ. Україна, 15.02.1996).

[…] книжка [згадувана вище збірка статей П. Одарченка на теми чистоти і культури української мови в діаспорі, видана в Києві 1997 р. – *О.Т.*] розвіює ряд стійких комплексів, про які досі в нас не говорилося, а коли й говорилося, то хіба в кулуарах і пошепки, щоб, не дай Боже, нікого не образити […] Перший і найбрутальніший з них полягає в тому, що, як твердять деякі бундючні псевдофілологи, *«діяшпора зберегла нам україншьку мову»* (Стахович 1999: 180).

4. Ставлення різних верств суспільства до впливів мови української діаспори і політичне використання цього факту

Ставлення різних соціально-політичних і мовно-культурних груп українського суспільства до явища впливів з боку української західної діаспори на сучасну мовну ситуацію в Україні є, звичайно, дуже відмінним аж до протилежного. Якщо відмінність у ставленні до позиції підтримки з боку діаспори курсу на розширення реальних соціальних позицій української мови як єдиної державної мови в країні (у конкуренції, зрозуміло, з домінантною до цього російською мовою) загалом відбиває відповідний поділ культурно-мовних і навіть політичних орієнтацій та преференцій різних верств населення, спрямованих на повнокровне соціальне функціонування в країні тієї або іншої з названих мов, то причини і вияв відмінностей у ставленні до відзначеного нового структурно-стилістичного струменя в тканині УЛМ мають значно складнішу природу. Крім того, що це ставлення також дуже диференційоване – з амплітудою від беззастережного прийняття до такого ж категоричного відкидання, воно далеко не так однозначно збігається з поділом населення за різними – «українськими» або «неукраїнськими» – культурно-мовними орієнтаціями (з одного боку, воно може бути дуже відмінним у самому середовищі осіб з безсумнівною політичною та культурно-мовною українською орієнтацією, з другого ж, – його виявляють і представники верств російської не тільки культурно-мовної, а й політичної орієнтації), виявляється в ширшому й бурхливішому обговоренні – з політизацією обговорення в плані протиставлення «патріотичної» і «антипатріотичної» позицій, із взаємними підозрами щодо наявності конспірологічного підґрунтя в цьому явищі – з боку відповідно певних «(про)-російських» і «(про)діаспорних» кіл, зі звинуваченнями опонентів у прагненні до дальшої «русифікації» або ж до «діаспоризації» та нової «полонізації» УЛМ, у тому, що як одні, так і інші нав'язують суспільству «неукраїнську» мову.

4.1. Серед чинників, що сприяють прийняттю і засвоєнню певних особливостей мовної практики діаспори, слід назвати такі:

а) найпростіший з них – наявність у мові діаспори певних лексико-фразеологічних одиниць, більша активність деяких словотвірних типів (напр., *допомоговий, бізнесовий* і под.), що заповнюють номінативні лакуни в УЛМ;

б) складніший для аналізу – наявність у мові діаспори на різних її рівнях певних особливостей, що їх можуть сприймати у відповідних колах в Україні (достатньо вмотивовано, як, наприклад, *міліційний* замість *міліцейський*, або ж, навпаки, без достатньої аргументації, як, наприклад, *міліціянт* замість *міліціонер*) як ознаки «справжньої» або «кращої» української мови й використовувати замість уже наявних в УЛМ одиниць і явищ. У такий спосіб до корпусу УЛМ потрапляють або активізуються в ньому ті одиниці і явища, які, на думку ініціаторів їх запровадження, більше відповідають духу української мови, але в радянський час були несправедливо відкинуті або так і не дістали свого адекватного («справді українського») мовного оформлення. Таким чином відбувається насамперед дальше дистанціювання української мови від російської, що її цілком справедливо розглядають як основну загрозу для самобутності української мови. Той факт, що при цьому може відбуватися, по-перше, витіснення не лише власне росіянізмів, але й просто одиниць, спільних для обох мов, а по-друге, дальше наповнення структури української мови елементами польської мови, або не усвідомлюють, оскільки основна маса мовців мало вникає в тонкощі мовної історії, а з польською мовою населення України ознайомлене значно менше, ніж з російською, або ж цілком свідомо ігнорують, оскільки розглядають як менше зло.

Загальнішими умовами, що полегшують проникнення елементів мовної практики діаспори в структуру УЛМ, є:

а) недостатня впевненість широких мас мовців як у факті вже належної сформованості «справді української» УЛМ, так і у своїй мовній компетенції щодо володіння цією мовою;

б) усе ще досить поширене (хоча переважно, очевидно, й підсвідоме) уявлення про те, що «справжня» УЛМ має значно відрізнятися від розмовної мови – бути якоюсь «особливою» і «красивою»[11].

---

[11] Пор., напр., зауваження одного з керівників т/к СТБ, який пропагує в своїй діяльності зразки українського літературного мовлення з орієнтуванням, зокрема, на УП-1928 і мовну практику західної діаспори, щодо опублікованого кодексу мовностилістичних норм цього телеканалу: «Це дуже практичний проєкт. Ми хочемо впровадити моду на красиве (! – *О.Т.*) українське мовлення» (Promova 2006: 7).

4.2. Серед чинників критичного й відверто негативного ставлення до цих явищ і до їх недостатньо продуманого або й надто захопленого, на думку опонентів, сприйняття в сучасній мовній практиці в Україні можна назвати такі.

4.2.1. Найзагальніший із них – це, звичайно, позиція пасивного неприйняття, що об'єднує позиції як основних шарів населення із соціально консервативною психологією – не тільки україно-, а й російськомовних (російськомовна частина населення також постійно має справу з українською мовою як державною в країні), не схильних до зміни всього того, до чого вони звикли, так і певної частини філологів, мовознавців; це загалом зрозуміле небажання відмовлятися від уже усталеного образу УЛМ.

4.2.2. Позиція активнішого або активного неприйняття цих тенденцій має різне підґрунтя і може посилюватися також звичайною психологічною реакцією на надмірне, з погляду незгодних, педалювання у впровадженні відповідних мовних явищ, на повчання, якою має бути «справжня» українська мова, наприклад:

[…] я видел, как даже некоторых телевизионщиков из Львова коробило от текста в эфире типа: «*Наразі* командувач національної *фльоти* прибув *гелікоптером* у супроводі ескорту *міліціянтів* на Бориспільське *летовище* для зустрічі з представниками *бразиліянської амбасади*» (Ю.Зарембовский. – Столичные новости, 8.04.2003, 17)

(таке нагромадження «діаспоризмів» у межах одного речення – це, звичайно, полемічний засіб журналіста);

Увы, но создается впечатление, что популярная «имперская» теория о том, что украинский – это вовсе и не язык, а так, диалект, наибольшее количество приверженцев имеет как раз среди тех, кому следовало бы быть его носителем и хранителем. Вместо того, чтобы выучить язык, который, кроме всего прочего, является государственным, они предпочитают его **сочинять** [шрифтове виділення автора. – *О.Т.*], рождая на свет некоего уродливого мутанта […], для «аутентичности» приправленного заокеанским диаспорным акцентом (А. Давыдова. – Столичные новости, 22.10.2002).

З'явився такий іронічний жарт щодо оцінювання нормативності мовних явищ:

Якщо раніше казали: «У нас у селі так (не) кажуть», то тепер кажуть: «У нас *у Торонті* так (не) кажуть».

4.2.2.1. Позиція активного неприйняття і протидії характеризує насамперед середовище тих соціально-політичних і культурно-мовних кіл, які традиційно орієнтуються на цінності втраченого СРСР, часто на російську мову як основну та на «братерство» слов'янських і православних народів під проводом Росії, в багатьох нових неприйнятних для них явищах підозрюють «вплив Заходу», «американський слід» (популярним на пострадянському просторі став іронічний вислів *Вашингтонський обком партії*»), у плані ж мовному – «діаспорний слід»[12]. Це, зокрема, позиція лівих політичних сил (пор. подібну позицію Компартії Білорусі щодо аналогічних нових явищ у білоруській літературній мові: Запрудскі 2008: 308), наприклад:

> Хто більший патріот України – я чи Ярослава Стецько (лідер Конгресу українських націоналістів, колишня емігрантка. – *Е.В.*)? Той, хто працював тут усе життя, чи той, хто провів п'ятдесят років бозна-де, а тепер має зухвалість, повернувшись сюди, навчати нас, що треба говорити не *народ*, а *нарід* (із інтерв'ю з одним із лідерів Соціалістичної партії України народним депутатом України Й. Вінським; цит. за: Вілсон 2004: 339)[13].

Компартія України поміщає в «мовних» частинах своїх передвиборних програм (у виборах до Верховної Ради України), крім звернення до російськомовного населення України з обіцянням надати російській мові статус другої державної мови країни, також апелювання до україномовного населення і взагалі до тих, хто не сприймає нових віянь в УЛМ – «мові Тараса Шевченка», – запевнення, що «українська мова отримає свій природ-

---

[12] Пор., напр., у рубриці читацьких листів до однієї з українських газет проросійської орієнтації: «Два роки тому якісь фонди (без гучної реклами) з редакцій наших провідних газет відібрали кращих журналістів і вивезли на місячний семінар в Штати для промивання мізків. Там їх закріпили за редакціями своїх газет для стажування, щоб вони ознайомились з американською демократією,а між іншим ненав'язливо роз'яснили, що мова, якою зараз розмовляють в Україні, – це витівки комуністичного режиму та "москалів". Справжня українська – це та, що має галичанський "відтінок". Зараз так розмовляють електорат Ющенка та канадська діаспора. І от наші журналісти, повернувшись в Україну, почали відробляти американські гранти. Значна частина їх до цього часу не підозрюють, яку "лапшу" привезли на своїх вухах. Що маємо тепер? Фальсифікація мови Шевченка стала модною. Міністерство освіти закрило очі на це. Чому? […] думаю, що і там попрацював долар» (Є. Білий, Полтава. Хто захистить українську мову? – «2000», 28.05.2004, с. F6). Див. огляд висловлювань подібного змісту з антигалицьким та антидіаспорним спрямуванням, причому нерідко досить агресивних, в Інтернеті (Moser 2009).

[13] Наводячи це висловлювання, британський дослідник сучасної мовної ситуації в Україні зауважує: «Опозиція до українізації також часто пов'язується з питанням західноукраїнського та діаспорного впливу на українську культуру».

ний розвиток, буде очищена від насаджуваної мови діаспори» (1998 р.), захищена від «сплюндрування псевдопатріотами» (2002 р.). Ось різке засудження ролі української діаспори, «згубної» для «східнослов'янської культури»:

І вже не викликає сумніву думка про те, що псевдопроблему української мови як синоніма самостійної української культури накинула нам англомовна (та частково німецькомовна) українська діаспора не без матеріальної та ідейної підтримки могутніх всесвітніх антисоціалістичних, антислов'янських і антиправославних сил. Треба ще раз підкреслити, що саме українська діаспора, яку давно вже світоглядно перевиховано іншим мовним та культурним середовищем, у котрого мало точок зіткнення [точок дотику. – *О. Т.*] з нашою східнослов'янською культурою, пробує своєю англізованою, онімеченою та іншою псевдослов'янською свідомістю, а також своєю україноподібною мовою вкинути нас у катастрофічні лінгвістичні та політичні полеміки щодо того, як нам, географічно, тобто спражнім, щирим українцям, повернути їй, псевдоукраїномовній діаспорі, той «український рай» […] (Науменко 2004: 121–122; автор – доктор філологічних наук із Миколаєва).

Подібні ж мотиви – у виступах деяких відомих українських літераторів і вчених-гуманітаріїв: так, засудивши «штучне насаджування "забугорної лексики"», письменник закликає співгромадян:

Треба позбутися якомога швидше і рішуче всіх оцих запозичень і зберігати в чистоті нашу чудесну, багатостраждальну літературну мову, словниковий склад якої, синтаксис, лексику і фразеологію заклав Шевченко (Олександр Сизоненко. Не засмічуйте мову! – Вечірній Київ, 28.03.1998);

В Україні сьогодні фактично існує два правописи і дві українські літературні мови. Вони не тільки поборюють одна одну, а й розділяють надвоє людей. Не знаю, чи є ще десь у світовій практиці подібне явище. Як можна сподіватися на позитивний результат від закликів любити рідну українську мову, коли люди розгублені і ніяк не можуть второпати, яку ж саме українську мову їм треба любити. Ту, яка впродовж тривалої еволюції створилася в Україні, чи ту, яку нав'язують із української діаспори (Толочко 1998: 12).

Неприйняття на початку 2000-х рр. нової редакції українського правопису (УП-1999) головний редактор часопису «Критика» пояснював не тільки звичайною інерцією, а й «залякуванням Заходом»:

Найбільше спрацювали інерція та демагогічне залякування Заходом. Після завзятих боїв у пресі, де оперативним засобом для противників реформ (дуже часто не україномовних і мало зацікавлених українською мовою як такою) був заклик до «здорового глузду» […] й іншування ініціаторів реформ як «діаспорників» (або їх поплентачів), «галичан» тощо, роботу правописної комісії припинено за президентською вказівкою (Грабович 2002).

4.2.2.2. З боку певних кіл безсумнівної української як політичної, так і культурно-мовної орієнтації, але з прагматичнішими, ніж у поборників рішучого оновлення УЛМ, поглядами на сучасну мовну ситуацію в країні та на шляхи розвитку УЛМ також висловлюються застереження щодо небезпеки різкого маневрування в нормативно-стилістичній орієнтації літературної мови.

Це, по-перше, цілком зрозуміле побоювання того, що розхитування вже загалом сформованого корпусу УЛМ шляхом уведення до нього різноманітних численних варіантів, а особливо зміни норм правопису, може зашкодити її нормальному функціонуванню й навіть більше – переходу на активне користування нею в різних сферах життя широких верств населення (насамперед поки що зі службової потреби, але не тільки), які пасивно або недостатньо активно вже володіють нею (з навчальних закладів, ЗМІ тощо, останнім часом також з діловодства, документації), що й має бути на сьогодні пріоритетним завданням у турботах про українську мову (пор., напр.: Ткаченко 2010: 164). Пор., наприклад:

> Оптимальним знаряддям національної консолідації є літературна мова на наддніпрянській основі, що її сприймають в усіх українських землях як нейтральну, етнографічно безбарвну, суто комунікативну, без дражливих претензій на повчання, «як треба говорити по-українському щирим українцям» (Ажнюк 2002: 205);
>
> В ситуації, коли понад п'ятдесят відсотків населення і майже сто відсотків так званих «еліт» не послуговуються активно українською мовою, боротьба за «справжній» правопис видається мені, перепрошую, інфантильними пошуками улюбленої іграшки під час пожежі. Я припускаю, що іграшка може бути справді вартісною, особливо для людей із філологічним мисленням, що вперто воліють жити в «літературній» Україні замість справжньої; я навіть вірю, що вона справді має важливе символічне значення – як прапор чи гімн; але я відчуваю також, що надмірна увага української інтелігенції до символів, а не сутностей здатна лише сприяти подальшій суспільній маргіналізації і самих цих символів, і самої інтелігенції (Рябчук 2002: 17).

Висловлюється також думка, особливо щодо правописної реформи, що УЛМ справді потребує істотного реформування з наближенням до мовно-правописної практики 20-х рр., а отже, й сучасної західної української діаспори, однак це поки що «не на часі» з огляду на складну мовну ситуацію в країні. Напр.:

> Ще рік тому, на переході 2000-го року в 2001, здавалося, що важливішого питання для майбутнього України не існує: новий правопис. Негайно, завтра, ні, сьогодні ввечері країна має почати писати новим правописом. Як з боку промоторів […] лінгвістичних нововведень, так і з боку його антагоністів основним аргументом «pro» і так само основним аргументом «contra» була теза, що новий правопис – власне, правопис, ви-

знаний з боку української діаспори. [...] Куди зник сьогодні весь цей пафос (чи пак патос, але ж чи це міняє ситуацію)? [...] Сьогоднішній школяр незалежної України здатен зробити в трьох українських словах сім помилок. Але ж чи зобов'язаний він цих помилок не робити, якщо такі самі помилки роблять деякі міністри й депутати?! При подібному рівні розхитаності підвалин знання мови, при такій лінгвістичній шизофренії суспільства новий правопис – це прямий шлях до тотального анальфабетизму. [...] Додам у дужках, що я зовсім не є противник нового правопису. [...] Але на сьогодні ця реформа, на мою думку, була небезпечна, оскільки щонайменше невчасна (Пахльовська 2002: 30–32).

По-друге, це підозра, що справжнім прихованим «промотором» (принаймні одним з них) перманентних загострень орфографічних, термінологічних і взагалі нормативно-стилістичних проблем УЛМ є певні політичні сили якраз аж ніяк не проукраїнської політичної та культурно-мовної орієнтації, що педалюють їх особливо перед черговими виборами з розрахунком посилити роздратування виборців сучасною українською дійсністю і, зокрема, політикою «українізації» та поглибити протистояння в українському суспільстві за мовною ознакою:

«Під вибори» нам підкидаються ідеї знову перейменовувати вулиці – та так, щоб можна було показати по телевізору, які ці галичани «кінчені бандерівці». Ще буде підживлено дискусії, де яким пам'ятникам стояти [...] Ще сперечатимемося, який український правопис є «більш українським» – «діаспорний» Пономарева чи «зросійщений» Русанівського і як правильно говорити – *катедра* чи *кафедра*, аби про тебе не подумали, що ти москаль (Т. Вергелес. Навіщо стравлюють східняків і западенців? – Високий Замок, Львів, 22.01.2004).

Приклади цілком очевидного прагнення з боку певних суспільно-політичних кіл використовувати в своїх інтересах ці проблеми сучасної УЛМ навести, звичайно, неважко: це намагання протиставити «галицько-діаспорну» мову «класичній полтавській»:

[...] было решено бороться за чистоту «рідної мови», причем в качестве эталона выбрали не классический полтавский, а галицийский диалект. Видимо, считалось, что чем дальше от России, тем лучше. [...] слышишь с экрана совсем уж дивные слова: *амбасада, мапа* [...] Это из какого наречия? Не из того ли, на котором говорит украинская диаспора в Канаде? (А. Шмелев. «Гурт вояків», шагающий не в ногу. – Аргументы и факты – Украина, 1995, № 9, 7);

згадувані вище «мовні» заклики Компартії України перед черговими виборами; демонстрування численними зразками новопосталої варіантності мовних одиниць і мовних норм нібито недостатньої поки що готовності УЛМ виконувати функції державної мови країни («Переходити на україн-

ську мову? А на яку саме?!»). Під час виборчої кампанії до Верховної Ради 2002 р. у ЗМІ, які перебували під контролем політичних противників виборчого блоку «Наша Україна», робилися закиди деяким політикам з цього табору, які, як вважалося, підтримують і проштовхують запровадження «діаспорного правопису» – УП-1999, щодо того, що вони прагнуть «чи то запровадити українську мову зразка 20-х, чи то взагалі поховати цю мову» (т/к «Студія 1 + 1», «ТСН – Епіцентр», 17.03.2002; на телеекрані в цей час з'являються пропозиції з УП-1999: *геніяльний, инший, кіна* – род. в.).

5. Якщо в плані впливу на соціальний статус української мови значення наявності в світі такого чинника, як українська західна діаспора, безперечно, не зменшуватиметься й у найближчій перспективі (поки українська мова не посяде належних їй як державній мові країни соціальних позицій), то щодо впливів цього фактора на корпус УЛМ висновки, очевидно, можуть бути менш однозначними. З одного боку, як уже відзначалося вище, з огляду як на цілком явну в сучасних умовах переорієнтацію мовної свідомості і мовної практики значної частини носіїв української мови, в тому числі україномовних ЗМІ, в бік дерусифікації української мови й ширше – в напрямі її дальшої «українізації» (з неминучим, звичайно, при цьому суб'єктивізмом у різних колах мовного соціуму щодо бачення тих чи інших аспектів цього явища), так і на таке ж, певно, масове відчуття остаточної незавершеності формування структурно-стильової системи УЛМ певна її «діаспоризація» ще, без сумніву, триватиме, поширюючись на мовлення насамперед тих шарів мовців, які перебувають під меншим впливом особливостей літературної мови попереднього періоду (молодші покоління) або взагалі тільки переходять на спілкування українською літературною мовою (з російської або з нелітературних форм української). З другого ж боку, у зв'язку як із поступовим звуженням обсягу функціонування мови української діаспори в країнах поселення внаслідок давно вже наявної асиміляції молодших поколінь і певної втрати політичного інтересу діаспори в цілому після здобуття Україною державної незалежності до питання збереження в себе атрибутів українськості та перенесення їх на «материк»[14], так і з роз-

---

[14] Пор., напр., у спостереженнях і висновках відомих діячів діаспори: «У наш час можна було говорити про канадську Україну, а сьогодні ситуація змінилася. І мені здається, що поява незалежної України буде мати негативний вплив на українців за кордоном. Зараз набагато менше людей говорять українською. Наші батьки нас, а потім і ми своїх дітей примушували вивчати українську мову, казали: "Поїдеш в Україну і не зможеш спілкуватися ні з бабою, ні з дідом, ні з братом, ні з сестрою – вчись!" Також ми

ширенням сфери використання в діаспорному середовищі особливостей і фрагментів материкової УЛМ, особливо серед іммігрантів нової хвилі, можна вже вбачати й згасання в недалекому майбутньому цього впливу. Що ж до мовної практики самої західної діаспори, то, хоча вона й зазнає тепер певного впливу з боку материкової УЛМ, прогнозувати її злиття з останньою немає підстав. Вона лишатиметься на правах різних національних варіантів української мови (якщо попередні традиції таких ідіомів усе-таки, очевидно, поступово втрачатимуться з відходом старших поколінь, то присутність у їхній структурі елементів панівного мовного оточення у відповідній країні/країнах: англомовного та ін. – навпаки, неминуче посилюватиметься) (пор.: Струмінський 1977: 100; Gerus-Tarnawecka 1983: 157)[15]. Національний варіант певної мови його носії усвідомлюють як такий залежно не тільки від наявності відповідної сукупності мовних засобів та способів їх організації, а й від сприймання його як «правильного», і цей останній аспект в свідомості суспільно активної частини діаспори, очевидно, й надалі спонукатиме її оцінювати як не зовсім «правильну» саме материкову УЛМ[16] (не останньою мірою це зумовлене й, з одного боку, недо-

мусили щось робити, щоб допомогти нашим братам і сестрам вибороти незалежність України, дійти до своєї держави! Сьогодні ж держава є – за неї не треба воювати. З другого боку, українець у Канаді вивчає українську мову, а потім приїздить в Україну, а до нього говорять по-російськи…» ([Інтерв'ю з Василем Веригою, Генеральним секретарем Світового конгресу вільних українців] – Укр. слово, 25.05.2000); «Студентів на моїх курсах (з україністики. – О.Т.) я мав багато (20–25 у класі), і щойно після проголошення незалежності України, коли я був уже на пенсії, кількість студентів різко зменшилась (мабуть, чи не тому, що не треба було тут зберігати українську мову й культуру, бо вони збережені в Україні?)» (Ю.Луцький. Нарис мого життя. – Дзвін, 2002, № 4, 117).

[15] Пор. також обстоювання наявності, напр., «пряшівського варіанта» УЛМ у Східній Словаччині (Штець 1996: 150).

[16] Наявність стану певної законсервованості в структурній основі української мови діаспори та її стилістично-нормативних настановах (явище, досить звичайне для духовного життя спільнот, відокремлених від основної частини нації, яке, зрештою, й допомагає їм зберігати самоідентичність) виявляється, звичайно, не тільки в прихильності «старої» діаспори до мовних норм попереднього часу, але й у схильності до романтичної ідеалізації цього колишнього стану, причому не тільки в мовному, а й у моральному, духовному плані. Пор., напр., відповідь редактора журн. «Сучасність», видання якого на початку 90-х рр. було перенесене в Україну, на листи обурених читачів (переважно з діаспори) з протестами проти того зображення нинішньої України і тієї української мови, що стали практикуватися в художніх творах авторів журналу: «На жаль, нинішня [як, безперечно, й колишня. – О. Т.] Україна – це не ідилічний край з богобоязливим народом і солов'їною мовою» (І. Дзюба. – Сучасність, 1996, № 3–4, с. 6); зауваження, що проти «порнографії» в романах Ю. Андруховича «найістеричніше виступила діаспора» ([Інтерв'ю з літературознавцем Богданом Рубчаком] – Сучасність, 1996, № 3–

статньо широкою соціальною базою функціонування й, відповідно. недостатньо престижним статусом української мови в сьогоднішній Україні – як мови, яку ще нібито можна і потрібно істотним чином змінювати, а з другого, – як уже відзначалося, можливим загальним ставленням представників західної діаспори до українців з України як до менш успішних у житті й до України – як до менш успішної країни порівняно з країнами їх поселення). Уже певною мірою зближені між собою, УЛМ метрополії і мова української діаспори (діаспор) мають, звичайно, доповнювати одне одного й співіснувати в умовах взаємної лояльності між їх прихильниками та користувачами і в будь-якому разі – без політизованої конфронтації, що, безперечно, найприродніше вдаватиметься насамперед молодшим поколінням носіїв української мови як у метрополії, так і в діаспорі.

Найближчі паралелі з обговорюваними аспектами мовної ситуації в Україні виявляє сучасний стан і тенденції розвитку білоруської літературної мови (див. також: Тараненко 2008: 187–188).

Л і т е р а т у р а

Ажнюк 1999: Ажнюк, Б. Мовна єдність нації: діаспора й Україна. Київ
Ажнюк 2002: Ажнюк, Б. Мовна політика і єдність нації. В: IV Міжнародний конгрес україністів (Одеса, 1999). Доповіді та повідомлення. Київ, 202–207
Бурячок – Демський – Якимович 1995: Бурячок, А. – Демський, М. – Якимович, Я. Російсько-український словник для військовиків. Київ – Львів
Вілсон 2004: Вілсон, Е. Українці: несподівана нація. Пер. з англ. Київ
Войналович – Моргунюк 1997: Войналович, О. – Моргунюк, В. Російсько-український словник наукової і технічної мови. Київ
Выгонная 1998: Выгонная, Л. Беларускае літаратурнае вымаўленне. В: Беларуская мова. Opole, 105–147
Грабович 2002: Грабович, Г. Правопис для «Критики». В: Критика 1–2, 3
Залеська-Онишкевич 1997: Залеська-Онишкевич, Л. Наші сьогоднішні мовні проблеми, або Що поза словом? В: Про український правопис і проблеми мови. Нью-Йорк – Львів, 12–21

4, с. 216). Тому не дивно, що, напр., довоєнний «львівський балак» видається вихідцеві з цих місць значно милішим, ніж сучасна українська мова Львова: «Мені, зокрема, важко на серці, що моя рідна львівська мова завмирає під наступом "єдиної неділимої" літературної української мови […] А мій рідний, сочистий личаківський діалект десь пропадає. […] А тепер у Львові – то все лиш "вокзали", "поштамти", "габарити" […] Слова, яких мій батько навіть не зрозумів би. А якби їх почув, то би в гробі перекрутився» (Пошта «Толоки»: з листа Л. Онишкевича, США. – Освіта, 7.12.1994). Увага ж носіїв української мови в самій Україні, природно, зосереджена насамперед на її прагматичних функціях.

Залеська-Онишкевич 2001: Залеська-Онишкевич, Л. Про мовну політику, маргіналізацію мови і правопис. Зовнішнє втручання у мову. В: 125 років Наукового товариства імені Шевченка. Збірник наукових праць і матеріалів. Львів, 151–157

Запрудскі 2008: Запрудскі, С. Стаўленне да некаторых інавацый беларускай літаратурнай мовы (паводле дадзеных сацыялінгвістычнага апытання). В: Studia Białorutenistyczne: Językoznawstwo 2. Lublin, 303–327

Караванський 2000: Караванський, С. Запобігливі поради тут не зарадять. В: Укр. слово, 29.06., 14

Караванський 2001: Караванський, С. Пошук українського слова, або Боротьба за національне «Я». Київ

Козирський – Шендеровський 1996: Козирський, В. – Шендеровський, В. Українсько-англійсько-німецько-російський словник фізичної лексики. Київ

Лукашанец 2003: Лукашанец, А. Тэндэнцыя да нацыяналізацыі ў рускай, беларускай і ўкраінскай мовах. В: Komparacja systemów i funkcjonowania współczesnych języków słowiańskich: Słowotwórstwo/Nominacja. Opole, 138–151

Мак 1996: Мак, О. Катедра українських студій чи кафедра малоросіянства? В: Сучасність 11, 135–143

Мусій 1991: Мусій, О. – Нечаїв, С. – Соколюк, О. – Гаврилюк, С. Російсько-український медичний словник. Київ

Науменко 2004: Науменко, А. Мова і діалог культур. В: Вісник Харківського нац. ун-ту ім. В. Н. Каразіна 635, 118–122

Німчук 2001: Німчук, В. Навколо нової редакції проекту «Українського правопису». В: Укр. слово, 29.03., 14

Огієнко 1924: Огієнко, І. Український стилістичний словник. Львів

Огієнко 1958: Огієнко, І. [Митрополит Іларіон]. Наша літературна мова. Як писати й говорити по-літературному. Вінніпег

Одарченко 1997: Одарченко, П. Про культуру української мови. Київ

Пахльовська 2002: Пахльовська, О. Біном «Україна – діаспора» сьогодні. Криза і перспектива. Київ

Promova 2006: Promova, або Де ми помиляємося…. Київ

Русско-украинский словарь 2003: Русско-украинский словарь. Под ред. В. В. Жайворонка. Київ

Рябчук 2002: Рябчук, М. Правопис із вусами. В: Критика 6, 118

Сербин – Харчун 1993: Сербин, Р. – Харчун, Я. «Шовкова» русифікація української діаспори. В: Сучасність 8, 137–147

Словник української мови 1970–1980: Словник української мови в 11 т. Київ

Стахович 1999: Стахович, І. З міфів і комплексів про мову діаспори. В: П. Одарченко. Портрет вченого і дослідника. Київ, 150–152.

Струмінський 1977: Струмінський, Б. Українська мова на еміграції. В: Сучасність 3, 89–100

Тараненко 2008: Тараненко, О. Сучасні тенденції до перегляду нормативних засад української літературної мови і явище пуризму (на загальнослов'янському тлі). В: Мовознавство 2–3, 159–189

Ткаченко 2010: Ткаченко, О. Шкіци. В: Березіль 9–10, 157–169

Толочко 1998: Толочко, П. Що або хто загрожує українській мові? Київ

УП-1928: Український правопис. Харків

УП-1990: Український правопис. Київ

УП-1993: Український правопис. Київ

УП-1999: Український правопис : Проєкт найновішої редакції. Київ

Шевельов 1997: Шевельов, Ю. Про критерії в питаннях українського офіційного правопису. В: Український правопис: так і ні. Київ, 68–76

Шерех 1998: Шерех [Шевельов] Ю. Пороги і Запоріжжя, в 3 т. Т. 3. Харків.

Штепа 1977: Штепа, П. Словник чужослів. Торонто

Штець 1996: Штець, М. Українська мова в Словаччині (соціолінгвістичне та інтерлінгвістичне дослідження). Prešov

Щітківська 1991: Щітківська, Т. «Азбучна війна»? Як створювали новий «Український правопис». В: Літ. Україна, 15.08., 2

Славутич 1994: Славутич, Яр. Запропоновані зміни у «Правописному словнику» Г. Голоскевича. В: Мовознавство 1, 72–77

Славутич 1996: Славутич, Яр. У яких словах писати г. В: Мовознавство 1, 63–69

Bieder 2003: Bieder, H. Die Normentwicklung der ostslawischen Standardsprachen in der postsowjetischen Periode. In: Wiener Slawistischer Almanach 52: Slawische Sprachen heute. Wien, 19–35

Gerus-Tarnawecka 1983: Gerus-Tarnawecka, I. The Canadization of the Ukrainian Language. In: New Soil—Old Roots. The Ukrainian Experience in Canada. Winnipeg, 155–172

Moser 2009: Moser, M. The Galician Variant of the Ukrainian Language and Anti-Ukrainian Discourse in Contemporary Internet Sources. In: Contemporary Ukraine on the Cultural Map of Europe. Armonk /New York – London, 316–335

Stoffel 2000: Stoffel, H.-P. Slav Migrant Languages in the New World. In: Sprachwandel in der Slavia. Die slavischen Sprachen an der Schwelle zum 21. Jahrhundert, in 2 Tl. L. Zybatow (Hrsg.). Frankfurt/ Main etc., 805–829

IRINA DUBININA, MARIA POLINSKY (BRANDEIS-HARVARD)

Russian in the U.S.[*]

According to the 2007 Census, the U.S. is home to 851,170 immigrants from Russia (Community Survey, US Census). Whatever their ethnic identity ("nationality") was according to their Soviet passports, in America they become "Russians." Russian is one of the ten most spoken languages in the U.S., excluding English, and according to the latest Censuses, the number of native speakers of Russian is steadily increasing (Potowski 2010, Kagan – Dillon 2010). This increase owes to a significant influx of Russian speakers who left the Soviet Union in the 1970s and 1980s, as well as to a more recent wave of immigrants from Russia and the Commonwealth of Independent Statesin the post-Soviet period. Although Russians first set foot on American territory in the 18th century and arrived in a number of "waves" throughout the 20th century, only a few descendants of these old immigrants speak Russian.[1] In this paper, we will focus on the most recent immigrants from Russia and the CIS because unlike the representatives of the earlier immigration waves, they still speak Russian en masse.

The bulk of those who came from the Soviet Union to the U.S. in the 1970s and 1980s were Jews, who were able to immigrate (officially, to Israel)

---

[*] The authors thank Vladimir Belikov, Elena Beshenkova, Nikolai Vakhtin, Vera Gribanova, Olga Kagan (UCLA), Olga Kagan (Hebrew University), Maxim Krongauz, Oksana Laleko, Anna Mikhailova, Elena Muravenko, Sasha Nikolaev, Ekaterina Protasova, Irina Sekerina, Yakov Testelets, members of the Laboratory of Linguistic Studies at Harvard University, as well as participants of the conferences "Slavic Languages in Emigration and Remigration," held at the University of Vienna, and "Russian Language Abroad," held at the Russian State University for the Humanities, for valuable comments on this work. The research presented in this article was conducted with support provided by Brandeis University, the Davis Center for Russian and Eurasian Studies at Harvard University, the Dean of Humanities at Harvard University, the National Heritage Language Resource Center at UCLA, and the Center for Research in Language at UCSD.

[1] Religious groups, such as the Old Believers and the Molokans, also speak Russian. In their case, however, the transmission of the language from generation to generation is motivated primarily by its role in the preservation of religion, rather than by its importance in everyday life (see the collection edited by Кюльмоя, the works of Касаткин and Касаткина, Никитина, Кононова, as well as Biggins 1985, Friedberg 2008, Holdeman 2002, Morris 1992). This article does not touch on these groups.

thanks to the Soviet-American agreements signed at the end of the Cold War.[2] These people had been highly assimilated even before their immigration from the Soviet Union: the vast majority were native speakers of Russian (for many, that was the only language they spoke) and consumers of the Soviet Russian cultural brand. Among the waves of Russian immigration to the U.S.—which reaches back to the start of the 20th century—these immigrants make up the so-called third and fourth waves (Andrews 1993a, 1999; Пфандль1994). The immigration of the post-Soviet period can be regarded as the fifth wave—although, since it is still going on, the term "wave" may not be entirely appropriate. This wave consists of representatives of various nationalities and ethnic groups whose immigration is often motivated by educational and professional opportunities in the U.S. The fifth wave differs from all the preceding ones in a fundamental way. With the fall of the Iron Curtain, the collapse of the Soviet Union, and the spread of the Internet, recent immigrants have many more opportunities to keep abreast of the developments in their former homeland. In addition, post-Soviet immigrants often retain the ability to return to Russia or to maintain a bi-continental lifestyle. Consequently, the Russian language remains vital to them, not just a frayed postcard in a scrapbook of the old country. Immigrants of the third/fourth waves, on the other hand, did not expect to return to Russia; for them, the preservation of Russian was more a matter of sentimental and nostalgic, rather than practical, value.[3]

The difference between the third/fourth and fifth waves is likely to play a role in the preservation of Russian in America. However, in 2011, at the time of this article, it is too early to judge the development of the fifth wave, and so we will consider all three waves as a single mass phenomenon.[4] The most important difference for us will be between immigrants of the first and second generations, whose language we will address in the following sections. Before we turn to a linguistic analysis of Russian in America, we will provide a brief socio-demographic description of the nation's Russian-speaking population.

---

[2] There are still no accurate data as to the number of non-Jews who actually managed to leave under the banner of Jewish emigration—either through intermarriage or through a search for some fictional Jewish ancestors—but one assumes that there were many.

[3] For a detailed analysis of the history, reasons for, and results of emigration from the USSR, see Isurin 2011.

[4] Another argument in favor of not distinguishing between these waves is a demographic imbalance: there are far more immigrants of the third and fourth waves than of the fifth wave; they have had more time to integrate themselves into economic life of the U.S., and they can therefore set both the linguistic and cultural tone to which the fifth wave must, at least partly, adhere.

Immigrants from the former Soviet Union can be found in many American cities and in almost every state of the U.S. Unlike representatives of other nationalities who immigrated to the U.S. in the early 20th century, Russian-speaking immigrants have not formed compact neighborhoods (with the possible exception of the famed Brighton Beach, which has long been a parody of the Brezhnev-era Russia). They settled most densely in America's major metropolitan areas, such as New York, Philadelphia, Boston, Chicago, Los Angeles, San Francisco, and Houston (Andrews 1999). There, they have founded many private kindergartens (which, incidentally, are called "kindergartens" [детские садики—invariably in the diminutive form] in everyday U.S.-Russian parlance), day-care centers for the elderly, cultural and educational centers, and stores. The number of Russian-language publications rose continuously since the 1980s, but recently, due to the spread of the Internet, it has begun to decline (a phenomenon not unique to the Russian-language press). Nevertheless, one can purchase Russian-language periodicals—published both in Russia and the U.S.—in Russian stores throughout all major American cities. The U.S. has several major Russian-language television and radio stations (Russian World, RTR-Planeta, RTVi, NTV America, Channel One, Davidzon Radio in New York, New Life Radio in Chicago), and viewers can access broadcasts from Russia and Israel. There are still no accurate data about reader- and viewer-ship, but judging by polls of the Russian-speaking population, the main consumers of the Russian-language media are the elderly and the middle-aged. The younger generation, as we shall see below, reads mostly in English.[5]

1. The Russian of the first generation

The American Russian of earlier waves was described in detail by Morton Benson (Benson 1960). Benson was one of the first to indicate the significant variance in the Russian spoken by immigrants in the U.S.: from purists who cling to the stylistic note upon which they left the Soviet Union to opportunists who frivolously mix Russian with English to the degree that suits them.

If we ignore the purists, who always constitute the minority (both in the home country and in the emigration), it is hardly news that the language of most first-generation immigrants— i.e., people who came to America as adults—does indeed change. First, one observes a leveling of registers, as even high-style language is pervaded by vernacular expressions and numerous regional forms;

---

[5] For a more detailed social and demographic portrait of the Russian-speaking population in the U.S., see Andrews 1999, Polinsky 2000, Kagan – Dillon 2010, Isurin 2011.

speech styles are actively mixed while class distinctions fade even quicker than in the home country. The language of immigrants gives rise to a new norm that differs from that of the home country. Between the 1970s and 1990s in the U.S., this norm was clearly oriented toward the southern variants of Russian. Until recently, speakers of these variants outnumbered speakers of the central-Russian variant (Andrews 1994, 1999, 2006). Examples of this include the combination of the preposition *за* with the verb *скучать*, the use of the unreduced form of the reflexive particle after vowels: *купалася, старалися*, and the use of the conjunction *или* instead of *если* in indirect speech (see example (17) below).

As often happens in immigrant languages, Russian in the U.S. appropriates words from the dominant language, which become markers of adaptation to a new society—for example, *но* (pronounced [^{n}no]) instead of *нет*, the word *паунд* (instead of *фунт*), the word *эрия* instead of *район*, and some others (see Polinsky 2000, 2006). Even the relatively stable domain of phonetics undergoes certain changes: the language of the first generation is characterized by a non-standard intonational contour in declarative sentences—that is, rising intonation (Andrews 1993b; Polinsky 2000).

When languages come into contact, lexical borrowings are unavoidable, and it is not easy to describe them; they are difficult to predict and systematize in any remotely compelling fashion. We can resign to note that a language borrows new words that reflect new or differing concepts. However, the Russian language of the post-Soviet era gives us a rare opportunity to compare changes resulting from intensive language contact in immigrant communities with those stemming from the processes that drive language development in the home country. Due to the powerful social changes of the post-Soviet era, the Russian spoken in Russia is also undergoing rapid and dramatic change, and just like American Russian, it is now strongly influenced by English (Кронгауз 2008; Левонтина 2010). Do these linguistic processes provide a historic opportunity for the immigrant language and that of the home country to become more similar, despite the ocean that separates them? Most likely not. Rather, the comparison of the two varieties provides a rare opportunity to demonstrate that the lexical impact of one language upon another is a somewhat random phenomenon. Alternatively, it might be reasoned that the differing social climates of Russian spoken in the U.S. and Russian in Russia give rise to different lexical borrowings. For example, Russian in the U.S. may be more likely to borrow words that are specific to American social and economic transactions, such as *pound* or *high school*.

In many cases, both varieties of the Russian language—Russian in the U.S. and Russian in Russia—borrow English words in the same manner; now *больница* is turned into *госпиталь* both in Moscow and Chicago,[6] while *список* is transformed into *лист* on both sides of the Atlantic. To the list of borrowings firmly established in both variants of the Russian language, one can add *джоб-офер, риелтор, брокер, резюме, гламур, химия* (in the sense of physical attraction between people), *трафик* (spotted even in the speech of Moscow's new mayor), and the omnipresent *вау* (cf. Левонтина 2010). However, along with these similarities, there are significant differences.

First, American Russian often borrows words from English phonetically, based on the pronunciation, while the Russian spoken in Russia had, until recently, borrowed words mostly in transliteration; hence, we find such doublets as *Харвард* and *Гарвард, Юсиэлэй* and *ЮКЛА/УКЛА* (UCLA), *Эсэйти* and *CAT* (SAT), *калидж* and *колледж, пари* and *парти/пати* 'party',[7] etc.

Secondly, the Russian spoken in Russia readily borrows from British as well as American English; hence, in Russia we find *карпарк* and *флэт,* known in American Russian exclusively as *паркинлот* and *апартмент.* As a result, the Russian spoken in the home country and the variety spoken in the U.S. serve as yet another confirmation of Oscar Wilde's famous comment that two languages separated by an ocean (he was referring to British and American English) are remarkably different.[8]

There is no doubt, however, that contact with English is much more intense in immigration, and this finds expression in the asymmetrical number of borrowings from various parts of speech. As a rule, nouns are easiest to borrow, while verbs and functional elements (prepositions, conjunctions) are more commonly borrowed when two languages come into intensive contact (Thomason – Kaufman 1988; Myers-Scotton 1993, 2002). And indeed, the Russian spoken in Russia borrows mostly nouns;[9] we encountered only a few commonly used borrowed verbs in the Russian of the metropoly, including, for example, the words *мониторить, постить (на блоге),* and de-nominal *пиарить* (legitimately de-

---

[6] Here, we do not concern ourselves with the old usage of the word *госпиталь, i.e.,* 'military hospital'; what is crucial for us is that the word is expanding its semantic content in both varieties of Russian.

[7] The American Russian *пари* reflects the pronunciation of the letter *t* after the letter *r* as the alveolar flap [ɾ], characteristic of the American variant of English.

[8] "We have really everything in common with America nowadays except, of course, language…" (Wilde 1887/1906: Ch. 1).

[9] One exception is the realm of new technologies, including computer technology, where verbs, too, are borrowed.

rived from the borrowed noun *пиар*, from the English *PR, public relations*) and *копипейстить* (from *копипейст*). American Russian, meanwhile, freely borrows and adapts the widest variety of verbs, such as:

(1) Я уже аплайнула (аплайилась/аплаялась) (< *apply*) на работу

(2) Я не энджояла (< *enjoy*) свой апартмент, до того что уже была готова игнорировать (< *ignore*, rather than *не обращать внимания на*) рент-контроль.[10]

(3) За что можно так мисать (< *miss*) эту Вашу Калифорнию? Я вот не скучаю так за Харьковом.

(4) На круизе будут больше энтертейнать (< *entertain*).

(5) Все эти стоки рейзнули (< *raise*).[11]

(6) Она с ним брейкапнула (< *break up*), и он тут же энгейджнулся (< *engage*), так что выходит, он ее все это время обманывал.

(7) Уже энаунснули (< *announce*) новую программу?

(8) Лучше лизовать (< *lease*), не надо сразу все платить, и иншуранс[12] меньше.

(9) Я уже чекнулся (< *check in*), а их все не было, мне пришлось ждать, и это всегда меня делает очень nervous.

(10) Мы редко драйваем (< *drive*) на этом хайвее.

(11) Ты должен побыстрее окешить (< *cash*) этот чек.

(12) Вы рентуете (< *rent*) или купили?

The introduction of verbs into Russian American sometimes produces interesting semantic hybrids: if Russian already has a similar verb (cf. examples [2], [14], or [15]), or if a verb has already been borrowed into mainstream Russian (usually from Latin), its original meaning gets lost; instead, the verb adopts the meaning imposed by the American usage. For example:[13]

(13) Вот старинный отель, в котором мы стояли (*стоять* + *stay*). Там останавливался также Теннеси Уильямс.[14]

(14) Республиканцы спекулируют (< *speculate*), что реформа не пройдет.

(15) Он совсем сконфузился (=запутался, < *get confused*)[15]

(16) Меня их развод очень шокировал (= потряс, < *shock*) [in standard Russian, шокировать is used exclusively in the sense of 'to scandalize'].[16]

---

[10] In this example, both *апартмент* and *рент-контроль* are borrowings.

[11] The correct borrowing ought to have been the intransitive verb "to rise," but here we have the transitive verb "to raise." The word *стоки* is also a borrowing.

[12] *Страховка* (from insurance).

[13] Cases of semantic interference occur, of course, beyond the realm of verbal vocabulary; cf. the word *сезон* "season," which in both American and native Russian, is gradually replacing *время года* "time of year," or the word *специальный* in the sense of "special/particular."

[14] Cf. the incorrect usage of *стоять* 'to stay' in the first sentence, and the correct usage of *останавливаться* 'to stop' in the second.

[15] In standard Russian, *конфузиться* means "to become embarrassed, disconcerted, put out."

Intensive language contact always breeds calques, and indeed, American Russian includes many calques from English, as Benson has already noted (Benson 1960). Here are some examples: брать *выход (экзит), урок, курс, автобус, время*; *делать апойнтмент, резервацию, налоги/таксы*; *записать карандашом* ("to pencil in"); *работать/платить под столом*; *поступить в школу* ("apply to college"), etc. (see also Mikhaylova 2006).

We have already mentioned above that American Russian mixes various dialectal variants of Russian—a phenomenon not uncommon for immigrant languages in general (cf. the same can be observed in the history of American English, Algeo – Pyles 2004: Ch. 9). In addition to the proliferation of regional lexical forms, one should note the widespread use of the subordinating *или* in place of the normative *ли*. The former is characteristic of southern variants of Russian, but in American Russian, it occurs in the speech of immigrants from other dialectal regions. Here is an example from the speech of a woman who came to the U.S. from Moscow at the age of thirty-six (and has lived in the U.S. for fifteen years):

(17)   Я сомневаюсь, *или* это Вам будет интересно.

Lexical change and confusion of dialectal forms are by far the most visible consequences of language contact. At the same time, the language of first-generation immigrants also undergoes subtler, less obvious changes. We will focus on two such processes: changes in word order and the loss of zero pronominalization.

Changes in word order are rather minor in the written language of Russian immigrants (cf. a similar observation by Benson). Those changes that can be observed can be attributed to hasty translation from English, as in the following passage, which bears traces of English in punctuation, spelling, and the link in the final sentence (*напишите свои/#Ваши комментарии...*):

(18)   Если для вас компьютер – как наркотик: вы сидите весь день перед экраном, несмотря на мышечные боли в спине и шее, а также головные боли – эта программа для вас! ErgoReminder будет напоминать вам, что надо сделать перерыв каждые заданные промежутки времени, при этом она отключает клавиатуру и мышь на это время. Разомнитесь – посмотрите в окно или сделайте упражнения – иначе вы заработаете себе остохандроз, мигрень и проблемы со зрением. Напишите ваши комментарии об той программе! http://webideas.com/rusam/index_win.htm (accessed 12/2/2010)

---

[16] The same usage of *шокировать* can now be encountered in Russia (Левонтина 2010: 139–141).

In spoken language, changes in word order are more noticeable. One of the characteristic changes is a weakening in the "verb – subject" (VS) order when introducing a new participant (for example, *Выходит Дед Мороз из машины; Вдруг появился какой-то новый гость*). When retelling the well-known story of the boy, the dog, and the frog (Frog story: Mayer 1967; Berman – Slobin 1994), adult native-speaking controls use VS between 6% and 9% of the time,[17] whereas first-generation speakers of American Russian use this construction about 3.6% of the time (our study). The loss of flexibility in word order has often been noted in studies of language contact (cf. Thomason – Kaufman 1988; Seliger – Vago 1991), but as far as we know, there have been few such observations in respect to first-generation Russian immigrants since scholars have traditionally devoted their attention to written language where these changes are insignificant in number.

Another change in the language of Russian immigrants emerges in the realm of *pro*-drop (omission of non-emphatic subject pronouns). In Russian it is acceptable (and, in some cases, desirable) to omit the co-referential pronoun in the subordinate subject position, for example:

(19) Я надеюсь, что (*я*) успею попасть на твой день рождения.
(20) Ты боишься, что (*ты*) не сможешь с этим справиться?
(21) Красная Шапочка была уверена, что (*она*) перехитрит злого волка.

We conducted a pilot experiment in which native speakers were asked to evaluate sentences such as (19) – (21) on a scale of 1 to 7 (1: totally unacceptable, 7: totally acceptable). Monolingual native speakers of Russian (in Russia) give some preference to examples in which the subordinate clause contains a null pronoun (pro) whereas Russian immigrants in America prefer sentences with an overt pronoun. At first glance, one might attribute this to the influence of English:[18] in English sentences analogous to (19) – (21), it is impossible to omit the pronoun, cf.

(22) I hope that #(I) will make it to your birthday party.

---

[17] The first number is from Isurin – Ivanova-Sullivan 2008 study; the latter (9%) is from our study.

[18] For other examples of the influence of English on Russian in immigration, see Isurin 2007. This work examines a particularly interesting case: native speakers of Russian who not only use the language, but teach it to foreigners, and who are therefore particularly interested in maintaining pristine linguistic purity.

This explanation, however, is unlikely for two reasons. First, far from all first-generation immigrants speak English sufficiently well for it to interfere in such a subtle domain. Most of the respondents in our experiment rated their proficiency in English as "weak" or "average" (this is one of the differences between our subjects and those described in Isurin's paper [Isurin 2007]). Second, we also studied Russian speakers in Israel. They, too, tend to avoid null pronominals, even though in Hebrew *pro*-drop is preferable or even required in the first and second person (Borer 1989, Melnik, 2007). Fig. 1 presents a comparison of *pro*-drop in American Russian, Israeli Russian, and Russian spoken in Russia.

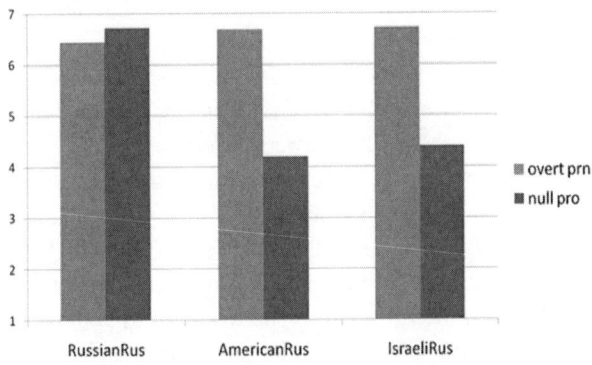

Fig. 1. Ratings of overt and null (pro) pronominals in subordinate clauses, 1–7 scale; Russian in Russia, Russian in America, and Israeli Russian (N=20 in each group, average age: 43).

In a recent study of the Russian Diaspora, Isurin (2011) also addresses the phenomenon of *pro*-drop in the speech of first-generation Russian-English bilinguals, but from an unusual perspective. The results of her study support our conclusions that monolingual Russians use more pro-drop than bilinguals, especially the "integrated" bilinguals (i.e., proficient English speakers), as Isurin calls them. In her analysis, Isurin discusses the relation between particular linguistic features (such as *pro*-drop) in a language and the degree of individualism vs. collectivism present in the culture in which that language is spoken. She lists several previous studies which show that *pro*-drop tends to be found in languages of "collectivist" cultures, rather than "individualistic" ones. She then argues that when speakers of a "collectivist" language move to a country with an "individualistic" culture, their native language tends to shift toward

individualism. Interestingly, this shift is manifested, among other things, in the decreased use of *pro*-drop, as is the case with Russian-English bilinguals in her study. Isurin suggests that avoidance of *pro*-drop must be a result of the cross-linguistic interference from English since in her study bilingual subjects with the least exposure to English omitted pronouns much more frequently and, therefore, resembled monolingual Russians most closely. Integrated bilinguals who spent only 10% of their days exposed to Russian were closer to monolingual English speakers in their avoidance of *pro*-drop.

The influence of English, suggested by Isurin, may indeed be a plausible explanation for the decrease of *pro*-drop in the speech of Russian emigrants. However, this explanation does not hold for Israeli Russian. Speakers of Israeli Russian also lose *pro*-drop, whereas Hebrew itself has it. Therefore, the change in Israeli Russian cannot be attributed to transfer.

Furthermore, changes associated with the loss of *pro*-drop, similar to those cited in our study, were also observed in Italian spoken in Spain and Spanish spoken in Italy (Sorace 2004, Sorace – Serratrice 2009). Those changes are particularly striking because, unlike Russian, both Italian and Spanish have standard *pro*-drop even in matrix sentences.

So why does Russian lose its null elements, at least null pronouns, in immigration? There is, as yet, no full answer to this question, but Sorace and her colleagues have advanced the following hypothesis: if a language is spoken outside its dominant environment, it first undergoes changes related to its weakest links, which are usually located at the junction of two or more grammatical components (interface). Null pronominalization depends on both syntactic rules (zero pronouns can only occur in certain syntactic positions: in this case, as a subject in the subordinate clauses) and on the principles of information structure (the pronoun's referent must be the same as the referent of the nearest topic). In the language of immigrants, syntax and information structure are not properly linked, either because the rules governing their connection have not been fixed in the speaker's grammar or because the speaker lacks sufficient time to establish the connection in real time (so-called "problem of processing"). When a lexical pronoun is overtly stated, less effort is required to establish its co-reference with the previous antecedent. Consequently, such constructions have an advantage over those that leave the pronoun unexpressed.[19]

Whatever the explanations for the asymmetry between overt and null pronouns under the conditions of language contact, the existence of asymmetry re-

---

[19] Cf. the discussion in Benmamoun et al. 2010; Montrul – Polinsky 2011.

mains a fact. The significance of the asymmetry is that it shows that even the language of first-generation immigrants is vulnerable to structural change; one may not know the language of his or her new country very well, but one's native language is still subject to reorganization. Contrary to the popular view that all changes in an immigrant language have their roots in the language of the home country (Гловинская 2001, 2004; Земская 2001), not all changes arrive with the immigrant. Some, apparently, are related to universal principles of language structure and may occur independently of the processes affecting the language of the home country. We do not always know what these principles are, but studying immigrant languages allows us to observe them in action (Benmamoun et al. 2010).

A language's architectural design is nowhere more clearly visible than in the variety spoken by second-generation immigrants, a variety that is used at home with family members and that often preserves only the most basic principles of the language. In the next section, we will focus on this variety of the Russian language.

2. Heritage Russian: the language of second-generation immigrants

The language of second-generation immigrants has been referred to as "heritage language," the term widely used in modern English literature.[20] A heritage speaker is someone who grew up hearing (and maybe speaking) the home language and who, as an adult, can still understand this language and speak it to some degree but is more comfortable in another language, usually the dominant language of their society.

Heritage Russian speakers, mainly the ones living in the U.S., have already been described by a number of researchers (Andrews 1994, 1999, 2001; Isurin 2000; Isurin – Ivanova-Sullivan 2008; Bermel – Kagan 2000; Kagan – Dillon 2010; Laleko 2008, 2010; Pereltsvaig 2008; Polinsky 1997, 2000, 2006, 2008a, b, 2011; Smyslova 2009). In this section we attempt to summarize the latest research on heritage Russian and present some general characteristics of the language.

Not all second-generation immigrants speak heritage Russian. Some are strong, balanced bilinguals whose language is very close to modern spoken Russian of the metropoly, but among second-generation American Russians there are few such speakers (Bermel – Kagan 2000; Polinsky 2000). The main-

---

[20] For a discussion of this term and a history of its use in American literature, see Polinsky – Kagan 2007.

tenance of language among second-generation speakers is supported by regular visits to Russia and generally correlates with the number of years spent in a Russian school (Kagan – Dillon 2010). The child who spent even a short period in a Russian school finds it easier to maintain Russian than a child who was born in a Russian family in the U.S. and attended American schools. This applies not only to Russian, but also to other immigrant languages in the U.S. and other countries. For example, similar observations have been made by Halmari (2005) concerning second-generation Finnish immigrants.[21]

No matter how sad this fact may be for those who cherish the purity of the Russian language, the majority of second-generation Russian immigrants are unstable bilinguals, thus heritage speakers. These are people who had been immersed in Russian from childhood and may have even started as monolinguals, but then, usually with the onset of schooling, began functioning much more in their second language, which gradually became their dominant language. Upon graduating from secondary school (i.e., as young adults), they understand and may still speak Russian, but their Russian differs greatly from that of the home country or even from that of their parents (the first generation), and they find it easier to speak their country's dominant language.

The use of Russian (expressed in percentage of total time) by heritage speakers (Kagan – Dillon 2010) is telling: they speak it with parents (85%), with grandparents (95%), and with "adult" strangers (72%). With peers, they use it a meager 12%. This last figure undoubtedly indicates language loss and functional

---

[21] Halmari writes: "While my subjects were exposed to Finnish every day, and while they also used Finnish with monolingual visitors from Finland, their Finnish started to show signs of attrition as early as after the first two years in the United States: it was halting and filled with insertional switches into English, which had clearly become the preferred code. However, always a few weeks after the annual summer visits to Finland, their Finnish was again fluent and effortless, and switching to English was less frequent. There is a clear direct and causal link between the use of a language and the proficiency in it. In a monolingual environment, upon return to Finland, dormant L1 lexical items were reactivated, and while L1 attrition was a distinct threat in the early stages of the subjects' bilingualism, over the years, with the help of recurring visits to Finland, the L1 became more and more entrenched, even though English influence is still detectable in the Finnish of my subjects at the level of lexicon, certain restricted areas of morphology, and idiomatic expressions.

It is clear that the maintenance of the L1 is best accomplished if children are periodically sent to a monolingual L1-speaking environment, preferably to the 'old country.' This means that L1 maintenance may turn out to be a costly endeavor, and, unfortunately, not all immigrant parents are able to undertake such an effort. To compensate for the visits to the cultural and linguistic environment in the 'old country,' parents need to work even harder to simulate the L1 monolingual environment in several domains of life at the home setting." Halmari 2005: 428.

reduction since it shows that heritage speakers switch to English when they realize that their interlocutors are fluent in that language. In addition, the speech of more advanced heritage speakers is often characterized by code-switching (see Schmitt 2000, 2003, Mikhaylova 2006, Pavlenko 2003). Harbingers of "pure" language love to complain about code-switching, condemning the second- (and first-) generation immigrants who engage in it, while in reality this phenomenon testifies to the relative strength of the language rather than its decay, since switching is characteristic of balanced bilingualism (Myers-Scotton 1993, Backus 1996, Poplack 2004 and others). As a rule, those who speak Russian poorly do not jump easily from one language to another in the same sentence since they lack the necessary understanding of language structure and sufficient confidence in their language skills. They try to stay in one language, doing so slowly and with great difficulty, primarily due to lexical access problems.

Heritage speakers hear what is spoken around them (i.e., the language of their parents, replete with calques, lexical borrowings, and other changes discussed above) and take these changes even further in their own speech. For example, heritage speakers exhibit a more weakened (or completely absent) null pronominalization not only in cases of subordination (which is common for American Russian in general), but also in cases of co-ordination, completely ungrammatical in the baseline. Cf.:

(23) Мальчик удивился и *он* стал радостным, потому что черепаха жила. (Isurin – Ivanova-Sullivan 2008)
(24) Я встала к двух часам и *я* вчера почти то же самое время встала.

The decline in use of the VS word order in American Russian has already been noted above. In the language of second-generation immigrants, this order is used even less frequently (according to Isurin – Ivanova-Sullivan 2008, in about 2% of all sentences in oral narrative texts). There are also observed cases when this word order is employed incorrectly, leading to inappropriate constructions from the point of view of information structure (i.e., the focusing of the subject, when its referent has already been introduced and does not require focusing). For example, in the aforementioned story of the boy, the dog and the frog, one heritage speaker uses the following sentence (25) when describing a scene in which the boy and the dog (who have already been introduced) wake up.

(25) Мальчик проснулся, и тоже проснулась собака...

This utterance implies that the dog is contrasted with some other participant, which is not the case in the picture the speaker is describing.

In addition to the development of features that characterize American Russian in general, second-generation immigrant Russian has a number of unusual grammatical features which both differentiate it from the baseline andbring it closer to other second-generation immigrant languages. These features include the reduction and leveling of the case system (Polinsky 2000, 2006), the attrition of aspectual restrictions (Pereltsvaig 2008, Polinsky 2006, 2008a, Laleko 2008, 2010), the reorganization of gender categories (Polinsky 2008c), and the reorganization of complementizers, i.e., the use *если* instead of *ли* in subordination, cf.[22]

(26)   Зачем ты спрашиваешь, *если* ты завтра будешь к нам приходить?

This example—in which, from the standpoint of the baseline, the analytic future (*будешь приходить*) is used incorrectly—points to yet another feature of second-generation immigrant language: the increase in analyticism, which is, in turn, associated with significant changes in morphology.

It is commonly thought that heritage speakers have difficulty speaking since they lack automaticity, but that this in no way affects their comprehension. Unfortunately, this view is not supported by case studies. The illusion of the comprehension proficiency stems from the fact that until recently such speakers were observed either at home or in the classroom. In both environments, the context is strictly defined, which aides comprehension in a significant way. One can accurately evaluate heritage speakers' comprehension only under less optimal conditions. A recent study by Sekerina – Pugach (2005) demonstrates that heritage speakers' comprehension is much reduced outside of familiar contexts or when they are faced with ambiguity. In this study, adult subjects were shown the objects as in Fig. 2 and given the following tasks:

(27)   Положите лошадку на тарелку и в коробку.
(28)   Положите лошадку на тарелке в коробку.

---

[22] As we have already noted, this usage of *если* results from the interference of English (it also occurs in the speech of Americans learning Russian), but it is further reinforced by the use of the union *или* in first-generation immigrant speech.

Fig. 2. The ambiguous context used in an experiment examining comprehension (Sekerina –
Pugach 2005).

The control group (monolingual Russian-speaking subjects from Russia)
easily handled the tasks whereas heritage speakers experienced serious difficul-
ties, confusing *лошадку на тарелке* (the horsy on the plate) with *лошадку на
тарелку* (the horsy that was to be placed onto the plate). The explanation for
this lies in the fact that heritage speakers pay no attention to the weak and barely
perceptible morphological differences between (27) and (28) (the unaccented
endings of *на тарелке -на тарелку*, and the presence or absence of the union
и), which leads to misunderstanding and confusion.

Similarly, adult heritage speakers experience serious difficulties in inter-
preting relative clauses (Polinsky 2011). The main trend in this case is the inter-
pretation of object relative clauses (30) as subject relative clauses (29):

(29) Где машина, [которая ~~машина~~ объезжает по кругу велосипед]? (Subject
relative)
(30) Где машина, [которую ~~машину~~ объезжает по кругу велосипед]? (Object
relative)

With statistically significant frequency, heritage speakers interpret senten-ces similar to (30) as subject relatives: that is, they perceive them as sentences similar to (29). This can be shown in a picture-matching task: instead of match-ing (30) with Fig. 4, heritage speakers match it with Fig. 3. Native speakers hardly ever make such a mistake.

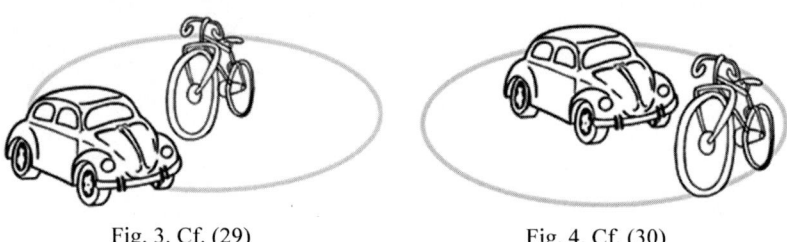

Fig. 3. Cf. (29)   Fig. 4. Cf. (30)

What leads to such comprehension errors? In the absence of morpholo-gical indicators (which heritage speakers find difficult or impossible to perceive), a universal principle of interpretation serves as default: relative clauses describe the subject (Keenan – Comrie 1977, Schwartz 2007, Polinsky et al. 2011). The same principle would be applied by a native speaker of Russian to interpret a relative clause with ambiguous morphology (31). While in (31) both interpretations are possible (the bus pulling the truck and the truck pulling the bus), the former one is much more preferred.

(31) Где автобус, который везет на буксире грузовик?

Finally, our description of Russian heritage speakers would not be com-plete without a discussion of their communicative competence. Despite the lexi-cal and grammatical gaps that lead to significant structural reorganization of the language, heritage speakers can usually express their communicative intentions in a conversation quite adequately. For example, in a recent study (Dubinina, in press), two groups of Russian speakers—one consisting of heritage speakers and one of native controls—were asked to formulate a polite request in the context of a specific communicative task. In the first task, the interlocutors were as-signed equal social status: a student, presumably having missed a lecture, was asked to request class notes from a fellow student before an upcoming test. In the second situation, a social hierarchy was introduced: the subjects had to ask

an instructor to borrow a rare book, which is unavailable through the library or for purchase.

Ten heritage speakers and ten age-matched native speaker controls took part in the pilot experiment. At first sight, heritage speakers do not seem to differ from native speakers in formulating requests despite obvious grammatical deficiencies. In both communicative situations, both groups largely resort to conventional indirect requests—inquiring about the listener's ability to perform the action, as in (32). Moreover, the structure of the request was the same in both groups.

(32)   Ты не могла бы мне одолжить конспект буквально на пару часов?

The request shown in (32) was typically preceded by the so-called grounding: an explanation of the reasons behind the request, sometimes an apology for troubling the interlocutor, the promise of a reward for providing the favor, proposals to reduce the degree of inconvenience, and so on. For example:

(33)   София, мне одолжения надо попросить у тебя... Я пропустил последний класс, у меня очень сильно голова болела, и у нас экзамены, контрольная работа через 3 дня... *можно мне, пожалуйста, посмотреть конспект урока*? (heritage speaker)

(34)   Слушай, так голова болела, вообще, никогда такого ещё не было, ужас просто, наверно, на погоду. Знаешь, у нас контрольная, ну ты как бы в курсе, да? *Ты не могла бы мне конспект одолжить, буквально на один день*? (native speaker)

However, upon closer examination, the two groups showed statistically significant differences in formulating the head act of the request. In both communicative situations, native speakers primarily used the conjugated modal verb *мочь* as well as conventional grammatical means of mitigating the imposition on the hearer (see Формановская 1989): i.e., the subjunctive and/or a negating particle, cf.:

(35)   Ты не могла бы мне конспект одолжить?
(36)   ... ты не можешь мне дать переписать лекцию?
(37)   Вы не могли б мне дать книгу на пару вечеров?

In contrast, heritage speakers often resorted to the impersonal modal *можно* in conjunction with the word *пожалуйста*:

(38)   Можно мне, пожалуйста, посмотреть конспект урока?
(39)   Можно я, пожалуйста, на несколько часов возьму и перепишу конспект?

(40) Можно мне, пожалуйста, пролистать и скоро вернуть?

The illocutionary force of utterances (38) – (40) is clear, and the hearer by all means understands the speaker's intent. Therefore, heritage speakers have achieved their communicative goal, having properly expressed their communicative intent. Yet a native speaker cannot help but notice some discrepancies in the structure of these requests. First, the use of the impersonal *можно* in conjunction with *пожалуйста* is unnatural in the baseline.[23] Second, the impersonal *можно* transforms the heritage speakers' utterances into requests for permission, rather than for a favor, which does not quite correspond to the imposed context. Of course, one can assume that the heritage speakers' decision is justified in the second situation by the difference in the interlocutors' social status (instructor vs. student), but their use of this form in the first situation is harder to explain.

What dictates this communicative behavior among heritage speakers? In answering this question, we will consider the use of *можно* and *пожалуйста* separately. In our opinion, two factors are responsible for the inappropriate use of *можно*. First, the socialization of heritage speakers into the communicative norms of Russian occurs in a narrow family circle where, as children, they have more occasions to ask for permission than for favors, which may lead to the overuse of *можно* in their adult lives. Second, heritage speakers are simultaneously socialized into an English-speaking environment where the modal verbs "can/could" (alethic modality) and "may" (deontic modality) are interchangeable in many requests. Heritage speakers may conclude that the impersonal modal form *можно* (deontic modality) in Russian is the equivalent of the English modal verb "can/could," which is routinely used in indirect requests in English. As a result, in heritage Russian *можно* ceases to denote a request for permission and, in conjunction with *пожалуйста*, becomes a conventionalized formula for polite requests.

With regard to the use of *пожалуйста*, its expansion is probably associated with the functional reduction in heritage Russian, described above. Heritage speakers often lack the linguistic formulas available to competent native speakers: they are known to have problems with idioms and other non-compositional expressions (Polinsky 2000; Montrul 2008). Therefore, they are quite unsure in their linguistic competence. When formulating a request, they in-

---

[23] Of course, constructions with *можно* and *пожалуйста* are encountered in the baseline, as well, but they are usually used with nouns, not verbs: *Можно мне стакан чая, пожалуйста?* Note the placement of *пожалуйста* at the end of the request.

tuitively understand that it will put the listener in an awkward position (requests are examples of the so-called "face threatening acts," Brown – Levinson 1987) and that the situation requires their special care. In the absence of a repertoire of conventional morphological tools to increase politeness (subjunctive, negation or idiomatic expressions), heritage speakers resort to the most obvious strategy: the use of the "safe" lexical politeness marker—*пожалуйста*. They employ this marker even in indirect requests, which is unusual for baseline Russian:[24]

(41) # Ты не можешь, пожалуйста, дать мне конспект?

Finally, a comparison of utterances (35) – (37) with utterances (38) – (40) points to another difference between the requests formulated by native speakers and those formulated by heritage speakers. The latter orient their requests toward the speaker, i.e., toward themselves (90% of heritage Russian requests in our study) whereas the former (i.e., native speakers) are mainly oriented toward the hearer (60% of requests by native speakers in our study). Attention to oneself is fully in line with Anglophone speech behavior (Wierzbicka 1991), which, in contrast to Russian speech etiquette, is based on the expression of the speaker's needs.[25]

Thus, second-generation Russian immigrants are in fact able to perform routine communicative tasks, such as requests, albeit deviating from the linguistic norms of the baseline. At the same time, they experience difficulties both in producingand understanding speech and, of course, differ greatly from their peers who grew up and went to school in Russia. Yet not all is lost for them: an ever greater number of students in American institutions of higher learning who

---

[24] It should also be noted that in conventional English requests, *please* is very often used in conjunction with the modal *can/could* (and is placed directly after these verbs); this fact also clearly affects the heritage speakers' decision to use the Russian *пожалуйста* after the modal *можно* in indirect requests.

[25] The attention to self in English-speaking cultures is further probed in a recent study of the Russian Diaspora (Isurin 2011); Isurin investigates the use of collective pronouns (e.g., "we" or "our") vs. individualistic pronouns, such as "I" and "mine" in autobiographical narratives by monolingual Russian speakers, monolingual English speakers and two groups of Russian-English bilinguals differentiated by the degree of their integration in the American society. She finds that both groups of bilinguals have a clear trend toward producing self-oriented narratives (which is in line with the preferences of the English-speaking monolinguals), whereas Russian monolinguals are much more group-oriented.

grew up in Russian-speaking families evince a desire to study Russian and improve their language skills (Kagan – Dillon 2010; Carreira – Kagan 2011).[26]

A direct consequence of the interest second-generation immigrants take in their family language is that a growing number of them enroll in Russian-language courses in colleges. In response to such demand, a growing number of universities have established "Russian for Russians" courses. There is now a textbook designed specifically for Russian heritage students (Kagan et al. 2003), and their presence in the classroom requires that instructors radically alter their customary methods of teaching Russian as a foreign language (see Geisherik 2008 for a review of new pedagogical problems arising from this demographic change in the classroom).

The students themselves are well aware that they need to master various registers of Russian, and they seek to improve their reading and writing skills. Below we give several examples of texts written by students of one of this article's authors. We will start with examples from the introductory "Russian for Russians" course, which aims to provide heritage students with basic literacy, to expand their vocabulary, and to develop their attention to morphological details and grammatically proper word combinations. One of the course assignments was a weekly blog post. Students could write three to four sentences on any topic. They were not allowed to use a computerized spell checker.

Example (42) is taken from the blog of a girl who came to the U.S. at the age of eight and spent her school years living with English-speaking foster parents. This girl learned to read and write in Russian on her own while in middle school, using a primer. As a freshman, she enrolled in a "Russian for Russians" course, which was her first experience learning Russian in an academic setting:

(42) Я хочу слышать любэ, я уже их давно не слышала! Я моем брата отдала все мое музыку. Я сейчас скучаюсь за его. Скора я его буду видеть. Я хочу что бы эгзамины закончелись что бы я могу мою семью видеть!

---

[26] The desire to speak Russian is motivated by several factors: many want to make use of a final opportunity to communicate with their grandparents; others wish to visit Russia, to meet relatives living there, and to gain a better understanding of the country's culture, history, and language. Undoubtedly, the fall of the Iron Curtain and a more open world play a big role in this desire: why go to India when one can visit the country of one's roots? Many find it important to pass Russian down to their future children. And finally, some second-generation immigrants hope to use their knowledge of Russian in their future careers.

Example (43) is drawn from the blog of a student who came to the U.S. from Russia at the age of one. This young man first learned to read and write in Russian in the "Russian for Russians" course at the university:

(43) Раз я долго не добавлал к блогу, я буду сейчас в форме сказке. Довно назат, в африке был алигатар. Он был старыи и болнои. Он жыл сам свбои под болшим дубом. Один ден в енваре, он решил то что иму надаела быт варике. Алигатар решил то что имк важно увидит другие континенти. Он сабрал все сваи вещи ну не знал как он будит потушествавят. Он решил построет лодку потому что он боялса висату. Он сабрал драва и гвозди и начел молотком робтат. Ну алигатар лубыл быт входрошах условиях. По этому он начел строит и вану, и бану, и гамак, и всякие другие веши.[27]

It is easy to notice the many errors in these blogs. It is also easy to notice the similarities between their work and the writing of young Russian-speaking children who have yet to enroll in school. And, finally, it is easy to be overtaken by a profound pessimism about the state of the bloggers' Russian.

The strong desire to notice mistakes in the writing of second-generation immigrants is, perhaps, unsurprising. One expects them to be much like their peers in the home country, and this expectation—motivated by the knowledge that they seem to be able to say and understand quite a lot—colors one's perception of their proficiency in reading and writing. With these expectations in mind, one can easily give in to despair about language loss. But it is also worth recalling how little these speakers were given: they did not attend Russian schools, they did not watch Russian television from morning until evening, they only spoke Russian with their peers 12% of the time, and even their parents could not pass the language down to them in its pure form. In fact, it is remarkable that their Russian has survived at all! If one looks at heritage speakers from a different point of view—how resistant is their language even when it is deprived of regular, abundant input—there are reasons for optimism. This optimism hinges on the fact that second-generation immigrant students make very quick progress in Russian language courses aimed specifically at heritage speakers.

Compare the texts above with the work of a student at a more advanced level. Like others, he grew up in the U.S., spoke Russian only at home, learned basic literacy on his own, and completed one advanced Russian language course for heritage speakers at the university. Here is an excerpt from one of his blog posts, required in a course on twentieth-century Russian literature:

---

[27] Many of the errors are certainly simple typos since these students have yet to develop the skill of typing in Russian. These blog posts were in fact intended to let students practice typing as well as writing.

(44) Я соглашусь с тем фактом что средний русский человек будет знать больше стихов наизусть чем тот же американец. Я даже смирюсь с предположениям что русский может читать больше литературы чем американец, но я как гордый патриот, не готов уступить и полностью принять что у русских ближе отношения к поэзии чем у нас. КПСС считала что поэзию обязательноо читать всем. Почему? потому что она легче за-поминается чем проза и потому что она более соответствует целям пропаганды.

Мои бабушки и дедушки тоже легко цитируют те стихи которые мы читаем, но не с особенной любовью к словам, а с простой гордостью что всё таке помнят как будто готовы что бы кто то им пятёрку вручил. Я лично, в школе тоже некоторые стихи запоминал; конечно не в таком количестве как в Советском Союзе, но мы стихи тоже наизусть учили... Например, я никогда не забуду Роберта фроста "золотое таким не остаётся." И ещё ежегодна, начиная с седьмого класса, мы в классе четали хотя-бы одно произведения Шекспира. И если он не великий поэт, тогда я даже не хочу знать поэзию.

The path from the language exemplified by (42) and (43) to the language presented in (44) cannot be traversed without effort, but (44) clearly shows that second-generation immigrants can be brought maximally close to the level of proficiency of their peers in the home country. Moreover, heritage speakers can achieve high levels of proficiency in the language much more easily than those studying Russian as a second language. Our efforts to help heritage speakers achieve that level must be based on a solid understanding of the structural and social characteristics of Russian in immigration, and we hope that this work brings us a bit closer to that understanding. We should not compare heritage Russian with the Russian of the metropoly. It is much wiser and more useful to isolate unique characteristics of the immigrant language and analyze their properties in order to build a theoretical framework that would allow us to train teachers of Russian as a heritage language as well as to create educational materials that meet heritage speakers' specific linguistic needs. These steps will help us bridge the gap between the language of second-generation immigrants and that of their peers in the home country.

3. Conclusions

In the U.S. there is a rather large number of immigrants who speak Russian. Undoubtedly, this population is not uniform, and its language must be described with attention to each immigrant's place of residence in the U.S., the region or country from which he or she emigrated, his or her social and cultural position in American society, his or her degree of integration and assimilation, and other factors. Nevertheless, as discussed in this article, Russian speakers in the U.S. can be divided into two broad categories. This division is between two generations of Russian immigrants: the first generation and the second generation.

The language of the first generation differs from that of the home country lexically and even grammatically, albeit only slightly. The language of the second generation (in our terminology, the language of heritage speakers) undergoes much more serious structural changes, sometimes making it strikingly different from the baseline—which, of course, cannot help but fascinate linguists.

A linguistic investigation of heritage language will shed light on many questions of modern linguistics, including the following: What does it take for a language to survive in the presence of another, dominant language? What grammatical structures are most susceptible to change under limited input? What are the principles governing these changes? Such an investigation would also allow us to revise our understanding of the native (or first) language as an indestructible monolith and explore the conditions that can destroy or preserve it. Thus, metaphorically speaking, the study of heritage language serves as a microscope that allows the linguist to examine the basic structure of human language at the "cellular level."

From a pedagogical point of view, a serious analysis of heritage languages is needed to find new ways of reviving and developing the linguistic competence of heritage speakers. For heritage speakers, the Russian language is connected to their memories of childhood, family relationships, and, we hope, to a future in which they can read Russian literature that their parents brought with them across the border. We would like to end with the words of another student, whose text we reproduce without corrections:

"Я думаю что моя любовъ к чтение началосъ когда я был маленький. Моя мама и мой папа читали мне детские сказки каждую ночъ по-русски. Я любил слушатъ и как сразу я мог читатъ, я сразу начал читать эти сказки (но по-английски). Моя семъя любит читатъ и у нас много книг в доме. Мы привезли много из наше коллекции из России и мы здесь купили много книг тоже. В моей домашней библиотеке естъ болъшая коллекция Русской классике как Чехов, Толстой, и Достоевский. Моя мечта читать эти книги по-русски."

Bibliography

Гловинская 2001: Гловинская, М. Я. Общие и специфические процессы в языке метрополии и эмиграции. В: Язык русского зарубежья. Общие процессы и речевые портреты. М. – Вена (Wiener Slawistischer Almanach), 341–492

Гловинская 2004: Гловинская, М. Я. Общие типы изменений в языке первого поколения эмиграции. В: Slavica Helsingiensia 24, 13–20

Земская 2001: Язык русского зарубежья. Общие процессы и речевые портреты. Е. А. Земская (ред.). In: Wiener Slawistischer Almanach 53, М. – Вена

Касаткин 1998a: Касаткин, Л. Л. Различия в проявлении одной южнорусской диалектной черты в устной и письменной речи. В: Russian Linguistics 22, 59–69

Касаткин 1998b: Касаткин, Л. Л. Происхождение неразличения и мены свистящих и шипящих согласных в говоре русских старообрядцев, живущих в США в штате Орегон. Филология: Международный сб. научных трудов (К 70-летию А. Б. Пеньковского). Владимир, 72–88

Касаткин 1999: Касаткин, Л. Л. Неразличение и мена свистящих и шипящих согласных в говоре русских старообрядцев, живущих в США в штате Орегон, и в языке их предков. In: Л. Л. Касаткин Современная русская диалектная и литературная фонетика как источник для истории русского языка. Москва: Наука (Языки русской культуры), 328–361

Касаткина – Касаткин 1997: Касаткина, Р. Ф. – Касаткин, Л. Л. Неразличение свистящих и шипящих согласных в языке русских старообрядцев, живущих в США в штате Орегон. Kalbotyra 46/2

Касаткин – Касаткина 2000: Касаткин, Л. Л. – Касаткина, Р. Ф. Некоторые текстовые коннекторы в региональных и социальных разновидностях русского языка (а, но, ну). In: Русский язык сегодня. Вып. 1. Сб. статей. РАН. Институт русского языка им. В. В. Виноградова. Отв. ред. Л. П. Крысин. Москва: Азбуковник, 157–169

Касаткин – Касаткина – Никитина 2000: Касаткин, Л. Л. – Касаткина, Р. Ф. – Никитина, С. Е. Русский язык орегонских старообрядцев: языковые портреты. Речевое общение в условиях языковой неоднородности. Отв. ред. Л. П. Крысин. Москва: УРСС, 2000, 145–164

Касаткина – Касаткин 2003: Касаткина, Р. Ф. – Касаткин, Л. Л. Опыт стратиграфического анализа лексики одного переселенческого говора. Русистика на пороге XXI века: проблемы и перспективы. Материалы международной научной конференции (Москва, 8–10 июня 2002 г.). Отв. ред. А. М. Молдован, В. Н. Белоусов; Сост. Н. К. Онипенко. Москва: ИРЯ РАН, 365–368

Кононова 2005: Кононова, М. Русская старообрядческая диаспора в странах дальнего зарубежья: генезис, формирование и современное положение. Самарское староверие. *http://www.samstar.ru/article/591/*

Кронгауз 2008: Кронгауз, М. А. Русский язык на грани нервного срыва. М.: Знак (Яз. славянских культур)

Кюльмоя 2000: Русские староверы за рубежом. Труды по русской и славянской филологии: Лингвистика. Новая серия. IV. И. Кюльмоя. (ред.). Тарту: Издательство Тартуского университета

Левонтина 2010: Левонтина, И. Б. Русский со словарем. М.: Азбуковник

Никитина 2011: Никитина, С. Е. Русские конфессиональные группы в США: лингвокультурная проблематика. В: Русский язык зарубежья. Отв. ред. Е. В. Красильникова. Москва: Эдиториал УРСС, 69–118

Пфандль 1994: Пфандль, Х. Русскоязычный эмигрант третьей и четвертой волны. В: Русский язык за рубежом 5–6, 101–108

Формановская 1989: Формановская, Н. Речевой этикет и культура общения. М: Высшая школа

Algeo – Pyles 2004: Algeo, J. – Pyles, T. The Origins and Development of the English Language. Boston: Wadsworth

Andrews 1993a: Andrews, D. American-Immigrant Russian. Socio-Cultural Perspectives on Borrowings from English in the Language of the Third Wave. In: Language Quarterly 31, 153–176

Andrews 1993b: Andrews, D. American Intonational Interference in Emigre Russian. A Comparative Analysis of Elicited Speech Samples. In: Slavic and East European Journal 37, 162–177

Andrews 1994: Andrews, D. The Russian Color Categories *Sinij* and *Goluboj*. An Experimental Analysis of Their Interpretation in the Standard and Emigre Languages. In: Journal of Slavic Linguistics 2, 9–28

Andrews 1999: Andrews, D. Sociocultural Perspectives on Language Change in Diaspora. Amsterdam: John Benjamins

Andrews 2006: Andrews, D. The Role of Emigre Russian in Redefining the "Standard". In: Journal of Slavic Linguistics 14, 169–189

Backus 1996: Backus, A. Two in One. Bilingual Speech of Turkish Immigrants in the Netherlands. Tilburg: Tilburg University Press

Benmamoun – Montrul – Polinsky 2010: Benmamoun, A. – Montrul, S. – Polinsky, M. Prolegomena to Heritage Linguistics. White paper, Harvard University. *http://www.fas.harvard.edu/~herpro/home.htm* (accessed 12/29/2010)

Benson 1960: Benson, M. American Russian. In: American Speech 35, 163–174

Berman – Slobin 1994: Berman, R. – Slobin, D. I. Relating Events in Narrative. A Crosslinguistic Developmental Study. Hillsdale, N. J.: Lawrence Erlbaum

Bermel – Kagan 2000: Bermel, N. – Kagan, O. The Maintenance of Written Russian in Heritage Speakers. In: The Learning and Teaching of Slavic Languages and Cultures. Ed. by O. Kagan – B. Rifkin. Bloomington: Slavica, 415–437

Biggins 1985: Biggins, M. E. A South Russian Dialect in Oregon. The 'Turkish' Old Believers. PhD diss., University of Kansas

Borer 1989: Borer, H. Anaphoric AGR. In: The Null Subject Parameter. Ed. by O. Jaeggli – K. Safir. Dordrecht: Kluwer, 69–109

Brown – Levinson 1987: Brown, P. – Levinson, S. Some Universals in Language Use. Cambridge: Cambridge University Press

Carreira – Kagan 2011: Carreira, M. – Kagan, O. The Results of the National Heritage Language Survey. Implications for Teaching, Curriculum Design, and Professional Development. In: Foreign Language Annals 44, 40–64

Dubinina in press: Dubinina, I. How to Ask for a Favor. A Pilot Study in Heritage Russian Pragmatics. University of Helsinki

Friedberg 2008: Friedberg, N. Religious Language as Everyday Life. Genre and Register in the Speech of Russian Pentecostal Hertitage Speakers. Paper presented at the Second Annual Heritage Language Institute, Harvard University, June 2008. *http://nhlrc.ucla.edu/2008summer/presentations.asp* (accessed 1/31/11)

Geisherik 2008: Geisherik, A. Aspects of Teaching Literacy to Heritage Learners of Russian. Linguistic and Methodological Aspects of Accommodating Heritage Speakers in Russian Language Courses at the University Level. Bochum: VDM Verlag

Halmari 2005: Halmari, H. "I'm forgetting both". L1 Maintenance and Codeswitching in Finnish-English Language Contact. In: International Journal of Bilingualism 9, 397–433

Holdeman 2002: Holdeman, J. Language Maintenance and Shift Among the Russian Old Believers of Erie, Pennsylvania. Ph. D. dissertation, Ohio State University

Isurin 2000: Isurin, L. Deserted Island or a Child's First Language Forgetting. In: Bilingualism: Language and Cognition 3, 151–166

Isurin 2007: Isurin, L. Teachers' Language. L1 Attrition in Russian-English Bilinguals. In: The Modern Language Journal 91, 357–371

Isurin - Ivanova-Sullivan 2008: Isurin, L. – Ivanova-Sullivan, T. Lost in Between. The Case of Russian Heritage Speakers. In: Heritage Language Journal 6/1, 72–104

Isurin 2011: Isurin, L. Russian Diaspora. Culture, Identity and Language Change. Berlin – New York: Mouton de Gruyter

Kagan – Akishina – Robin 2003: Kagan, O. – Akishina, T. – Robin, R. Russian for Russians. Textbook for Heritage Speakers. Bloomington: Slavica

Kagan – Dillon 2010: Kagan, O. – Dillon, K. Russian in the United States. In: Language Diversity in the United States. Ed. by K. Potowski. Cambridge: CUP, 179–194

Keenan – Comrie 1977: Keenan, E. L. – Comrie, B. Noun Phrase Accessibility and Universal Grammar. In: Linguistic Inquiry 8, 63–99

Laleko 2008: Laleko, O. Compositional Telicity and Heritage Russian Aspect. In: Proceedings of the Thirty-Eighth Western Conference on Linguistics (WECOL) 19. Ed. by M. Grosvald. – D. Soares, 150–160

Laleko 2010: Laleko, O. The Syntax-pragmatics Interface in Language Loss. Covert Restructuring of Aspect in Heritage Russian. Ph. D. Dissertation, University of Minnesota

Mayer 1967: Mayer, M. A Boy, a Dog, and a Frog. New York: Dial Books

Melnik 2007: Melnik, N. Extending Partial Pro-Drop in Modern Hebrew. A comprehensive analysis. Proceedings of HPSG07 Conference.
    http://cslipublications.stanford.edu/HPSG/8/melnik.pdf (accessed 1/19/11)

Mikhaylova 2006: Mikhaylova, Anna. Second Language Influence among Russian-English Late Bilinguals. Experimental Study. In: Inostrannye jazyki v vysshej shkole 3, Ryazan State University Press, 110–119

Montrul – Polinsky 2011: Montrul, S. – Polinsky, M. Why Not Heritage Speakers? In: Linguistic Approaches to Bilingualism 1, 87–92

Morris 1992: Morris, R. A. Old Russian Ways. Cultural Variations Among Three Russian Groups in Oregon. New York: AMS Press

Myers-Scotton 1993: Myers-Scotton, C. Duelling Languages. Grammatical Structure in Codeswitching. Oxford: Clarendon Press

Myers-Scotton 2002: Myers-Scotton, C. Contact Linguistics. Bilingual Encounters and Grammatical Outcomes. Oxford: Oxford University Press

Pavlenko 2003: Pavlenko, A. I feel clumsy speaking Russian. L2 Influence on L1 in Narratives of Russian L1 Users of English. In: Effects of the Second Language on the First. Ed. by V. Cook. Buffalo: Multilingual Matter, 32–61

Pereltsvaig 2008: Pereltsvaig, A. Aspect in Russian as Grammatical Rather than Lexical Notion. Evidence from Heritage Russian. In: Russian Linguistics 32, 27–42

Polinsky 1997: Polinsky, M. American Russian. Language Loss Meets Language Acquisition. In: Annual Workshop on Formal Approaches to Slavic Linguistics. Ed. by Wayles Browne et al. Ann Arbor: Michigan Slavic Publications, 370–406

Polinsky 2000: Polinsky, M. A Composite Linguistic Profile of a Speaker of Russian in the U.S. In: The Learning and Teaching of Slavic Languages and Cultures. Ed. by O. Kagan – B. Rifkin. Bloomington: Slavica, 437–469

Polinsky 2006: Polinsky, M. American Russian. In: Journal of Slavic Linguistics 14, 191–287

Polinsky 2008a: Polinsky, M. Without Aspect. In: Case and Grammatical Relations. Ed. by G. Corbett – M. Noonan. Amsterdam: John Benjamins, 263–282

Polinsky 2008b: Polinsky, M. Heritage Language Narratives. In: Heritage Language Education. A New Field Emerging. Ed. by D. Brinton – O. Kagan – S. Bauckus. New York: Routledge, 149–164

Polinsky 2008c: Polinsky, M. Gender under Incomplete Acquisition. Heritage Speakers' Knowledge of Noun Categorization. Heritage Language Journal 6/1.
    http://www.international.ucla.edu/languages/heritagelanguages/journal/article.asp?parent id=75825 (accessed 2/4/2011)

Polinsky 2011: Polinsky, M. Reanalysis in Adult Heritage Language. In: Studies in Second Language Acquisition 45, 1–45

Polinsky et al. 2011: Polinsky, M. – C. Gomez Gallo – P. Graff – E. Kravtchenko. Subject Preference and Ergativity. In: Lingua 122/3

Poplack 2004: Poplack, S. Code-switching. In: Sociolinguistics. An International Handbook of the Science of Language and Society. 2nd edition. Ed. by U. Ammon – N. Dittmar – K. J. Mattheier – P. Trudgill. Berlin: Walter de Gruyter, 589–596

Potowski 2010: Potowski, K. Language Diversity in the United States. Dispelling Common Myths and Appreciating Advantages. In: Language Diversity in the United States. Ed. by K. Potowski. Cambridge: CUP, 1–24

Schmitt 2000: Schmitt, E. Overt and Covert Code-switching in Russian Immigrant Children. In: International Journal of Bilingualism 4, 9–28

Schwartz 2007: Schwartz, F. Processing Presupposed Content. In: Journal of Semantics 24, 373–416

Sekerina – Pugach 2005: Sekerina, I. A. – Pugach, Y. Cross-linguistic Variation in Gender Use as a Parsing Constraint. Dutch vs. Russian. In: The Proceedings of the 13th Annual Workshop on Formal Approaches to Slavic Linguistics. The South Carolina Meeting 2004 Ed. by S. Franks – F. Y. Gladney – M. Tasseva-Kurktchieva. Ann Arbor: Michigan Slavic Publications, 312–323

Seliger – Vago 1991: First Language Attrition. Ed. by H. Seliger – R. Vago. Cambridge: CUP

Smyslova 2009: Smyslova, A. Developing Four-Skill Literacy among Adult Heritage Learners: Effects of Linguistic and Non-Linguistic Variables on the Attainment of Low-Proficiency Heritage Students of Russian within a Dedicated College-Level Bridge Course. Ph. D. Diss., Bryn Mawr

Sorace 2004: Sorace, A. Native Language Attrition and Developmental Instability at the Syntax-discourse Interface. Data, Interpretations, and Methods. In: Bilingualism: Language and Cognition 7, 143–145

Sorace – Serratrice 2009: Sorace, A. – Serratrice, L. Internal and External Interfaces in Bilingual Language Development. Beyond Structural Overlap. In: International Journal of Bilingualism 13, 195–210

Thomason – Kaufman 1988: Thomason, S. – Kaufman, T. Language Contact, Creolization, and Genetic Linguistics. Berkeley: University of California Press

Whittaker 2006: Whittaker, R. The Tolstoy Foundation. Library and Archives. In: Tracking a Diaspora. Émigrés from Russia and Eastern Europe in the Repositories. Ed. by A. Shmelev. New York – London: The Haworth Information Press, 87–96

Wierzbicka 1991: Wierzbicka, A. Cross-Cultural Pragmatics. The Semantics of Human Interaction, Berlin – New York: Mouton de Gruyter

Wilde 1906: Wilde, O. The Canterville Ghost. An Amusing Chronicle of the Tribulations of the Ghost of Canterville Chase when His Ancestral Halls Became the Home of the American Minister to the Court of St. James. Boston: J. W. Luce and Co.

JULIANE BESTERS-DILGER (FREIBURG)

Russian in Germany: Intermediate Results on L1 Attrition

1. Introduction: Russians in Germany

Those known as "Russians" in Germany include three groups of people (cf. Brehmer 2007) whose native language is Russian and who immigrated with the so-called "fourth wave" (after World War II and, in increased numbers, since perestroika):

- Ethnic German resettlers from the former Soviet Union and their Russian relatives who accompanied them. They number almost 2.4 million[1] and are immediately eligible for German citizenship along with their immediate kin upon providing evidence of having at least one German grandfather or German grandmother. The resettlers are descendents of the Russian Germans, most of whom emigrated to Russia in the 18th century and were later deported to Asia and Siberia by Stalin. Their history has been described in detail (Stricker 1997). This wave of immigration peaked in the first half of the 1990s, with well over 200,000 immigrants per year.
- "Real" Russians, who often enter Germany with a tourist visa and remain there after it expires. This group also includes Russians married to Germans, students, au pairs, private nurses for the elderly, scientists, etc. There are officially around 180,000 Russian nationals currently living in Germany. The actual amount is difficult to determine, but it is probably at least twice as high.
- Russian Jews, who, like the ethnic German resettlers, are allowed to enter Germany. But unlike German resettlers, they are not directly eligible for citizenship. They officially number around 205,000. Eastern European immigrants now account for up to 90% of Jewish communities in Germany.

According to most estimates, there are around 3 million people living in Germany who speak Russian as their native language. That is around 3.7% of the total population. They have a pronounced presence on the internet and a highly developed infrastructure, with their own shops, travel agencies, discotheques, newspapers, and nursery schools.

---

[1] See the Migration Report of the Federal Government for the year 2010 (www.bamf.de/SharedDocs/Anlagen/DE/Publikationen/Migrationsberichte/migrationsbericht-2010.pdf?__blob=publicationFile): Whereas until 1989 around 255,000 ethnic German resettlers and their relatives immigrated from the Soviet Union, between 1990 and 2010 their number increased to 2,102,310. The immigration climaxed in 1994, with 213,214 persons in one year.

2. Topics under investigation

Native Russian-speaking immigrants are faced with two different linguistic challenges: on the one hand, the problem of learning German, which is influenced by their L1, Russian, and on the other hand, attrition of their L1, which is influenced by their L2, German. At the University of Freiburg (Germany), we are carrying out a research project supported by the German Research Fund (DFG) that concentrates on L2 acquisition, i.e., the acquisition of German by native speakers of Russian. The focus of this paper, however, will be language attrition.

An important and fundamental distinction is that between language contact and bi-/multilingualism. Bi- and multilingualism research focuses on the *processes* that take place in the brain of a bi- or multilingual *individual*, while language contact research extrapolates from the individual and concentrates solely on the *observable results of the mutual influence of the two (or more) languages on each other*. Our paper is situated in the field of language contact research. We are not exploring the cognitive, psycho-, or neurolinguistic processes of language attrition and are thus outside of bi-/multilingual research, which has in recent years worked increasingly with neuroimaging techniques.

Language contact can further be divided into contact between languages (or dialects) used by *linguistic communities* considered as a whole or contact between languages (or dialects) used by *one person*. The latter type of research was pioneered by Uriel Weinreich in 1953, and it defines the kinds of questions that we will focus on here. To a lesser extent, we do take speakers' individual characteristics into account, e.g., gender, duration of stay in Germany, age at the time of immigration, level of education, media consumption in L1 and L2, the language of one's partner and friends, contact with Russia, etc.[2] The research thus remains largely language-systematic, although we are aware that surprising differences in attrition across individuals have much to do with such socio-cultural variables[3] and with the desire to adapt to the German environment, which is gener-

---

[2] Contact with L1 is monitored, since it is generally considered to impede L1 attrition (cf. e.g. Gürel 2007: 117) and possibly also disrupt the development of the L2. The former claim is questioned by Schmid (2007: 150f.), however.

[3] One of the latest studies on socio-cultural factors promoting or inhibiting L1 attrition is Isurin (2011: 204–222). An interesting aspect of this (quite superficial) study is the comparison between Russians and Russian-speaking Jews in the U.S., Israel and Germany. Language maintenance is best in Israel, at least when people assess their own proficiency (211). This is explained by the high amount of daily exposure to Russian in Israel (220).

ally higher among the ethnic German resettlers[4] than among the two other groups of Russian-speaking immigrants.

3. The Russian-German mixed language Qwelja

In scientific literature (Brehmer 2007) and on the internet one can find some evidence of a Russian-German mixed language called Qwelja, Kwelja, or Quelia (see Quelia (see www.strannik.de/quelia). If we compare these texts and glossaries (usually written entirely in Cyrillic, but sometimes written in a mix of the Cyrillic and Latin scripts) with the definition of a mixed language proposed by Matras and Bakker, it even constitutes an ideal "crude lexical : grammar split" (Matras – Bakker 2003: 16): the grammar is Russian and the vocabulary is heavily influenced by German, so that a high percentage of words or at least word stems are German. However, one damning problem remains: the language Qwelja as we find it on the internet is artificial. None of the Russians in Germany we asked said that there is any person who really speaks or writes in this way.

On the other hand, it is surprising how correctly even those people who mix relatively many German lexical elements in their speech, even the authors of the Qwelja sites, use Russian grammar, Russian spelling, verbal and partly nominal inflection as well as syntax. German-Russian participants in chats, blogs and forums often correct grammatical errors made by other members and criticize their overuse of German vocabulary. Therefore, it is not adequate to call Qwelja a "German-Russian pidgin," since one of the main features of a pidgin is the extremely reduced grammar, and that is not true in this case. The general attitude is that language mixing is a weakness, a lack of culture or education, and that one should avoid it or at least try to avoid it (Meng – Protassova 2005: 253–254, 258–259).

Nevertheless, there are German lexical elements which occur either ad hoc or with a certain regularity in the speech of the German Russians. The latter concerns mainly words denominating phenomena of the German reality that do not exist in Russian. It seems that the newly arriving resettlers and their families already learn many of them during their stay in the reception camp (Meng – Protassova 2005: 257-258). But some lexical elements for which a corresponding term exists in Russian can also be classified as borrowings.[5] Some examples of

---

[4] Zemskaya (n.d.) noticed that their desire to adapt to the new linguistic environment is stronger than it is among Russians who emigrated to other countries.

[5] The terminology used in language contact research is not consistent at all. Poplack et al. (1988: 93), one of the most influential researchers in the field, calls ad hoc loans "single-word

often-used words, i.e. borrowings: *анмельдоваться* "sich anmelden" (to regis-
ter), *пуцовать* "putzen" (to clean/brush/polish/wash), *ферзихероваться* "sich
versichern" (to insure against sth.), *пуцка* (< *пуцовать*) "Putzstelle" (a job as a
cleaner), *арбайтсамт* "Arbeitsamt" (job centre), *шпрах* "deutsche Sprache" or
"Deutsch-Sprachkurs" (German language or German language course), *шпре-
хать* "sprechen" (to speak), *урлауп* "Urlaub" (holiday), *банхоф* "Bahnhof"
(railway station), *келлер* "Keller" (cellar, basement), *кранкенхаус* "Kranken-
haus" (hospital), etc.

4. Challenges for language attrition research

Language attrition, i.e., the partial loss of the L1 under the influence of an L2,
has been studied neither as long nor as extensively as language acquisition. So
far, attrition research has focused mainly on the loss of vocabulary and on inter-
and intra-sentential code-switching. It is often claimed that only vocabulary is
affected in adult "attriters" (i.e., individuals who were older than approx. 12–14
years—others say 17–18 years—at the time of immigration) and that all other
areas of language competence remain stable (e.g., Zemskaja, n.d.). However,
avoidance and compensation strategies, at the least, should be taken into ac-
count. Although most researchers agree that the lexicon is affected first and
strongest by language attrition (cp., e.g., Hutz 2004), others doubt whether the
use of ad hoc loan words and borrowings from the L2 is always a sign of lan-
guage attrition (e.g. Pavlenko 2004: 48–51).

   The overwhelming majority of publications on Russian attrition in a
German environment present lexical transferences (ad hoc loans and borrow-
ings) and code-switching (e.g., Meng – Protassova 2005, Goldbach 2005), while
morphological and syntactical borrowings are only seldom mentioned (examples
see below).

---

code-switching" and defines them as those loans which are phonologically, morphologically
and syntactically not integrated into the embedding language. Other researchers would not use
the term "code-switching" for the insertion of a single word. Morphologically, syntactically
and phonologically integrated loans which are used by only one speaker in a specific context
Poplack calls "nonce borrowings," and "established borrowings" are those which are inte-
grated in the receiving language and used by a group of speakers. We simplify this tripartite
definition and define borrowings as words used by many speakers and ad hoc loans as those
which are not, independent of their integration into the embedding language. This simplifica-
tion is justified by the fact that the same German "Russians" sometimes inflect German words
(ad hoc loans and borrowings) in Russian contexts according to the Russian rules and some-
times not.

In this paper, the study of vocabulary will therefore be reduced to hybrid words like *zamel'dovat'sja* (from the German "sich melden"), which requires a certain effort to integrate into the Russian verbal paradigm. Additionally, we will mention changes (expansion) of meaning. Due to space constraints, we will refrain from enumerating loan translations, German discourse particles (such as *na ja, doch, zum Beispiel*) and conjunctions (*aber*), and "destroyed" Russian collocations. Morphology and syntax will be the main focus. We are aware, however, that more subtle attrition phenomena like avoidance strategies, breaking off sentences, low syntactic complexity of the utterances and wrong grammaticality judgements would be just as interesting. Unfortunately, we have not yet been able to carry out such tests.

Ždanova (2007, 2008) has opened a new field of research on attrition: the loss of register. She refers to the incompetence of young Russian speakers from migrant families regarding stylistic differentiation in both Russian and German and concludes that these speakers often switch to German (code-switching) when they are incapable of making a register switch within Russian. She also addresses changing politeness forms (use of German forms of greeting or their translations), the use of jargon/colloquial speech (instead of higher registers), and expressive phrases (Russian and German expletives) in inappropriate situations, and Russian immigrants' lack of knowledge of Church Slavonic terms, archaisms, proverbs, phraseologies, etc. A typical first sign of language attrition is thus the loss of register and the non-differentiation of text type. This can be explained by broken contact with the multi-registered Russian language.

But these interesting studies also provide evidence of a methodological problem: Most studies on Russian language attrition concentrate on schoolchildren and young adults who live in larger cities and have a high level of education; sometimes the test persons are even limited to students of Russian studies. Often, the age at the time of immigration is also limited to a relatively early period (e.g. Zhdanova 2008: 7-9 years old, Ždanova 2007: 10-12 years old). The predominance of these respondents is due to the fact that these population groups are easily accessible and that in so-called "early bilinguals" (those who are exposed to a second language between the ages of 3-12, according to other researchers 3-10), we can expect numerous attrition phenomena in the L1. We believe that such a limited pool is insufficient. These children and young adults are less suitable for language attrition research since they learned Russian only for a short period in a Russian environment, mostly within their family, immigrated at an early age and thus acquired Russian incompletely. In literature on language attrition they are called "incomplete learners." Similarly, there is another group

which is the least suitable for attrition research: so-called "heritage language speakers," who have acquired Russian exclusively within their family (age 0-3) or are born in the new country. Studying these test persons means studying their incompletely acquired version of the Russian language.

Conversely, the grammatical deviations and avoidance strategies of individuals who have completed their education in Russia are much more instructive in attrition research. This group is called "forgetters." Their Russian begins to show attrition no earlier than a decade after immigration[6] and in general on a much more sophisticated level than the Russian of incomplete learners and heritage language speakers. Attrition becomes evident in vocabulary, transference phenomena, circumscriptions, forgetting of grammar, simplification of syntax, self-corrections, breaking off sentences, etc. Every study on language attrition has to define the type or types of "attriters" in the sample, since the results of the tests will be different for members of the different groups.[7]

There is another necessary restriction when choosing a sample: Only ethnic German resettlers born after 1952 are suitable as respondents, since some of the older still possess relics of German native speaker knowledge (Berend et al. 2008), and thus language attrition may not take its typical course.

Although native speakers of Russian in Germany have been the subject of multiple sociolinguistic studies, there is, on the whole, a lack of differentiated studies on their morphological and syntactic competence and avoidance and compensation strategies. Error analysis alone is not enough to measure L1 competence; rather, all features of the L1 must be taken into account. Therefore, a careful study on language attrition needs a Russian control group of people living in Russia whose narratives will be compared with those produced by "forgetters." Longitudinal studies are also necessary in order to determine whether there are certain features of morphosyntax that weaken earlier than others. We call this phenomenon "attrition sequences," corresponding to the term "acquisition sequences" in language acquisition research, and claim that

---

[6] Meng (2001) cites several cases where "forgetters" already show attrition after 2–3 years in Germany. Many of them occur in conversation with children who are—also due to attending a German school—less fluent in Russian. The parents accommodate to their children's speech (see the explanation below, under example (5)).

[7] The only weakness of Zemskaja's (2001) pioneering and fascinating study is the mixing of forgetters, incomplete learners and heritage language speakers in her examples. She groups the respondents according to the emigration waves (I–IV) to which they belong. We prefer a horizontal classification corresponding to the age at onset (minimum: 5 years) and therefore to the extent to which the speakers were exposed to a Russian speaking environment. Heritage language speakers are excluded.

such a systematicity exists. While we were unable to conduct a longitudinal study, we conducted a semi-cross-sectional study in its place, which, admittedly, has some shortcomings that cannot be redressed.

5. First steps and first examples

With the help of several students[8] who wrote seminar papers and even theses on the topic, we conducted some pre-tests with 15 Russian-speaking persons (German resettlers and Russians) who immigrated at different ages. Since the majority of the test subjects were students, the examples below are by no means representative. Additionally, we were not yet able to build up a group which only included "forgetters." Most of the respondents must be classified as "incomplete learners" (examples 3, 5, 6, 7, 8, 10, and 12); only examples 2, 4, 9, and 11 are produced by "forgetters" (and some other utterances, mentioned in the text). We asked the respondents to produce narratives and to write a short essay but could not yet test their competence in producing and distinguishing different registers; neither did we test their grammaticality judgements or the syntactic complexity of their utterances or avoidance strategies. The Russian control group in Russia is yet to be tested.

Among the multiple interesting language features we found, the following—nearly all from the oral narratives—seem to be typical:

At the spelling level, the mixing of Cyrillic and Latin scripts, but only in the writing of a person who immigrated aged younger than 20; some of those whose "age at onset" was less than 10 years could not write at all.

At the phonetic/phonological level, consonant aspiration, the German glottal stop before a vocalic beginning of a word or syllable and uvular *r* (only produced by those who came early to Germany aged between 5 and 12 years, so-called "incomplete learners").

At the lexical level:

(1) Verbs like *mel'dovat'sja/zamel'dovat'sja* "sich melden" (to contact, to get in touch with), which are integrated into the Russian inflectional system: it not only gets a Slavic suffix and infinitive ending, but also a Slavic aspect-building prefix. Aspectual prefixes are not found in other hybrid verbs, such as *pucovat'*

---

[8] I thank Martin Schwietzke and Julia Andreas for some of the examples quoted below.

"putzen" (to clean) or *anmel'dovat'sja* "sich anmelden" (to register) and other verbs. *Mel'dovat'sja/zamel'dovat'sja* is a lacuna in the Russian vocabulary, which might be the reason that it is so well integrated in the Russian system.

(2)   Я хотела *выбрать*, но я совсем не
          1SG.NOM wollen-PST.F wählen-INF, aber 1SG.NOM völlig nicht
          Ich wollte *wählen*, aber ich kenne gar nicht
          I wanted to *choose*, but I do not know at all

          знаю политическое развитие […]
          kennen-PRS.1SG politisch-ACC.N Entwicklung […]
          die politische Entwicklung
          the political development

In accordance with the German verb "wählen", the meaning of the Russian verb *vybrat'* "to choose" has been expanded to also mean "to vote." The correct Russian verb would be *golosovat'*. This phenomenon is loan meaning or expansion of meaning.

(3)   Немцы воспитываются чтобы *следовать* законам, […]
          Deutscher-NOM.PL erziehen-PRS.PAS damit befolgen-INF Gesetz-DAT.PL
          Die Deutschen werden erzogen, um die Gesetze zu *befolgen*
          The Germans are brought up in order to *follow* the law

In accordance with the German verb "befolgen," the meaning of the Russian verb *sledovat'* "to follow" has been expanded to the meaning "to follow/to observe (the law)." The correct Russian verb would be *sobljudat'*. It is interesting that the government of the Russian verb is maintained (dat), although it is different from the German verb (acc). This phenomenon is also loan meaning or expansion of meaning.

(4)   […] то есть, мы *делали* грамматику,
              das heißt-ADV 1PL.NOM machen-PST.PL Grammatik-ACC.SG,
          […] das heißt, wir *haben* Grammatik *gemacht*,
          […] that means, we *did* grammar,

          просто часть какой-то грамматики
          einfach-ADV Teil-ACC.SG irgendwelcher-GEN.F Grammatik-GEN.SG
          einfach einen Teil von irgendeiner Grammatik
          just a part of any grammar

In accordance with the German verb "machen," the meaning of the Russian verb *delat'* "to do" has been expanded to the meaning "to work on some-

thing, to study." The correct Russian verb would be *zanimat'sja* + instr. The Russian *delat'* transporting loan meaning occurs very often in the speech of Russians in Germany (*delat' ėkzamen, delat' slavistiku i germanistiku*, Goldbach 2005: 56-57; *delat' koster*, Protassova 2007: 315, example of an incomplete learner). The choice of the verb has not only lexical, but also syntactic consequences: Instead of the "complicated" instrumental case, the speaker uses the accusative, which is perceived as "easier" because it is earlier acquired and more familiar.

The same is true for the use of *vzjat'* and *imet'*. We found many examples like *vzjat' avtobus (*instead of *sest' na avtobus), voz'mite lift! (*instead of *poezžajte na lifte!)* etc., and with *imet'* where the typical Russian construction *u menja (est')* is avoided and replaced (e.g. *ja imeju general'nuju probu*, instead of *u menja general'naja repeticija; ty ne imeeš' vremeni?* instead of *u tebja net vremeni?* (Pfandl 1998: 379, incomplete learners); *on imeet rabotu* instead of *u nego est' rabota,* utterance of an incomplete learner). Zemskaja (2001: 97-98) made the same observation, but mainly with heritage speakers.

At the syntactic level:

(5)   […] я бы очень хотела несколько лет
        1SG.NOM PART sehr wollen-PST.F einig-QU.N Jahr-GEN.PL
        Ich würde sehr gerne einige Jahre
        I would very much like [to spend] some years

        провести *в* Дальнем Востоке
        verbringen-INF in fern-LOC Osten-LOC
        im Fernen Osten verbringen.
        in the Far East.

Apart from the unusual word order, which corresponds to the German sentence structure, this is a typical preposition error (*v* instead of *na*), triggered by the German preposition. The use of prepositions is a fascinating topic in language contact research since it also constitutes a huge problem in L2 acquisition. Prepositions seem to be both difficult to acquire and easy to lose.

Comparable other examples are *Ja očen' often často ezžu v Evrope (*instead of *po Evrope), Rossija živet ot resursov (*instead of *na resursax),* both produced by a forgetter. Protassova (2007: 316) found *On ukral mašinu ot svoego papy* instead of *u svoego papy,* an utterance of an incomplete learner.

One step further is *priexat' s (avto)busom* (Meng 2001: 330, 337, produced by a forgetter), where in German the preposition "with" occurs instead of

the Slavic prepositionless instrumental (or *na* + prep). This phenomenon—replacement of the prepositionless instrumental by *s* + instr.—is also typical for the four Slavic languages studied by Markus Bayer (2005: 260-261), which are heavily influenced by German.

(6)   [...] часть его семьи уже в
            Teil-NOM 3SG.M.GEN Familie-GEN schon in
            [...] ein Teil seiner Familie [zog] schon in
            [...] one part of his family already in *the*

            восьмидесятых годах перебралась в Германию
            achtzigster-LOC.PL Jahr-LOC.PL umziehen-PST.SG.F in Deutschland-ACC.
            den *achtziger Jahren* nach Deutschland um
            eighties moved to Germany

In this example, the speaker uses the correct preposition but combines it with the wrong case (prepositional). The expression "in the eighties" requires in Russian the accusative, in German the dative (which is the local case). This is, on the one hand, another example of an incorrect local/temporal expression, but the difference compared to (5) is that only the case, not the preposition, is erroneous in this context. In other contexts, even temporal, even with the same noun (*god*) the prepositional would be standard (*v ètom godu, v prošlom godu,* etc). A similar example is *sosredotočivat'sja na* (+ acc.) instead of prep. The German verb "sich konzentrieren" (to concentrate on sth.) governs the accusative. Cp. also *My na lošadej katalis'*, pronounced by an incomplete learner who confuses again the acc. and the prep. (for another explanation see 6.2). Zemskaja's (2001: 89) example, produced by a heritage language speaker, *Ona zamužem za Saltykova* (instead of *Saltykovym*) *byla* is similar, but the error is easily comprehensible from an inner-Russian perspective because the collocation *vyjti zamuž za* would require the accusative, but *byt' zamužem za* requires the instrumental.

Other researchers found more errors in prepositionless government of verbs: for example, Protassova (2007: 313) mentions *blagodarit'* and *pozdravljat'* both with (German) dat. instead of (Russian) acc., used by forgetters.

(7)   [...] она не работает щас *как врач*
            3SG-Nom.F nicht arbeiten-PRS.3SG jetzt wie Arzt-NOM
            [...] sie arbeitet jetzt nicht *als Arzt*
            [...] she doesn't work now *as a doctor*

years and of heritage language speakers (exception: example (9)). But can we also observe attrition sequences *within* each subgroup of Russian Germans: forgetters, incomplete learners, heritage language speakers? We will now try to answer this question with regard to forgetters.

One indicator of a systematic loss of language proficiency among forgetters is—apart from a reduction of Russian vocabulary, which can only be measured by a comparison with a Russian group—the fact that we have only observed four linguistic domains that are affected by attrition. Two examples (2 and 4) on the vocabulary level show that lexical semantics are affected: the meaning and use of Russian verbs has expanded according to the German scheme. In example (2) this concerned a single case which had no consequences for the syntactic structure of the utterance; in example (4) the replacement of the syntactically more complex verb *zanimat'sja* led to a considerable simplification of the syntactic structure.

Second, the use of prepositions (see the explanation under example 5), and third, the government of verbs (see the explanation under example 6), are also affected by attrition even among forgetters. The fourth domain is the declension of cardinal numbers (example 11). If we then consider the amount of time for which the speakers have lived in Germany, we can reason that—after vocabulary—lexical semantics is affected by attrition first (the speakers in examples (2, 4) have lived in Germany for only a few years and still have strong contact to Russia; there were many similar examples), then the use of prepositions, then verbal government, and finally declension of numerals (the speaker of example 11 has lived in Germany for 21 years and uses German at his workplace and with most of his relatives).

Example (9) is difficult to explain. The respondent has lived in Germany for only seven years and is preparing her wedding with a German who does not speak Russian. It may be that her Russian has deteriorated because she has been speaking German almost constantly.

6.2. Is the L2 always the source of attrition?

Whereas most of the cases described above (examples 1-8) can be characterised as transferences from German, some errors cannot be clearly traced back to German. This concerns the morphological examples (9, 10, 12). In these cases, forgetting is likely the main reason for attrition. In example (11), it is difficult to decide if the loss of the declension is due to the uninflected German cardinal numbers or forgetting.

There is an additional factor that should also be taken into account: frequency. This most evidently concerns example (5), since the preposition *v* in combination with the noun *god* governs the prepositional much more often than the accusative. Additionally, in example 11, the lower frequency of the inflected cardinal numbers is a reasonable explanation (cp. *dvadcat' dva goda tomu nazad, Mne dvadcat' dva goda, Emu ispolnilos' dvadcat' dva goda ...*). Frequency also plays an important role in example 12, which presents an "exception to an exception": the genitive plural of the noun *god* is normally the irregular *let*, but in this case it is *godov*. Frequency does not hold for the example *My na lošadej katalis'* (under example 6), however, since *na loshadjax* is much more frequent than *na lošadej*, and *katat'sja* governs the prepositional (see below).

Another factor which might play a role in attrition is structural simplicity. If a German structure is simpler, an unusual Russian structure (in comparison to other European languages) will be easily replaced. This is true for examples (7, 8) and probably also for the overuse of *delat'*, *vzjat'* and *imet'* (example 4), which all govern the accusative instead of more complex and ontogenetically later-acquired cases.

In this regard, an additional question arises: Do the observed attrition phenomena of the first generation coincide with the "weak points" of Russian grammar as described by Glovinskaja (2001), i.e., do Russian Germans exhibit the same language change that is occuring in Russia, only more quickly and dramatically (Glovinskaja 2001: 341)? This is a possible additional explanation for example (11), since numerals are also losing their inflection in Russia (Glovinskaja 2001: 361). And even cases like *My na lošadej katalis'* find some parallels in Russia, where not only in the metropolises, but also in some smaller dialects (Glovinskaja 2001: 353-356; 476-477) there is an increasing intermixture of the genitive and prepositional cases (in both directions).

Our sample was far too small to be representative. It is much too early to draw convincing conclusions, and we were thus only able to formulate some conjectures. We hope that after having finished the ongoing project on L2 acquisition, we will be able to work with a much bigger group of forgetters and with a corresponding baseline group in Russia. Then it will be possible to move forward in the research on forgetters' linguistic development.

Bibliography

Bayer 2006: Bayer, M. Sprachkontakt deutsch-slavisch. Eine kontrastive Interferenzstudie am Beispiel des Ober- und Niedersorbischen, Kärntnerslovenischen und Burgenlandkroatischen. Frankfurt/ Main etc.: Lang (Berliner Slawistische Arbeiten 28)

Berend et al. 2008: Berend, N. et al. 2008. Russland. In: Handbuch der deutschen Sprachminderheiten in Mittel- und Osteuropa. Ed. by L. M. Eichinger et al. Tübingen: Narr, 17–81

Brehmer 2007: Brehmer, B. Sprechen Sie Qwelja? Formen und Folgen russisch-deutscher Zweisprachigkeit in Deutschland. In: Mehrsprachigkeit bei Kindern und Erwachsenen. Erwerb, Formen, Förderung. Ed. by T. Anstatt. Tübingen: Attempto, 163–185

Glovinskaya 2001: Glovinskaja, M. Ja. Obščie i specifičeskie processy v jazyke metropolii i ėmigracii. In: Jazyk russkogo zarubež'ja. Obščie processy i rečevye portrety. Ed. by E. A. Zemskaja. Vena – Moskva (Jazyki slavjanskoj kul'tury), 341–492

Goldbach 2005: Goldbach, A. Deutsch-russischer Sprachkontakt. Deutsche Transferenzen und Code-switching in der Rede Russischsprachiger in Berlin. Frankfurt/Main etc.: Lang

Golubeva-Monatkina 2004: -Monatkina, N. I. Russkaja ėmigrantskaja reč' vo Francii konca XX veka. Teksty i kommentarii. Moskva (Editiorial URSS)

Gürel 2007: Gürel, A. (Psycho)Linguistic Determinants of L1 Attrition. In: Language Attrition. Theoretical Perspectives. Ed. by B. Köpke et al. Amsterdam: John Benjamins, 99–119

Hutz 2004: Hutz, M. Is There a Natural Process of Decay? In: First Language Attrition. Interdisciplinary Perspectives on Methodological Issues. Ed. by M. Schmid et al. Amsterdam: John Benjamins, 189–206

Isurin 2011: Isurin, Ludmila. Russian Diaspora: Culture, Identity, and Language Change. New York: Mouton de Gruyter

Matras – Bakker 2003: Matras, Y. – Bakker, P. The Mixed Language Debate. Theoretical and Empirical Advances. Berlin – New York: Mouton de Gruyter

Meng 2001: Meng, K. Russlanddeutsche Sprachbiografien. Untersuchungen zur sprachlichen Integration von Aussiedlerfamilien. Tübingen: Narr (Studien zur deutschen Sprache 21)

Meng – Protassova 2005: Meng, K. – Protassova, E. „Aussiedlerisch". Deutsch-russische Sprachmischungen im Verständnis ihrer Sprecher. In: Sprachgrenzen überspringen. Sprachliche Hybridität und polykulturelles Selbstverständnis. Ed. by V. Hinnenkamp – K. Meng. Tübingen: Narr, 229–266

Pavlenko 2004: Pavlenko, A. L2 Influence and L1 Attrition in Adult Bilingualism. In: First Language Attrition. Interdisciplinary Perspectives on Methodological Issues. Ed. by M. Schmid et al. Amsterdam: John Benjamins, 47–59

Pfandl 1998: Pfandl, H. Normabweichungen und Regelverstöße bei Emigrant(innen) mit russischer Erstsprache und Lernenden des Russischen als Fremdsprache. Unterschiede und Gemeinsamkeiten. In: Ars transferendi. Sprache, Übersetzung, Interkulturalität. Ed. by D. Huber – E. Worbs. Frankfurt/Main etc.: Lang, 373–394

Poplack 1988: Poplack S. et al. The Social Correlates and Linguistic Processes of Lexical Borrowing and Assimilation. In: Linguistics 26, 47–104

Protassova 2007: Protassova, E. Sprachkorrosion. Veränderungen des Russischen bei russischsprachigen Erwachsenen und Kindern in Deutschland. In: Kindliche Kommunikation – einsprachig und mehrsprachig. Ed. by K. Meng – J. Rehbein. Münster: Waxmann, 299–332

Schmid 2007: Schmid, M. The Role of L1 Use for L1 Attrition. In: Language Attrition. Theoretical Perspectives. Ed. by B. Köpke et al. Amsterdam: John Benjamins, 135–153

Stricker 1997: Rußland. Ed. by G. Stricker. Berlin: Siedler (Deutsche Geschichte im Osten Europas 10)

Weinreich 1953: Weinreich, U. Languages in Contact. The Hague: Mouton

Zemskaja 2001: Jazyk russkogo zarubež'ja. Obščie processy i rečevye portrety. Ed. by E. A. Zemskaja. Vena – Moskva (Jazyki slavjanskoj kul'tury)

Zemskaya (no date, after 2005): Zemskaja, E. A. Osobennosti russkoj reči ėmigrantov četvertoj volny. *http://www.gramtoa.ru/biblio/magazines/gramota28_52*

Ždanova 2007: Ždanova, V. Zum Problem der Sprachkompetenz bilingualer Migranten mit Russisch als Erstsprache. In: Beiträge der Europäischen Slavistischen Linguistik. Ed. by B. Brehmer et al. München: Sagner (POLYSLAV 10), 188–198

Ždanova 2008: Ždanova, V. Stilističeskie processy v jazyke russkoj diaspory. In: Beiträge der Europäischen Slavistischen Linguistik. Ed. by E. Grafet et al. München: Sagner (POLYSLAV 11), 279–287

Tomasz Kamusella (St. Andrews)

Migration or Immigration? Ireland's New and Unexpected Polish-Language Community

1. Abstract[1]

Since Poland's accession to the European Union (EU) in 2004, an estimated two to three million Polish citizens have left for other EU states. Britain, Ireland and Sweden opened their employment markets to them immediately in 2004; other states of the Old Fifteen took advantage of various derogation periods to postpone the opening of their labor markets to the citizens of Poland and of some other new member states. As a result, the vast majority of Polish (im)migrants arrived in the United Kingdom and Ireland. In the Republic of Ireland, at two-hundred thousand, they constitute around five per cent of the population, rising to ten per cent in Dublin and its vicinity. I argue that one cannot construe them in a traditional manner as an immigrant group, who will lose their native language in the next generation and thus become a linguistically and culturally indistinguishable part of Ireland's English-speaking population. Firstly, their move is within the EU's common political-cum-administrative space, which is similar to moving within the boundaries of a single state. Secondly, cheap flights, the internet, and satellite television and radio allow them to remain part of the mainstream Polish-language community, mostly concentrated in Poland. In light of this, I predict that part of Ireland's population will remain permanently Polish-speaking (though largely bi- and multilingual), making it likely that Polish will become another one of Ireland's languages, taking its place beside English, Irish and Ulster Scots. (It is also possible that Lithuanian, Russian and Slovak will achieve the same status.)

2. Languages and Different Polands: Looking Backward

Today's Poland as an ethnolinguistically homogenous nation-state of ethnic Poles (that is, Polish-speaking monolinguals) came into being in the 1940s. In interwar Poland at least one third of the polity's citizenry was composed of

---

[1] As always, I am grateful to Michael O Gorman for his insightful advice and invaluable help with editing. I also thank Przemysław Kolasiński for his factual comments and information on Polish-language cultural and educational life in Ireland. Obviously, I am responsible for any remaining infelicities.

people of ethnicities other than Polish (Jankowiak-Konik 2011: 120). From the linguistic vantage, the biggest groups of these other ethnicities spoke Ukrainian, Yiddish, Belarusian, and German in everyday life. There were also numerically smaller ethnic groups speaking other languages. However, members of many of the minorities had a command of other languages in addition to their own ethnic ones. The lands that composed interwar Poland had previously belonged to the Russian Empire, the German Empire or Austria-Hungary. This meant that many of the speakers of the aforementioned languages also had a working command of Russian, German or Polish (in the latter case due to the official status of Polish in Vienna's Crownland of Galicia after 1869). By the same token, many among the two-thirds of the population of interwar Poland who were Polish-speaking also shared with their fellow citizens this bilingual facility, generally speaking either Russian or German, as well as Polish. Under the influence of Warsaw's Polonizing policies, there was a lessening of the pressure on Polish speakers to continue to acquire languages other than the standard Polish then taught in school. Conversely, Poland's non-Polish speakers were increasingly forced to acquire Polish, in part through being gradually deprived by the state administration of educational opportunities in their own languages (Horak 1961).

This trend was disrupted by World War II. At different periods during the war and in various sections of interwar Poland (as it was partitioned and occupied by Germany and the Soviet Union), either German or Russian became the dominant language in different regions of the country. In one of the sectors of Poland occupied by Germany (that renamed the Generalgouvernement by the conquering power), Ukrainian speakers tended to be favored vis-à-vis their Polish counterparts. Similarly, in the Soviet zone of occupied Poland, where Polish territory was allocated to the Soviet republics of Lithuania, Byelorussia and Ukraine, the respective languages of Lithuanian, Byelorussian (Belorusian)[2] and Ukrainian were privileged over Polish in public life (cf. Prel 1942). The official language frontiers shifted over and back across the territory of Poland, as the fortunes of Germany and the Soviet Union fluctuated between 1941 and 1945.

---

[2] When referring to Belarus and its language in Soviet times or earlier, I use Byelorussia and Byelorussian, respectively, in reflection of the Russian and Western usage that tacitly held this language to be a dialect of Russian; this was especially visible in the direct English translation of the name of this language, often encountered before 1991, that yielded the unequivocal term 'White Russian.' After gaining independence, in line with its own wishes, Byelorussia became Belarus, and its language, Belarusian (or Belarusan).

Subsequently, the Holocaust of the Jews, the mass expulsions, and the re-settlements created zones of tentative ethnolinguistic homogeneity, often privileging one language (construed as a "national language") over another (relegated to, at most, the role of a "minority language" (Jankowiak-Konik 2011: 148–153, 164–171; Magocsi 2002: 189–193; Sienkiewicz – Hryciuk 2008). The inability to speak the "correct" language became a serious social and political liability and was often punishable by law: for the sake of survival, people did their utmost to stick to a language deemed to be "correct."

The fluid situation solidified after 1945. The new Poland's frontiers were radically shifted westward, concomitantly with the expulsion, under Allied auspices, of the German populations from the German territories east of the Oder–Neisse line now ceded to Poland (with the exception of the northern half of East Prussia, which was incorporated into the Soviet Union, or more exactly into the Russian Soviet Federative Socialist Republic). On the other hand, the eastern half of interwar Poland was left within the Soviet Union. Populations speaking "incorrect languages" were exchanged between these former Polish territories now under Soviet rule and the new and more westerly postwar Poland that had reemerged.[3] Ukrainians, Byelorussians and Lithuanians who remained in the new Poland were encouraged to leave for the Soviet Union, while Poles from Moscow's slice of interwar Poland were, variously, coerced or merely permitted to leave for the new Poland between 1944 and 1959 (Kącka – Stępka 1994; Kosiński 1963; Orłowski – Sakson 1997).

In postwar Poland educational and cultural provisions for non-Polish speaking minorities were erratic, vacillating between denial of their existence, grudging acceptance of them as a tiny fraction of the entire population, and pressure to leave the country (through either official compulsion or the organically arising stimulus to go due to the worsening political and economic circumstanc-

---

[3] Although the difference between Poles, on the one hand, and Byelorussians (Belarusians) and Ukrainians, on the other, was couched in linguistic terms, in practice, when living side by side in the same or in neighboring villages, they spoke the identical Slavic dialect. Hence, in reality religion was employed as the marker to decide a person's nationality, a bit ironic in the context of the ideologically atheistic Soviet Union. In the scheme of things, a Catholic Slavophone was invariably a Pole "speaking Polish," while an Orthodox or Greek Catholic Slavophone could be a Byelorussian or a Ukrainian "speaking Byelorussian" or "speaking Ukrainian," respectively. Who was a Byelorussian or a Ukrainian was decided with the yardstick of the post-1569 southern frontier of the Grand Duchy of Lithuania, which, following World War I, re-emerged as the border between Soviet Byelorussia and Soviet Ukraine, continuing westward as the divide between the ethnically Byelorussian and Ukrainian administrative regions inside interwar Poland. After 1945, interwar Poland's Byelorussian and Ukrainian areas were attached to Soviet Byelorussia and Soviet Ukraine, respectively (Eberhardt 1998: 33).

es). As a result, by the late 1960s, practically no contiguous areas inhabited by non-Polish speakers were left in communist Poland, the only exceptions being a cluster of Lithuanian-speaking villages in the vicinity of Puńsk and the area around Białystok inhabited by the Orthodox population speaking dialects of varying similarity to Byelorussian and Polish (Adamczuk – Łodziński 2006).

After 1945 not only did Poland become synonymous with the territory homogenously inhabited by Polish speakers only, but Poland also became the only polity in which the Polish language was an official and national language. Until 1938 Polish had been an official language of Soviet Byelorussia, alongside Byelorussian, Russian and Yiddish. Furthermore, between the two World Wars a Polish autonomous district had existed in both Soviet Ukraine and Soviet Byelorussia (Ioffe 2003: 1014).

However, after World War II, despite population exchanges between the Soviet Union and Poland, considerable Polish-speaking areas remained in the region of Vilnius in Soviet Lithuania and in that of Hrodna/Grodno in Soviet Byelorussia. In reality the two formed a single geographical area that happened to be divided by the republican border between Lithuania and Byelorussia within the Soviet Union, a border that persisted as the state frontier between Lithuania and Belarus after the USSR's collapse. Polish speakers in Ukraine, though almost as numerous as those in Belarus, are not concentrated in compact areas of settlement. A much smaller Polish-speaking area adjacent to Poland's southern border remains in the northeastern corner of the Czech Republic, centered on the town of Český Těšín (Gąsowski 2000; Morita 2006; Wapiński 2004).

The Polish-speaking areas and minorities outside Poland, to the east and south, continue to be multilingual, unlike the bulk of Polish speakers within the country. In this they are more akin to the multiethnic population of interwar Poland than to the largely monoglot Poles of contemporary Poland. Furthermore, the exigencies of nationally-construed modernity require citizens to be highly literate in the language of the state. The provision of education in other languages, now dubbed "minority," is considered, though more tacitly so, to be troublesome, a scarcely affordable luxury, or even harmful. Hence, the command of ethnic/national/community languages among Polish speakers in Lithuania, Belarus, Ukraine and the Czech Republic is shaky or antiquated, while most are more fluent in the state language (or in Russian in the case of the post-Soviet states[4]) (Dzwonkowski 1994; Skarbek 1993).

---

[4] Russian as a Slavic language is closer to Polish than, for instance, is the Baltic language of Lithuanian. Furthermore, the attraction of Russian as the language of power, of intellectual

Economic, political and wartime emigration of Polish speakers from the mid-nineteenth to the mid-twentieth centuries spawned a considerable number of compact Polish-speaking communities, mainly in Western Europe and North America. Distance and, later, half a century of isolation imposed first by World War II and then by the Iron Curtain cut these communities off from Poland. They predominantly assimilated to the languages of their states of residence in the second, or third generation. It is worthwhile mentioning, however, that the two largest communities of this kind survive to this day in Chicago's Jackowo (that is, Avondale) and in New York's Green Point neighborhoods, which were successively replenished by waves of new arrivals from communist Poland after the political upheavals of 1956, 1968–1970 and 1980–1981, and the fall of communism in 1989 (Walaszek – Bartkowiak 2001).[5]

The third Polish-speaking community, rarely adverted to or acknowledged in Poland, unlike the aforementioned two in Chicago and New York, consists of Polish-speaking Jews who settled in Israel following the Holocaust and the expulsion of the remaining Jews from communist Poland after 1968 (Brendt 2009). Until the turn of the 1990s, they constituted the largest market outside Poland for Polish-language books. For other Polish-speaking communities located outside Poland, their language was considered to be the primary badge of their ethnic/national identity, equally by the expatriate Polish speakers themselves and by their co-nationals in Poland itself. This was not so in the case of Israel's Polish speakers, even if they chose to identify themselves as Poles. Irrespective of their language and declared identity during World War II, the Holocaust singled them out as Jews rather than Poles. Even after the war, persisting anti-Semitism sought to deny them the right to claim any Polishness. Ironically, on average, Israel's Polish speakers seem to have a better command of standard Polish in comparison to other Polish-speaking communities outside communist Poland[6] (Jagodzińska 2008; Księgarnia 2011; Landau-Czajka 2008; Spolsky – Shohamy 1999: 196–197).

---

and economic achievement, and of continent-wide communication puts it in a privileged position vis-à-vis, for instance, the Slavic languages of Belarusian and Ukrainian.

[5] Interestingly, from the linguistic vantage many of the Polish-Americans are Gorals (or *Górale* in Polish) who speak the Goralian (Podhalanian) language/dialect, which is quite distinct from standard Polish, and in many respects is closer to Slovak (Kucharzyk 2011; Schneider 2006: 94).

[6] In contrast with this reality, the stereotypical image of the Polish Jew in Polish literature and film is almost invariably connected to an imperfect command of the Polish language, resulting in a "Jewish Polish" (cf. Brzezina 1986). Ironically, some of the best (and most loved)

Another identificationally anomalous Polish-speaking community is that in (West) Germany. Apart from ethnic Poles who remained in Germany after 1945 and those who subsequently gained political asylum there during communist times, most of the Polish speakers in Germany are so-called *Aussiedlers* (re-settlers). This term refers to pre-1945 German citizens who remained (more often than not against their will) in postwar Poland and their descendants. In the vast majority of cases, in communist Poland they were dubbed *autochthons*, or "ethnic Poles inadequately aware of their primordial Polishness". Until 1945 they principally spoke Slavic dialects (today considered to be the Slavic languages of Kashubian, Mazurian and Silesian) and German, which they acquired at school; since 1945, they have spoken these dialects and Polish, similarly acquired at school. In (West) Germany the vast majority of them shifted to German in the second generation and had only a scant command of the Slavic dialects or Polish. Regardless of their self-identification, Bonn deemed all the autochthons to be Germans, while Warsaw considered the *Aussiedlers* from Poland (or autochthons who had left for West Germany) to be Poles (cf Blanke 2001; Pallaske 2002).

For Polish speakers in Israel and (West) Germany, the Polish language has failed to function as an unambiguous sign of the ethnic/national identity. This was due to the vagaries of official policies, the choices of the settlers themselves, and the popular sentiment that prevailed in states interested in these speech communities.

3. After 2004: A Newly New Poland

The Soviet bloc fell apart in 1989, and two years later this was followed by the breakup of the Soviet Union itself. These events occurred in the period when new democratic freedoms were coupled with unprecedented developments in communications technologies that facilitated affordable, instantaneous mass communication across continents. The videocassette and satellite television had already become widely available in postcommunist Europe at the turn of the 1990s. The revolution in international communications intensified when the internet joined them in earnest during the following decade.

The long distances that had previously kept emigrant language communities isolated from the main body of the speakers can now be bridged quite effortlessly. Hence, these communities are not slated for gradual fading and ex-

---

Polish poets of the 20th century were Jews, for instance, Jan Brzechwa, Bolesław Leśmian, or Julian Tuwim.

tinction, but can, if they so choose, continue to participate in the mainstream of their own culture in their own languages. Even the isolation caused by a restrictive visa regime or by rigorous border checks between neighboring countries, as is the case between Poland and Belarus, can be overcome in the same way.

The successful political and economic transformation of the Soviet bloc countries, combined with the political will and the forward-looking vision of the Old Fifteen nations of the European Union, made possible the "big bang" eastward enlargement of the Union in 2004, followed by the accession of Bulgaria and Romania as an afterthought three years later.

Poland, with its population of 38 million, accounted for more than half of the inhabitants in the eight postcommunist (the Czech Republic, Hungary, Poland and Slovakia), post-Soviet (Estonia, Latvia and Lithuania) and post-Yugoslav (Slovenia) polities that joined the EU in 2004. Ireland, Sweden and the United Kingdom were the only three states from the Old Fifteen that immediately opened their employment markets to the new members. Other Old Fifteen member states decided to impose various derogation periods on the free movement of labor from the new EU states. Austria and Germany, states that border directly on the new members, availed of the full seven-year delay that was legally permissible, before finally opening their employment markets to citizens from the new member countries in 2011.

Serendipitously, the large cohort of eighteen- to thirty-year-olds with secondary, post-secondary and university education who could not find gainful employment in Poland were warmly welcomed by employers in Ireland and Britain, which were then starved of labor. The honeymoon lasted until the onset of the global financial crisis and economic downturn in 2008. But the pundits who predicted that the Poles who had moved to other EU states would now return to Poland were proved wrong. How can one explain this phenomenon, which has confounded the experts?

Consider, for instance, that the unemployment rate in Ireland soared from 4 percent in 2004 to 13 per cent in 2010 and from 4 percent to 8 per cent in Britain, while in Poland it dropped from 20 per cent to 13 per cent during the same period (Bezrobocie w Polsce 2010; Economy Tracker 2011; Unemployment rate 2010; UK Unemployment 2011). So what appears to be an economic miracle in Poland looks like a tragedy in Ireland or like hard times in the United Kingdom. What counts is the initial point of reference. Moving from the level of national statistics to the level of the individual, one should remember that the point of reference and comparison for Poles who moved away from Poland after 2004 is their own places of residence prior to departure. The majority of them

come from villages and towns, where unemployment continues to be higher than the national average (Radiukiewicz 2006: 7). On the other hand, though unemployment has tended to be substantially lower than the national average in big cities (for example, just 3 per cent in 2010 in Warsaw or Poznań [Bezrobocie w Warszawie 2011]), employers do not offer a living wage in Poland. Hence, while a person from a town or village can easily find a job in a city, the job would not pay enough to allow the person to rent appropriate accommodation or to pay for commuting expenses from home (Brzostek 2006).

The paradoxical and counterintuitive result is that it is still easier and economically more viable for unemployed young people from the Polish countryside and towns to obtain jobs in Dublin or London than in Warsaw or Cracow. When one realizes the factual position, it does not come as a surprise that the Poles who moved to the Old Fifteen after 2004 do not stream back to Poland now. Indeed, in 2010 as many as 500 Polish citizens continued to move to Ireland each month (Personal Public Service Numbers 2010). What appears to one person to be a case of economic near-collapse, as Ireland tends to be portrayed in the mass media nowadays, is a land of opportunity to another. The standard of living of well over 80 per cent of Poles who settled in Ireland improved markedly in comparison to what they had or could count on back in Poland (Radiukiewicz 2006: 47).

4. The Polish-speaking Community in Ireland[7]

Between 2004 and 2008, 2.5 million to 3 million persons left Poland for the old EU member states and the other European Economic Area countries (especially Iceland and Norway) (Ilu Polaków 2010). At present it is estimated that 200,000 Polish citizens settled down in the Republic of Ireland and 50,000 in the United Kingdom's Northern Ireland (1,3 tys. Polaków 2009; Newenham 2010; Personal Public Service Numbers 2009). Half of them graduated from universities and the rest from secondary and post-secondary schools (Radiukiewicz 2006: 7).

They account for almost 4.5 per cent of Ireland's population, and for 2.8 per cent of the inhabitants in Northern Ireland. Because in Ireland a plurality of

---

[7] In line with the Good Friday Agreement (1998), Dublin and London are committed to the social, cultural and (to a degree) economic integration of the entire island of Ireland, though without compromising the political inclusion of Northern Ireland within the borders of the United Kingdom. The freedom of movement between the Republic of Ireland and Northern Ireland being unrestricted, the frontiers open and not policed, in the text I attempt to cover the whole island. When the necessity arises to distinguish between the political entities extant in Ireland, I speak of the Republic of Ireland and Northern Ireland.

Polish citizens live in Dublin and its vicinity, they may amount to as many as a tenth of the population in the Irish capital and its metropolitan area. Hence, though many more Poles moved to Britain after 2004 (that is, around one million [Smithers 2007]) than to Ireland, they constitute a considerably bigger proportion of the population in the latter country. In these terms the situation is comparable only to that in Iceland, where 20,000 Polish citizens add up to 6.3 per cent of that island nation's inhabitants (Iceland Faces 2008).

Roughly speaking, half of all the immigrants who arrived in Ireland after 2004 have been Polish citizens (Radiukiewicz 2006: 13). These new arrivals together are responsible for the recent significant increase in the number of live births registered in the country, from 61, 000 per annum in 2005 to 75,000 in 2008 (O'Regan 2009, O'Regan 2010; Population and Migration 2009: 2). On this basis, it can be safely assumed that 14,000 babies were born to immigrant parents in 2008, including 7,000 to Poles. Obviously, this is a simplification, as marrying outside one's ethnic group of establishing informal households with partners who are not Poles are far from uncommon. And as of 2008 and 2009, the first cohorts of the children began entering Irish elementary schools.

Unfortunately, their arrival in the schools coincided with the current economic downturn. Still dazed by the unexpected speed with which Ireland became a multicultural and multiethnic country during the past decade, Dublin does not have a plan, let alone a policy, for how to manage this new multiculturalism. The unwilling victims of this dithering and of the economic situation are the children of immigrant parents. A stop-gap measure that smoothed their integration into the educational mainstream was the appointment of teaching assistants; the main issue to be tackled was the children's inadequate command of English. However, the Irish government, introducing new rounds of austerity measures, now progressively limits the number of teaching assistants, thus lessening the chances of immigrant children to catch up with their Irish peers (Edwards 2011). The danger is that this negligence may cost Ireland dear in the future. For instance, it may lead to the emergence of violent ethnic ghettoes, the management of which will be much costlier than any transient savings achieved by paring down the education budget.

5. Ireland's Poles and Tongues
The Polish-language community in Ireland is quite novel on several counts if compared with other Polish-speech communities that exist outside Poland. Firstly, let us have a look at the Polish language of Ireland's Poles. They were born and educated in a new Poland that was made homogenously monolingual during

the communist period. On the one hand, it meant the suppression of the use of languages other than Polish in the country, while on the other, it saw a dramatic reduction in the use of extant dialects of Polish itself. The former was achieved through expulsions, dispersal and/or forced assimilation (polonization) of groups that were considered non-Polish-speaking; these means included the informal but fully enforced ban on the use of their languages in public and private. The disappearance of dialects came about more gradually, due to voluntary and involuntary mass population movements, the institution of the compulsory popular educational system that stigmatized non-standard varieties of Polish, and especially the profound influence of radio and television which had become ubiquitous in Poland by the mid-1970s. Hence, Ireland's Poles almost invariably speak uniformly standard Polish.

In contrast, however, the Polish language of the pre-2004 Polish immigrant communities in the United States and Western Europe tends to be (sometimes highly) dialectal. This is because their core groups arrived there before World War II from the multilingual Poland of those times, when only a narrow group of elites had a command of standard Polish. Later, these immigrant communities were replenished by new waves of economic and political emigrants from Poland in the wake of the socio-political upheavals of 1945–47, 1956 and 1968–70. The majority of them stemmed from among peasants and workers, who then still did not speak standard Polish as a matter of course. The first substantial wave of speakers of standard Polish, already adult and educated during the communist period, went abroad following the brief Solidarity period of 1980–81, before emigration was swiftly clamped down on with the imposition of martial law.

Likewise, the Polish minorities in Lithuania, Belarus and Ukraine (minorities that are close in size to Ireland's Polish-language community) are highly dialectal. In Belarus their Polish is often the same as the Belarusian of their Belarusian neighbors, the actual difference being rather ethnoreligious than ethnolinguistic, though for ideological reasons the difference is couched in terms of language difference. In a Belarusian village with Polish minority inhabitants, both Poles and Belarusians tend to speak the local Slavic dialect and prefer to switch to Russian for official business. But the local dialect, when committed to paper in the Latin letters of the Roman Catholic faith, becomes the Polish language; the same dialect, when reduced to writing in the Cyrillic letters associated with Orthodox Christianity or Uniatism (Greek Catholicism), becomes the Belarusian language.

In this set of parallels, the Polish-language community in Ireland exhibits some of the characteristics of those in the United States, which are concentrated in the cities of New York and Chicago. The crucial difference, however, is that while the Polish communities hardly make a mark on the overall complexion of these vast American metropolises, Polish speakers in Dublin are clearly visible (and audible) because they account for 10 per cent of the inhabitants. A monolingual Polish speaker might live his or her life without using a word of English in certain specific, singularly Polish quarters of Chicago or New York, but not elsewhere in those cities. However, in Greater Dublin a monolingual Polish speaker can manage to find work, do shopping and find appropriate entertainment all over the city, all these channeled through the medium of his native language. The attitudes and preferences of Dublin's Polish community mean that such a Polish speaker typically prefers not to enclose herself in the (quite deceptive) security of an ethnolinguistic ghetto, in contrast to many of her counterparts in Chicago or New York.

The spread of the rest of the Polish speech community across Ireland, with smaller, though still visible, concentrations in Belfast and other cities, is like that of the Polish minority in western Ukraine. The almost unprecedented monolingualism of Ireland's Poles is similar only to that of the Polish-speaking community of Jews in Israel. Interwar Polish Jews were better educated than other inhabitants of the country, which explains their facility in standard Polish. Following the expulsion of the Jews from the country in 1968–70, the group was replaced by the *crème de la crème* of communist Poland's intellectual elite. The high level of education achieved by Ireland's Poles also makes them in this respect more similar to Israel's Polish speech community than to any other pre-2004 Polish-language communities outside Poland.

The difference between Polish speech communities in Ireland and Israel lies firstly in the initial near-monolingualism of the former compared with the proficiency of numerous members of the latter in the Jewish languages of Yiddish and Hebrew. Members of the latter community also spoke other languages, mainly German and Russian, which had proven useful in the interwar years and during World War II. Today the Polish-language community in Israel is dominated by middle-aged and elderly people who have become fluent in Hebrew. In view of the fact that Polish is of no political, cultural or identificational importance in contemporary Israel and because the country's Polish-language community most probably will never be replenished with more Polish-speaking settlers from Poland, Israel's Polish speakers are bound to vanish as a distinctive group.

In the Republic of Ireland two languages are official, Irish and English, but the former is also designated as the national language. However, for all practical purposes, the entire public life in the country is channeled through the medium of English (constitutionally, a second official language), with the partial exception of the Gaeltacht (that is, officially designated Irish-speaking) areas. These areas have a combined population of 92,000, of whom only 70 per cent are Irish speakers. Indeed, in the entire country, no more than 19,000 people speak Irish on a daily basis (*Census 2006* 2007: 81–82).

In Northern Ireland three languages are official, English, Irish and Ulster Scots. Here the situation is similar to that in the Republic: English dominates in every sphere of public life. No more than 30,000 persons speak Ulster Scots in everyday life, and Irish is used frequently by, at most, 20,000 people (Do You Yourself 1999; Now a Few Questions 1999).

As a result, in purely numerical terms, Polish is now the second largest language of everyday communication, both in the Republic and in Northern Ireland. This may have all kinds of practical and even political ramifications. (One would hope that the latter will be of a limited extent.) The Poles who settled in Ireland never expected to use their native language at work or in state offices, so it is doubtful that they will demand political recognition of their language in the foreseeable future. However, there is potential for a change of heart in this matter because, as I argue below when commenting on the maintenance of the language, Polish is bound to remain a permanent fixture in Irish society and culture for generations to come.

On the other hand, language is not the paramount locus of (national) identity in the British Isles, as it is in Central and Eastern Europe. The recognition of both Ulster Scots and Irish in Northern Ireland is of a tokenistic character, and the national status of Irish in the Republic is more breached than observed. As the long-lasting conflict in Northern Ireland has shown time and again, the lines of division are drawn more on the basis of religion, or perhaps more truly, by the vague memory of whether one's parents or grandparents went to a Catholic or a Protestant church on Sunday. In this way, the situation is similar to that in post-Yugoslav Bosnia, where Bosniaks, Croats and Serbs speak the same Slavic dialect and are able to distinguish one from another only by ascribing Islam, Catholicism and Orthodox Christianity, respectively, to these national groups as badges of difference. (It was only in the mid-1990s that these ethnoreligious differences began to be translated into the terms of language, leading to strenu-

ous efforts to sunder the common dialect of all three groups into the separate languages of Bosniak [Bosnian],[8] Croatian and Serbian [Greenberg 2004]).

A parallel with this is evident in the areas of the Belarusian countryside where there is a Polish minority; people speaking the same Slavic dialect see themselves as either Belarusians or Poles, on the basis of confession and script. Having said that, the homogenous Catholicism of Ireland's Poles makes them fall foul of certain Protestant groups in Northern Ireland, who often perceive the Polish speakers to be strengthening the religion-based dominance of the local Irish nationalists in this province.[9] And conversely, Irish radical (militant) groups have treated Poles as "collaborators" when they provide commercial services to British soldiers (cf. Atak bombowy 2011; Paluch 2009).

Following the fall of communism in 1989 and the breakup of the Soviet Union two years later, "Slavia"[10] seems to have spawned two permanent Slavic-speaking communities outside the traditional confines of the Slavic-speaking world, namely the Russian-language community in Israel and the Polish-language community in Ireland. The new Israeli Russophone community is similar in its identificational character to Israel's waning Polish-speaking community. Israel's Polish speakers, like the recently arrived Russian speakers, primarily identify themselves as Jews, either through religion or in cultural terms through their generational-cum-cultural memory of Judaism as practiced by their ancestors. However, on the basis of their native language, Ireland's Polish speakers identify themselves and are identified by the Irish as Poles.

Both communities, Russian speakers in Israel and Ireland's Polish speakers, due to their large share of the populations of the two states, seem likely to continue to speak their own languages for generations to come. Israel's Russian speakers have skirted around the state's compulsory policy of Hebraization, leading to the rise of a parallel cultural and intellectual world channeled through Russian. Many of them consider Hebrew to be just a local language of only

---

[8] There is a degree of confusion in the use of the adjectives Bosniak and Bosnian. The former is preferred when referring to Bosnia's Muslims and their language, while the latter is used to refer to the entire population of Bosnia, irrespective of their national or religious allegiance. In this scheme of things there is no "Bosnian language," but rather "Bosnian languages," meaning the three official and national languages of Bosnia, namely, Bosniak, Croatian and Serbian.

[9] In 2011, the DUP (Democratic Unionist Party), one of Northern Ireland's Protestant parties, proudly advertized a Catholic Pole as a member. But one wonders whether it is a harbinger of a new transcendence of religious-based divisions or just a PR stunt (Moriarty 2011).

[10] "Slavia" is a neologism popular among Slavicists for denoting the totality of all Slavs and Slavic speakers, usually those resident in their homelands.

slight importance outside Israel, while Russian facilitates their access to the economies and cultures of numerous post-Soviet states. In this way Russian is similar to English, the knowledge of which is also widespread in Israel.

It is also the English language that has attracted Poles to Britain and Ireland. With 4.5 million inhabitants, the population of Ireland is only half that of Sweden (which has 9.5 million inhabitants). However, no more than 15,000 Polish citizens moved to Sweden between 2004 and 2009, even though this country, like Britain and Ireland, had opened its employment market to them immediately after Poland had joined the EU (Sawicki 2009: 231). The most compelling explanation for this phenomenon is the language factor. When one acquires Swedish one can work and live in Sweden and in some areas of Finland; the acquisition of English offers a considerably wider range of options in this respect. When making the difficult decision to leave one's own country, the educated migrant makes a rational calculation of how to limit personal risks and to maximize potential gains. English won hands down over languages like Swedish as the most favored foreign language learned by Poles, and since 2004 Polish speakers have streamed to Britain and Ireland.

The vast majority of Poles arriving in both countries had, at best, a limited knowledge of English, but they were determined to quickly acquire as much of this language as necessary for work and life. Their progress has been fast, especially among those younger than 35, who constitute the vast majority of the Polish speakers living in the two states. (In Britain they may be only a plurality: many Polonophone refugees and soldiers settled in this country after the Second World War, raising the mean age of Polish speakers in Britain today higher than it is in Ireland. It is difficult to answer this question precisely.) They attained a facility in English on the job through self-study and, more rarely (because of a shortage of money), by attending formal courses. The organic manner in which they have acquired English is frequently evident in their speech; in Ireland many became fluent in Hibernian English, while across the Irish Sea they speak Britain's local and regional dialects rather than the standard of the London elite and of southeast England. This arguably makes their integration with local communities swifter without limiting the possibility of their leaving for another Anglophone country should the need arise.

Hence, Poles who arrived from monolingual Poland to Britain and Ireland are already bilingual, or more correctly "diglossic." They tend to use Polish and English in different spheres of their lives. For instance, because the majority of them do blue collar work despite their high educational attainment, they excel in spoken English, while doing little writing in this language. For the time being,

Polish remains their preferred language of written communication, and it is easier for them to consume literature in this language rather than in English. But this is a fluid and potentially changing state of affairs, and the final shape of the diglossia has not yet stabilized.

Less is known about the children of recent migrants. In the Republic of Ireland all students who enter the educational system under the age of 11 are required to take Irish (Exemption 2011). As a result, children born in Ireland to Polish-speaking parents most probably will become polyglossic, at least, in English, Irish and Polish. Then if one adds Hibernian English and Standard English to this equation as separate entities, alongside the rarer cases of fluency in Ulster Scots, it may mean the ability to switch among four or even five language codes, without taking into account foreign languages (that is, other languages typically not employed as languages of the speech communities in Ireland or Poland) that are learned at school.

6. Remaining a Polish speaker in Ireland

I claim above that due to its considerable size in comparison with the population of Ireland and thanks to various recent technological and service developments, the Polish-speaking community in Ireland is bound to retain its language. Until recently, the usual pattern among emigrant communities far removed from their home countries or ethnic homelands was language loss that left the grandchildren of the original emigrants with no knowledge of their ethnic language but for a handful of words.

These technological and service developments, which were not widely available even a decade ago, to a considerable extent counteract the geographical distance. This allows Ireland's Polish-speaking community to participate, almost seamlessly and in real time, in the mainstream of Polish-language life that is continually being created and played out in Poland.

In the early days of the migration, ballooning fleets of buses brought Poles to the British Isles and created a virtual bridge between these westerly isles and Poland. As early as 2005–6 low cost air carriers had taken over this role; the main remaining ones are now the Irish-based Ryanair and Britain's Easyjet. The sole budget airline from the new EU states that survived the cut-throat competition and that operates to this day, including in Ireland and the UK, is the Budapest-based Wizzair (founded in 2003). In truth, airlines have effectively been the most important unifiers of the EU at the grassroots level. But even today bus companies still ply their routes; they continue to show their mettle when snow, fog or volcanic ash paralyze air traffic over Europe.

Technological inventions that allow a Polish speaker in Ireland to feel as if she were back in Poland include satellite television and radio, the internet and Skype. For post-2004 Polish-speaking migrants, satellite television comes in the form of digital platforms. Digital packages were obviously designed for the Polish market: the majority of packages include Polish-language television channels and state-wide radio stations, in addition to hundreds of other channels and stations broadcasting in a dizzying variety of languages. Polish migrants wishing to follow their favorite soap operas and programs quickly found ways to obtain the services of the Cyfra+ and Polsat Cyfrowy digital platforms in Ireland and Britain, as was obvious from the mushrooming of satellite dishes with tell-tale logos in both countries. Another platform, n, recently muscled in on the duopoly.

The internet came in handy for Poles migrating to Ireland and Britain from the very beginning. In the early days after their arrival, when they had no computers of their own and thus no personal access to the web, they sought out internet cafes in order to remain in touch with their families and friends in Poland. Nowadays many have computers and internet access. Consequently, they are, on average, more computer literate than Poland's population at large. Through the net they also access Polish-language periodicals and websites, alongside television channels and radio stations, especially from their home-towns, as these are not available on satellite digital platforms.

The rise of the internet created the possibility of making phone calls on the web, radically lowering the cost of such calls (using VoIP, or Voice over the Internet Protocol). Various internet call cards and internet access telephone numbers had already become obsolete in 2004–5 when the wave of Polish migrants first began to swell. At that time, Skype, founded in 2003, had started widely offering free voice and video calls over the net. Today this is the standard way of communicating among Polish speakers when talking to family and friends living abroad or in different cities. However, the vast majority of the middle-aged and the old in Poland are computer illiterate, meaning that their family and friends from abroad can reach them only via a landline or mobile phone. To this end, Skype offers extremely cheap calls from computers to landline or mobile telephones. Mobile and landline operators in Ireland and Britain, alongside a plethora of internet companies, have also noticed this niche. The former offer various plans with cheap tariffs for calls to Poland, while the latter support VoIP phone-to-phone calls priced at the local rate.

The dramatic rise in computer literacy among the post-2004 Polish-speaking migrants, in comparison to residents in Poland, also placed the migrants at

the forefront in the use of social networking websites. Today, the most popular of them is Facebook, launched in 2004. However, this entirely English-language novelty was initially unattractive to Polish speakers. They first developed a taste for this way of communicating in 2006, when the Polish-language website nasza-klasa.pl (today rebranded as nk.pl), modeled on Classmates.com (founded in 1995), was launched. It appears that for numerous Polish speakers nk.pl has served as a stepping stone to Facebook; it is likely that the improving knowledge of English on the part of the Polonophone communities in Ireland and Britain was instrumental in this process. Now Polish-speaking migrants seamlessly merge the circles of their Polish, Irish, British and international family and friends, switching among languages and language registers; indeed, di- and polyglossia are now incarnate in cyberspace.

Having established a modicum of economic and social stability in Ireland or Britain, Polish speakers wanted to have access to Polish-language press, films, books, and foodstuffs they knew and liked from Poland. The latter craving, easily accessed and monetized, spawned the profitable ethnic sector of Polish food products and eateries. Initially, it was a cottage industry, when individuals and small one-van transportation companies were bringing in such foodstuffs in an enthusiastic, amateurish and unstructured manner. Soon wholesalers dealing in these products sprang up, and these products entered the "world foods" aisles in Asda, Tesco and other leading grocery retailers.

Small, ethnic Polish shops survive, too, because apart from groceries from Poland, they also offer Polish-language periodicals, films on DVD, and, more rarely, books. Many such shops also double as eateries, informal community and job centers, and contact points through which one can hire Polish workers and craftsmen or get in touch with a transportation company to move between countries or send a package at a rate better than those available at the post office. Although Polish cafes, restaurants and confectionaries have also made an appearance, they are not so ubiquitous. But a permanent fixture of the Polish ethnic world in the British Isles is the Polish bakery. These bakeries produce "real bread," the staple food that Polish speakers most miss in Ireland and Britain, as nothing like it is available in mainstream shops. (As a result, some Irish men and women claim that it is raising the standard for bread for Irish in Ireland, too.)

Some bookshops in Ireland (though not in Britain), including Waterstone's, saw the demand for Polish-language books as a business opportunity and started offering them in Polish-language sections. It seems, though, that these sections have not turned out to be a great success because the offer has

typically been limited and not well thought through, with the exception of bilingual dictionaries.

Into this vacuum the internet came to the succor of Polish speakers. The biggest Polish internet bookshop, Merlin.pl (established in 1999), began experimenting with selling products abroad in 2005–6, as long as the purchaser was ready to pay online with a credit or debit card. At present the entire range of Polish language book, periodical and DVD film production can be bought directly from Poland via Merlin.pl or a plethora of other internet bookstores. Furthermore, with the rising popularity of PayPal in the second half of the 2000s, Polonophones living in the British Isles started using the Polish online auction website Allegro.pl (founded in 1999) to the same end. It is also worth mentioning that until the current financial crisis, libraries in Ireland endeavored to offer Polish-language books to their Polish-speaking users, alongside books in other languages of migrants from elsewhere in the EU, mainly in Lithuanian, Russian and Slovak.

The speakers of the three other languages come from Lithuania and Slovakia, and in the case of Russian speakers, mainly from Estonia and Latvia, with a considerable detachment from Moldova. Many Moldovan citizens had gained Romanian citizenship prior to the accession of Romania to the EU in 2007, and with it they have since then legally settled down in Ireland. After a brief hiatus, following the accession of Romania, Bucharest resumed conferring Romanian citizenship on applicants from Moldova (Entering 2010).

Like Polish speakers, Lithuanianphones, Slovakophones and Russophones actively constitute three distinct language communities in Ireland. With the use of similar methods they remain in constant touch with the mainstreams of cultural life in these three languages "back home." The phrase "back home" means Lithuania and Slovakia for Lithuanian and Slovak speakers, respectively, but with regard to Russian speakers it almost invariably refers to the Russian Federation, even though the speakers themselves mostly stem from partially Russophone territories outside that state.

While products and foodstuffs from Lithuania, Slovakia and Poland tend to be offered in dedicated ethnic shops, similar items from Bulgaria, Moldova, Romania, the Russian Federation and some other post-Soviet states typically are on sale together in so-called "Eastern European" shops. When I lived in Dublin between 2007 and 2010, the most successful of all these shops was the Lithuanian supermarket, Lituanica. It did not shy away from offering goods from other new EU member states. In the press corner Polish-, Russian- and Latvian-language magazines, newspapers and DVD films were to be found cheek-by-jowl

with Lithuanian-language titles. One could even buy Crimean and Georgian wines in the shop.

This bricolage of languages, products and cultural offerings from a variety of new EU and some Eastern European countries, as on display in Dublin and elsewhere in Ireland, is unprecedented anywhere in the native countries of the migrants. Back home they were isolated from speakers of other languages even in the neighboring states by borders and by obstructive visa regimes. In Ireland they can meet and mingle with them on an everyday basis, communicating in English. But to many Polish speakers it was a revelation that they can easily understand Slovaks (and vice versa) while speaking their respective languages. All of a sudden, spoken Russian does not appear that difficult to understand for a Polish speaker, despite the mysterious-looking Cyrillic-based texts in this language. Slovak- and Russophones also make an effort to understand Polish, and when communicating difficulties arise, English takes its place. On weekends, many Poles, longing for Central European cuisine and beer, make a beeline to the Czech Inn in Dublin's Temple Bar area for dinner with friends and to watch an exciting soccer match. And, indeed, the malleability of language is further emphasized here: Slovak staff now work in the Czech Inn, taking the place of people who came from the poorer eastern half of the Czech Republic.

All of this may seem like a Panslavic dream come true, but that would be looking backward. What fuels the dreams of these migrants is the economic and social attraction of the unprecedented multiculturalism and multilingualism that they can find in Ireland and Britain. There is now a need for wide-ranging social research to see whether migrants marry across the linguistic, ethnic and religious lines that used to separate them in the past; these lines of demarcation are in the addition to the borders of the migrant groups' respective states. It would also be of interest for Ireland to assess whether or not these migrants are becoming integrated with the existing Irish population, which may aid significantly in policymaking.

7. Emigrants, Immigrants, Migrants or New Irish: Dilemmas and Possibilities?

It will not have escaped the reader that in this article I tend to refer to Polish speakers in Ireland and people who came to this country after 2004 from the new EU member states as "migrants." Strictly speaking, I should have referred to them as "emigrants" from the vantage of their home countries and as "immigrants" from the perspective of Ireland. I opted for the term "migrant," typically applied to people moving within a single state, with the understanding that in

this case the EU functions as a single state. The Common Market freedom of movement of labor, bolstered by the Schengen Agreement that de facto abolished borders as barriers to freedom of movement for individuals, let EU citizens move as freely from one member state to another, as previously they did from region to region in their own native countries.

The barriers of borders, of visa regimes and of separate citizenships that used to separate immigrants in the new country from their home country have disappeared in the EU. Their subsuming into a common European citizenship has facilitated the continuous and unobstructed contact of the Polish-speaking community in Ireland with the mainstream of Polish-language culture in Poland.

Traditionally, the cultural life of emigrant Polish-speaking communities has been supported by local Polish diplomatic institutions. The typical one is the Saturday Polish schooling. Polish schools are primarily intended for the children of Polish embassy staff but are open to the progeny of Polonophone emigrants, if they are lucky enough to live near the diplomatic post. But many live farther afield, and the embassy's school may not be able to cater for all the interested children. It is then the parents, wishing that their children become fully fluent in spoken and written Polish, who establish such schools on their own. Sometimes the Catholic Church helps them or even spearheads initiatives of this kind.

Because post-1945 Poland was not only a homogenously Polonophone but also a homogenously Catholic state, Polish clergy followed their faithful to Ireland and Britain. Polish Catholic clergy provide invaluable support and help to many migrants immediately after their arrival in the new country or when they suffer a personal setback. In the long-term, they also provide Polish-language pastoral services for the faithful, including induction into the Polish church for their children born in the new country (Duszpasterstwo 2011; Polskie parafie 2011).

At present (though the situation tends to change dynamically), four Polish-medium Saturday schools are active in Dublin, and there are 12 more in the following cities and towns across Ireland: Athlone, Ballinasloe, Carlow, Cavan, Clonmel, Cork, Galway, Letterkenny, Limerick, Portlaoise, Sligo and Waterford. The schools have six counterparts in Northern Ireland, in Armagh, Belfast, Derry (Londonderry), Ballymena, Coleraine, and Lurgan. The birth of children to Polish-speaking parents in Ireland is also reflected in the new phenomenon of the Polish-medium kindergarten; there are at least seven in Greater Dublin and one in Limerick. Because of the expense of kindergartens, grandparents often come to Ireland to help their children rear their babies, and in some cases au pairs are hired from Poland by Polish parents (Matwiejczuk 2010; Pol-

skie przedszkola 2011; Polskie szkoły 2011; Polskie szkoły w Irlandii 2011). The dearth of hard copies of Polish daily newspapers in Ireland and the fact that the Polish press only occasionally covers the life of Ireland's Polish-language community has opened a space for a local Polish-medium press. The oldest Polish-language newspaper in Ireland is the weekly, *Gazeta Polska* (Polish Newspaper), founded in 2005. Interestingly, it is the only one that is sold. The two other weeklies, *Nasz Głos* (Our Voice, established in 2006) and *Polonia Extra* (founded in 2010) are distributed free of charge. Besides the weeklies, two free Polish-language monthlies are published, the *Kurier Polski* (Polish Courier) and the *Polski Express* (Polish Express), both established in 2006. The latter monthly also includes some articles in English. All three weeklies and *Polski Express* run websites.[11]

It seems, however, that the bulk of Polish-language information is created and exchanged in Ireland via the web, as evidenced, for example, by three information websites[12] and as many as eight social networking websites.[13] There is also one English-language social networking website that facilitates interaction between the Polish-language community and Ireland's English speakers.[14] Polish Catholic clergy in Ireland contact their dispersed faithful through religious-cum-community websites.[15] Many Polish speakers in Ireland are young and face challenges in meeting appropriate partners, since they work long and unsocial hours or their command of English is shaky. As a result, many use Polish-language website dating services.[16]

Like the electronic versions of Polish-language publications, information and social networking websites also aspire to cater to the Polish-language community in Ireland. In contrast, the Polish-language press and websites established for the Polish-speaking community in Britain reach Polish speakers in Northern Ireland as well; these include an information website,[17] the weekly *Cooltura* (founded in 2004) or the now weekly *Dziennik Polski* (Polish Daily), established in 1940 for Polish émigrés in Britain during World War II. Interest-

---

[11] www.polskagazeta.ie, www.ng24.ie, www.poloniaextra.com, www.polskiexpress.ie.
[12] www.gazeta.ie, www.irlandia.ie and www.dublinek.net.
[13] www.wyspa.ie, www.wyspiarze.ie, www.myireland.pl, www.mojairlandia.pl, www.zielonairladia.pl, www.nadajemy.ie, www.theireland.ie and www.polonia.org.
[14] www.myireland.ie.
[15] www.polish-chaplaincy.ie, www.dominikanie-dlapolakow.ie, www.jezuici.pl/dublin.
[16] www.randki.ie, www.polishhearts.ie, www.polishdating.ie, www.ipolish.ie.
[17] www.mojawyspa.co.uk.

ingly, in 2011 a new e-weekly was founded in Ireland,[18] which aspires, with its high quality journalism, to find readers in Britain and Germany also.

At least one Polish-language radio program is broadcast from Dublin, while the Internetowa Telewizja Polonia[19] is also based in the Irish capital. Yet it appears that the Polish-language press and websites (let alone the television or radio programs produced locally in Ireland) have no hope of successfully competing head-on with their counterparts from Poland. The only plausible niche open to Ireland's Polonophone media is in serving the specific local interests of the Polish-language community in Ireland, which are not covered by the mainstream media based in Poland.

This should not come as a surprise because, as I argue above, today barriers to the participation of Ireland's Polish speakers in the mainstream of Polish-language culture, as produced and developed in Poland, are minimal. Indicative of this is the fact that many Poles who moved to Ireland prior to graduation from university in Poland decide to continue their university studies on a part-time basis. To this end, once or twice a month they fly to their Polish universities to attend classes over a weekend. Universities in Poland are well aware of such students and take good care of them because unlike full-time students, their part-time counterparts pay tuition. To capitalize on these students, two Polish tertiary education institutions have opened branches in Dublin, namely the Społeczna Szkoła Wyższa Przedsiębiorczości i Zarządzania (Private Higher Education School of Entrepreneurship and Management, which, uses "Academy of Management" as its official name in English) in Łódź[20] and the Wyższa Szkoła Rozwoju Lokalnego (Higher Education School of Local Development) in Żyrardów.[21]

Bearing in mind that neither in Ireland nor in Britain has a full-fledged Polish-medium school been established, I deduce that parents want their children to finish their education in mainstream English-medium schools in Ireland or Britain. Perhaps they are right to believe that only such schools will offer their children the best educational opportunities in their new countries. Many worry that it means their children will end up speaking "improper Polish" and will write their language "as illiterates," demonstrating that the maintenance of Polish in the family is important for many Polonophone parents. I also observe that in families where only one spouse is a Polish speaker, the Anglophone

---

[18] *TygodnikPL* (WeeklyPL): www.tygodnikpl.net.
[19] *Internet Television Polonia*: www.itve.pl.
[20] www.pao.pl/pao-ir.
[21] www.wsrl.pl/index.php?page=adad.

spouse usually supports the other's wish that their children become fluent in Polish, too. Both understand that in an integrated Europe and in the globalizing world, native or near-native command of two languages will put their children at an advantage for work and career prospects.

The inclusion through virtual means of the Polish speech communities in Ireland and Britain in mainstream Polish-language culture will facilitate the achievement of this goal. Yet only the most conscientious parents will be able to groom their children's literacy in Polish to the high level that is the standard in Poland. I believe, however, that parents will find an easy solution to this dilemma. Nowadays their counterparts from Poland send their offspring for a year or two to Britain or the United States to secondary school in order to polish their English. Some also go abroad to study at an Anglophone university for a year or even to graduate with a degree from one. In an integrated Europe I can easily imagine a movement in the opposite direction, with Polish-speaking parents sending their daughters and sons to schools and universities in Poland.

The question remains, however, of what the Irish people and the Irish administration will make of the Polish-language community that appeared in their midst after 2004. It is now too late to reverse the tide, even if Ireland seems to have waded into this full-blown multiculturalism absentmindedly. Common EU citizenship guarantees for Ireland's Polish speakers practically the same social, economic and political privileges and responsibilities as Irish citizenship does for the Irish. But it may not be enough for the new generation of Polish speakers born on Irish soil. Ireland will be first and foremost their country, and to participate in its life fully without feeling excluded, they will need Irish citizenship. However this increasingly pressing issue is addressed, it should be well thought-through, as it will have long-term ramifications. Withholding Irish citizenship from Ireland's Polish speakers may hinder their integration, and in the context of the current economic crisis, may make them second-class residents or second-class EU citizens. Such a policy, in all probability, would lead to the rise of ethnic ghettoes.

I believe that this dire possibility should be avoided because it is an unwelcome option both for Ireland and for its Polish-speech community. Granting Irish citizenship to all the Polish migrants who apply for it and extending it automatically to all Polonophones born on Irish soil seem to be the best approach. It would ensure a high degree of social cohesion for a thriving and stable multicultural Ireland in the near future. And if such a course is taken, Ireland's Polish speakers, alongside Lithuanian-, Slovako- and Russophones and speakers of other languages, will be numbered among the New Irish, commonly trilingual

in Irish, English and their community language. Perhaps their community languages, which will be an enrichment to Ireland, could be recognized, by the same token, as "New Irish languages" and as such might be offered in school alongside the "Old Irish," as well. A native or near-native facility in these languages would furnish the Irish with an exquisite edge in doing business and engaging in EU politics and culture with partners from Central and Eastern Europe, enabling Ireland again to punch above its weight—a possibility well worth considering.

Bibliography

1,3 tys. Polaków tygodniowo wraca z Irlandii na stałe do kraju. 2008. Gazeta Prawna. *http://praca.gazetaprawna.pl/artykuly/99468,1_3_tys_polakow_tygodniowo_wraca_z_irla ndii_na_stale_do_kraju.html*, Apr 15, 2009

Adamczuk – Łodziński 2006: Mniejszości narodowe w Polsce w świetle Narodowego Spisu Powszechnego z 2002 roku. Ed. by Lucjan Adamczuk – Sławomir Łodziński. Warsaw: Scholar

Atak bombowy na dom Polaków w Antrim dziś rano... 2011. *http://www.irlandia24.com/irlandia/item/1333-atak-bombowy-na-dom-polakow-w-antrim-dzis-rano*, Nov, 18

Bezrobocie w Polsce II 2010. *http://eGospodarka.pl*, *http://www.egospodarka.pl/51165*, *Bezrobocie-w-Polsce-II-2010,1,39,1.html*, May 12

Bezrobocie w Warszawie najniższe. 2011. *http://www.qpracy.pl/2010/03/bezrobocie-w-warszawie-najnizsze-3/*, Nov 17

Blanke 2001: Blanke, Richard. Polish-Speaking Germans? Language and National Identity among the Masurians since 1871 Cologne: Böhlau (Ostmitteleuropa in Vergangenheit und Gegenwart 24)

Brendt 2009: Społeczność żydowska w PRL przed kampanią antysemicką lat 1967–1968 i po niej. Ed. by Grzegorz Brendt. Warsaw: Instytut Pamięci Narodowej (Konferencje IPN 37).

Brzezina 1986: Brzezina, Maria. Polszczyzna Żydów. Warsaw: Państwowe Wydawnictwo Naukowe

Brzostek 2006: Brzostek, Dariusz. Wieś czeka na pracę. Gazeta Wyborcza. *http://gazetapraca.pl/ gazetapraca/1,90439,5580144,Wies_czeka_na_prace.html*, Nov 18, 2011

Census 2006: Principal Demographic Results. 2007. Dublin: Stationery Office. *http://www.cso.ie/census/documents/Final%20Principal%20Demographic%20Results%20 2006.pdf*, Nov 18, 2011

Do You Yourself Speak Ulster Scots? 1999. *http://www.ark.ac.uk/nilt/1999/Community_Relations/USPKULST.html*, Nov 18, 2011

Duszpasterstwo polskie w Irlandii. 2011. *http://www.polish-chaplaincy.ie/?language=pl*, Nov 27

Dzwonkowski 1994: Dzwonkowski, Roman. Polacy na dawnych kresach wschodnich. Z problematyki narodowościowej i religijnej. Warsaw: Stowarzyszenie „Wspólnota Polska"

Eberhardt 1998: Eberhardt, Piotr. Polska ludność kresowa. Rodowód, liczebność, rozmieszczenie. Warsaw: PWN

Economy Tracker. 2011. *http://www.bbc.co.uk/news/10604117*, Nov 16

Edwards, Elaine. 2011. Dáil Protest Planned Over Special Needs Cuts. The Irish Times. *http://www.irishtimes.com/newspaper/ireland/2011/0907/1224303638222.html*, Nov 18.

Entering the EU Through the Back Door. 2010. Der Spiegel. *http://www.spiegel.de/international/europe/0,1518,706338,00.html*, Nov 26, 2011

Exemption from Irish. 2011. *http://www.citizensinformation.ie/en/education/the_irish_education_system/exemption_fro m_irish.html*, Nov 24

Gąsowski 2000: Gąsowski, Tomasz. Państwo polskie wobec Polaków na Wschodzie. Poszukiwanie modelu polityki. Warsaw: Księgarnia Akademicka

Greenberg 2004: Greenberg, Robert D. Language and Identity in the Balkans. Serbo-Croatian and Its Disintegration. Oxford: Oxford University Press

Horak 1961: Horak, Stephan. Poland and Her National Minorities, 1919–39. A Case Study. New York, Washington – Hollywood: Vantage Press

Iceland Faces Immigrant Exodus. 2008. *news.bbc.co.uk/1/hi/world/europe/7680087.stm*, Nov 17, 2011

Ilu Polaków legalnie pracuje w UE? 2009. *http://www.sfora.biz/Ilu-Polakow-legalnie-pracuje-w-UE-a14661*, Apr 3, 2010

Ioffe 2003: Ioffe, Grigorii. Understanding Belarus. Questions of Language. In: Europe-Asia Studies 7, 1009-1047

Jagodzińska 2008: Jagodzińska, Agnieszka. Pomiędzy. Akulturacja Żydów Warszawy w drugiej połowie XIX wieku. Wrocław: Wydawnictwo Uniwersytetu Wrocławskiego (Bibliotheca Judaica 4).

Jankowiak-Konik 2011: Atlas historii Polski. Mapy, kalendaria, statystyki. Ed. by Beata Jankowiak-Konik. Warsaw: Demart

Kącka – Stępka 1994: Kącka, Bożena – Stępka, Stanisław. Repatriacja ludności polskiej z ZSRR 1955–1959. Warsaw: Wydawnictwo SGGW

Kosiński 1963: Kosiński, Leszek. Procesy ludnościowe na ziemiach odzyskanych w latach 1945–1960. Warsaw: Państwowe Wydawnictwo Naukowe

Księgarnia Neusteina w Tel Awiwie. 2011. Wirtualny Sztetl. *http://www.sztetl.org.pl/pl/term/439,ksiegarnia-neusteina-w-tel-awiwie/*, Oct 31

Kucharzyk 2011: Kucharzyk, Renata. Góralsko godacka. Ilustrowany słownik dla ceprów. Warsaw: Państwowe Wydawnictwo Naukowe

Landau-Czajka 2006: Landau-Czajka, Anna. „Syn będzie Lech...” Asymilacja Żydów w Polsce międzywojennej. Warsaw: Neriton – Instytut Historii PAN

Magocsi 2002: Magocsi, Paul Robert. Historical Atlas of Central Europe. Seattle WA: University of Washington Press

Matwiejczuk 2010: Matwiejczuk, Alicja. Polskie szkoły sobotnie w Irlandii Północnej. *http://anglia.interia.pl/poradniki/news/polskie-szkoly-sobotnie-w irlandiipolnocnej,1520573,4709*, Nov 27, 2011

Moriarty 2011: Moriarty, Gerry. Leader Will Focus on 'Shared Future' Agenda in Address to Party Meeting. The Irish Times. *http://www.irishtimes.com/newspaper/ireland/2011/1126/1224308188306.html*, Dec 6

Morita 2006: Morita, Koji. Przemiany socjolingwistyczne w polskich społecznościach na Litwie (region trocki) i Białorusi (region iwieniecki). Warsaw: Slawistyczny Ośrodek Wydawniczy, Instytut Slawistyki PAN and Fundacja Slawistyczna (Slavica, Prace Slawistyczne 117).

Newenham 2010: Newenham, Pamela. Polish Migrants Raised Standards Here, Research Shows. The IrishTimes. *http://www.irishtimes.com/newspaper/ireland/2010/0918/1224279 171565.html*, Nov 18, 2011
Now a Few Questions about the Different Languages Spoken in Northern Ireland. 1999. *http://www.ark.ac.uk/nilt/1999/Community_Relations/MAINLANG.html*, Nov 18, 2011
O'Regan 2009: O'Regan, Eilish. Baby Boom Puts Us on Top of Birth Rate League. Independent.ie. Jan 8. *http://www.independent.ie/national-news/baby-boom-puts-us-on-top-of-birth-rate-league-1595151.html*, Apr 18
O'Regan 2010: O'Regan, Eilish. Baby Boom Puts Us on Top of Birth Rate League. The Independent. Jan 8. *http://www.independent.ie/national-news/baby-boom-puts-us-on-top-of-birth-rate-league-1595151.html*, Apr 3
Orłowski – Sakson 1997: Utracona ojczyzna. Przymusowe wysiedlenia, deportacje i przesiedlenia jako wspólne doświadczenie. Ed. by Hubert Orłowski – Andrzej Sakson. Poznań: Instytut Zachodni
Pallaske 2002: Pallaske, Christoph. Migrationen aus Polen in die Bundesrepublik Deutschland in den 1980er und 1990er Jahren. Migrationsverläufe und Eingliederungsprozesse in sozialgeschichtlicher Perspektive. Münster: Waxman
Paluch 2009: Paluch, Anna. Poland's Shock over RIRA attack. Metro Éireann. *http://www.metroeireann.com/article/polands-shock-over-rira-attack,1797*, Nov 18, 2011
Personal Public Service Numbers. Allocation by Nationality. All Countries 2000–2008. 2009. Dublin: Department of Social and Family Affairs. *http://www.welfare.ie/EN/Topics/PPSN/Pages/ppsn_all_2008.aspx*, Apr 14
Personal Public Service Numbers. Allocation by Nationality. All Countries 2010. 2010. Dublin: Department of Social Protection. *http://www.welfare.ie/EN/Topics/PPSN/Pages/ppsn_all_month10.aspx*, May 12
Polskie przedszkola w Irlandii. 2011. *http://www.przedszkoleie.com/POLSKIE-PRZEDSZKOLA.php*, Nov 28
Polskie szkoły i przedszkola. 2011. *http://www.pracairlandia.com/o-irlandii/polskie-szkoly-i-przedszkola,2,2,277,195,277*, Nov 28
Polskie szkoły w Irlandii. 2011. *http://katalog.onet.pl/11490,polskie-szkoly-irlandii,k.html*, Nov 28
Polskie parafie. 2011. *http://www.pracairlandia.com/oirlandii/polskie parafie,2,2,237,195,23*, Nov 28
Prel 1942: Prel, Max. Das Generalgouvernement. Würzburg: Konrad Triltsch Verlag
Population and Migration Estimates. 2009. Dublin: Central Statistics Office. *http://www.cso.ie/releasespublications/documents/population/current/popmig.pdf*, Apr 3, 2010
Radiukewicz 2006: Radiukewicz, Anna. Emigracja zarobkowa Polaków do Irlanii. Raport z badań. Warsaw: ZBPO. *http://mighealth.net/pl/images/f/f1/Emigracja_zarobkowa.pdf*, Nov 18, 2011
Sawicki 2009: Raport o sytuacji Polaków I Polnii za granicą 2009. Ed. by Krzysztof Sawicki. Warsaw: Ministerstwo Spraw Zagranicznych. *http://www.msz.gov.pl/files/docs/polonia/Raport_PPG.pdf*, Nov 24, 2011
Schneider 2006: Schneider, Deborah Cahalen. Being Góral: Identity Politics and Globalization in Postsocialist Poland. Albany NY: State University of New York Press
Sienkiewicz – Hryciuk 2008: Wysiedlenia, wypędzenia i ucieczki, 1939–1959. Atlas ziem Polski. Polacy, Żydzi, Niemcy, Ukraińcy. Ed. by Witold Sienkiewicz – Grzegorz Hryciuk. Warsaw: Demart

Skarbek 1996: Białoruś, Czechosłowacja, Litwa, Polska, Ukraina. Mniejszości w świetle spisów statystycznych XIX–XX w. Liczebność i rozmieszczenie, stosunki narodowościowe, polityka narodowościowa. Materiały z międzynarodowej konferencji Samoidentyfikacja Narodowa i Religijna a Sprawa Mniejszości Narodowych i Religijnych w Europie Środkowo-Wschodniej. Ed. by Jan Skarbek. Lublin: Instytut Europy Środkowo-Wschodniej

Smithers 2007: Smithers, Rebecca. Swiat Wedlung Clarksona, poprosz (World According to Clarkson, please). The Guardian. *http://www.guardian.co.uk/books/2007/jul/11/news.poland*, Nov 17, 2011

Spolsky – Shohamy 1999: Spolsky, Bernard – Shohamy, Elana Goldberg. The Languages of Israel. Policy, Ideology and Practice. Clevedon: Multilingual Matters

UK unemployment declines in 2005. 2011. *http://news.bbc.co.uk/1/hi/business/4558191.stm*, November 18

Unemployment rate now at 12.7%. 2010. RTÉ News. *http://www.rte.ie/news/2010/0203/liveregister.html*, May 12

Walaszek – Bartkowiak 2001: Polska diaspora. Ed. by Adam Walaszek – Danuta Bartkowiak. Cracow: Wydawnictwo Literackie

Wapiński 1994: Wapiński, Roman. Polska i małe ojczyzny Polaków. Z dziejów kształtowania się świadomości narodowej w XIX i XX wieku po wybuch II wojny światowej. Wrocław: Ossolineum

KATARZYNA HIBEL (WIEN)

Język polski w Izraelu

Rzeczywistość społeczna jest niczym innym jak właśnie częściowo uporządkowaną syntezą wielu żyć osobistych [...] (Znaniecki 1938: XI)
Z ojczyzny można wyemigrować, lecz nie można wyemigrować z języka ojczystego. (Ben-Chorin 1995: 64)[1]
Skończyłem trzydzieści lat, zanim zacząłem się uczyć języka mojego ludu, to tak jakbym był przez pierwszych trzydzieści lat życia głuchy. (Brod 1985: 152)

Abstract. According to Israeli estimates, approximately 170 thousand olim came from Poland to Israel between 1948–1989. The fate of the Polish pre-war and post-war aliyah, its history, identity, and language have not been thoroughly researched either in Israel or in Poland. The reasons for this lack of research are rooted in cultural, political, ideological or biographical considerations. The sources for research on the language and identity of Polish immigration are mostly (auto)biographical or literary. Polish enjoyed a unique status in early Israel as many Israel's founding fathers spoke it natively. On the other hand, the exceptional situation of being a "foreigner in the homeland" and the involvement of the Polish olim in new cultural standards also played an important role. Hebrew as an acquired second language undoubtedly influenced the first language of the immigrants. Generally, one can observe a wide range of language attitudes of the immigrants in the first generation, ranging from cultural and linguistic separation to the affirmation of Hebrew, from monolinguality to bilinguality, and from monoculturalism to biculturalism.

1. Wstęp

W niniejszym artykule koncentrować będę się przede wszystkim na emigracji powojennej Żydów z Polski, choć przybywali oni wówczas (od roku 1948) do państwa, które współtworzone było od lat dwudziestych właśnie przez polskojęzycznych emigrantów.

W roku 1948 w proklamowanym wówczas *Medinat Israel* znajdowało się już około 190.000 osób pochodzących z Polski, które przybyły tu w ramach wcześniejszych fal migracyjnych w latach 1919–1947 (*alija*[2] trzecia w latach

---

[1] Wszystkie tłumaczenia pochodzą od autorki artykułu.
[2] Mianem *aliji* (hebrajski termin עלייה oznaczający imigrację do Izraela oraz „wznoszenie się", „wchodzenie na górę") określa się kolejne fale imigracyjne od roku 1882 do Palestyny, a od roku 1948 roku do państwa Izrael aż do czasów obecnych. *Aliję* obejmującą ten okres określa się jako *aliję* „nowoczesną" w odróżnieniu od *aliji* wcześniejszych, obejmujących

1919–1923 i czwarta w latach1924–1931, zwana aliją „Grabskiego" oraz *alija bet* w latach 1941–1947), zatem jeszcze w okresie przedpaństwowym, gdy tworzyły się zręby przyszłej państwowości w postaci instytucji *jiszuwu*[3]. Według szacunków izraelskich w latach 1948–1989 przybyło z Polski w ramach *aliji* do *Erec Israel* około 170.000 osób, z czego w latach 1948–1951 ponad 100.000, w latach 1952–1960 – 6.000, w latach 1961–1967 – 14.000, w latach 1972–1979 – 6.000, a w latach 1980–1989 kolejne 3.000 (Statistical Abstract of Israel 2010).

Losy *aliji* powojennej z Polski jako takiej, jej historia, tożsamość, język, nie zostały gruntownie przebadane, ani w Izraelu, ani w Polsce. Niewiele jest również źródeł, z których można by czerpać materiały umożliwiające przeprowadzenie takich badań, należą do nich pisane w języku polskim lub hebrajskim, utwory paraliterackie o charakterze autobiograficznym (M. Lewińska, H. Birenbaum) oraz twórczość *stricte* literacka oparta na motywach biograficznych (E. Barbur, R. Jabłońska), prasa polskojęzyczna („Nowiny-Kurier"), wydawana w Izraelu, czy wreszcie filmu dokumentalne poświęcone tej grupie („Dworzec Gdański", „The Cementary Club"). Istnieje dotychczas niewiele opracowań dotyczących polskich *olim* w Izraelu, jednym z wartych wymienienia w tym miejscu jest opierająca się na niektórych wymienionych powyżej źródłach monografia K. Famulskiej-Ciesielskiej, poświęcona problematyce tożsamości w literaturze polskiej tworzonej w Izraelu (Famulska-Ciesielska 2008).

Przyczyny takiego stanu badań są różnorakie, mają zarówno charakter międzykulturowy, polityczno-ideologiczny, jak i biograficzny (trauma Zagłady, własnych doświadczeń wojennych i powojennych prześladowań, a także w wielu przypadkach chęć odcięcia się od „europejskiej" i „polskiej" przeszłości). Na historię polskojęzycznej emigracji do Palestyny i Izraela spojrzeć należy zatem z perspektywy kontaktu kultur, a także niewątpliwie ich zderzenia, zderzenia pierwiastka środkowo-wschodnioeuropejskiego, z ogólnie rozumianym światem Orientu z jednej strony (społeczność arabska zamieszkująca Palestynę), z drugiej zaś z *jiszuwem* – osadnictwem żydowskim w Palestynie i jego ideologią (etos pracy fizycznej, etos antymieszczański, egalitaryzm). Warto także zauważyć w tym miejscu, że także czynniki polityczno – ideologiczne odgrywały w stosunku imigrantów do własnej przeszłości ważką rolę – problemy takie, jak trudności językowe imigrantów, odmienność ich zachowania oraz ich przywiązanie do rodzimej kultury pojawiały się także jedynie na marginesie izraelskich

---

okres od historii biblijnej (niewola egipska i babilońska) aż do końca XIX wieku (por. Klugman 1993; Handbuch 1998: 349, Encyclopaedia Judaica 1972: 508).
[3] Hebr. הישוב– Ludność żydowska osiadła w Palestynie przed powstaniem państwa izraelskiego, określenie funkcjonujące jako przeciwieństwo pojęcia *galut* (diaspora).

opracowań naukowych dotyczących tematyki emigracji, które skupiały się raczej, z jednej strony na opisie zasług poszczególnych grup narodowych imigrantów w budowaniu państwowości izraelskiej jako próbie polemiki z negatywnym stereotypem niezasymilowanego imigranta w *jiszuwie* (szczególnie wschodnioeuropejskiego *wusa wusa* i niemieckojęzycznego *jeke*[4]), a potem społeczeństwie izraelskim, z drugiej zaś, w przypadku większości tekstów autobiograficznych, na losach jednostek, które budują swoje nowe życie w *Erec Israel* i naznaczające ich biografię trudności natury międzykulturowej traktują jakby wstydliwie, ponieważ nie przystają one do etosu Izraelczyka (Erel 1983; Schwarz-Gardos 1991).

Najważniejszą przesłanką mającą wpływ na niedostatek badań dotyczących szeroko rozumianej problematyki imigracji z Polski, jej tożsamości, języka czy obyczajów, wydaje się tu zatem propagowany w Izraelu jeszcze do lat dziewięćdziesiątych etos społeczeństwa jako tygla kultur (ang. *melting pot*)[5], w którym nacisk położony był na pozytywny i szybki przebieg asymilacji kulturowej, strukturalnej, psychologicznej i biologicznej.[6] Owo podejście ideologiczne

---

[4] Ukucie tych określeń w wielokulturowym *jiszuwie* to przejaw potrzeby identyfikacji licznych i zróżnicowanych grup imigranckich oraz pewnej stereotypizacji ich obrazu (w ramach wielowymiarowego doświadczenia „swojskości" i „obcości"). Pierwotnym archetypem „obcego" stał się *wus-wus*, używany jako określenie imigrantów z Europy Wschodniej, anegdotyczny wyraz ich nieznajomości języka hebrajskiego i konieczności ciągłego pytania w języku jidysz (*Was? Was? – Co? Co?*). Podobnie jedna z etymologii wyrazu *jeke* wywodzi go od hebrajskiego *jehudi kashe havana*[4], w polskim przybliżonym tłumaczeniu, *ktoś, kto niczego nie rozumie*, zatem z podobnych źródeł, a więc poczucia obcości w stosunku do imigrantów z tej grupy, między innymi w związku z ich nieznajomością języka hebrajskiego.

[5] Ideologia tygla kulturowego, propagowana przez państwo izraelskie do lat dziewięćdziesiątych XX wieku, gdy to zastąpiła ją ideologia mozaiki kultur, stworzyć miała nową kolektywną tożsamość żydowsko-izraelską oraz izraelski patriotyzm oparty na ideologii syjonizmu. Szczególnie po roku 1948 promowano swoistą rewolucję kulturową, stanowiącą część narodowego odrodzenia, cywilną religię z własnymi tradycjami, świętami oraz symbolami. Szybką integrację imigrantów wspomagać miał obowiązek służby wojskowej oraz system darmowej edukacji (także językowej – ulpany). Kwintesencją ideologii państwowej asymilacji stała się wypowiedź pochodzącego z Polski ówczesnego premiera Davida Ben Guriona w Knessecie w 1951 roku: „Żyd z Jemenu jest przede wszystkim Żydem i chcemy go tak szybko jak to możliwe przemienić z Jemeńczyka w Żyda, który zapomniał skąd przybył, tak jak ja zapomniałem, że jestem Polakiem" (por. Timm 2003: 33).

[6] Na proces akulturacji, w ujęciu Miltona M. Gordona (1964), składa się siedem zmiennych, z których każda w procesie akulturacji realizowana jest w różnym stopniu, przy czym największe znaczenie dla pozytywnego przebiegu całego procesu ma asymilacja strukturalna. Gordon wyróżnia zatem asymilację kulturową (inaczej akulturację), asymilację strukturalną (wchodzenie w struktury organizacyjne społeczeństwa przyjmującego), amalgację (małżeństwa międzykulturowe), asymilację identyfikatoryczną (poczucie przynależności do społeczeństwa przyjmującego), asymilację akceptacyjną (zanik przesądów), asymilację równo-

kształtowało także dyskurs o imigracji, nie mówiło się bowiem o „emigracji stamtąd" lecz o „imigracji tutaj" (*alija*) (Schwarz-Gardos 1983: 11).

2. Polskie alije w tyglu kultur

Wśród czynników mających wpływ na podjęcie przez polskich Żydów, częściowo lub całkowicie zasymilowanych do kultury polskiej i czujących się Polakami[7] (szczególnie w przypadku emigracji powojennych) lub żyjących w kulturowej separacji[8] (szczególnie w przypadku emigracji przedwojennych)[9], decyzji o

---

uprawnieniową (zanik dyskryminacji) oraz asymilację cywilną (zanik konfliktów dotyczących wartości i władzy). Nowsze ujęcia procesu akulturacji (por. Yinger 1994) dzielą go jedynie na cztery podprocesy, asymilację kulturową (akulturację), asymilację strukturalną (integrację), asymilację psychologiczną (identyfikację) oraz asymilację biologiczną (amalgację).

[7] Proces asymilacji Żydów do kultury polskiej rozpoczął się w XVIII wieku i nasilił się w drugiej połowie XIX stulecia, a swoje apogeum osiągnął po roku 1918 w ramach wysiłków Drugiej Rzeczypospolitej skierowanych na konsolidację (homogenizację) wielonarodowego społeczeństwa w duchu „patriotyzmu państwowego" za pomocą środków takich, jak system szkolnictwa państwowego oraz powszechny obowiązek służby wojskowej (por. Mendelsohn 1983; Cała 1987: 191; Cała 1999; 271–280; Bauman 2000: 35).

[8] Według modelu J.W. Berry'ego (1989) procesy asymilacyjne generują wśród grupy potencjalnie dążącej do asymilacji następujące postawy: integracja (zachowanie wartości i cech kulturowych właściwych własnej kulturze oraz pozytywnej waloryzacji kultury, w tym przypadku polskiej), asymilacja (odrzucenie rodzimej kultury mniejszościowej i utożsamienie się z kulturą polską), marginalizacja (zachowanie kultury rodzimej i odrzucenie kultury dominującej) oraz separacja (odrzucenie zarówno kultury rodzimej, jak i kultury dominującej).

[9] Cechą charakterystyczną społeczności żydowskiej Europy Środkowo-Wschodniej była polilingwizm (wielojęzyczność). Wybór języka (jidysz, hebrajskiego czy polskiego i niemieckiego lub ich kombinacji) był w przypadku Żydów z Europy Środkowo-Wschodniej wyznacznikiem ich tożsamości, a wyborem tym rządziły względy ideowe (syjonizm, socjalizm), religijne lub kulturalne (integracja, asymilacja, separacja, marginalizacja). Językiem ojczystym emigrantów pierwszych aliji z terenów Polski (w zasięgu sprzed 1795 roku) był przeważająco jidysz w drugiej kolejności polski, rosyjski lub niemiecki (szczególnie dla emigracji do 1918 roku). Dla emigracji po 1918 roku, gdy proces stawania się języka polskiego językiem potocznym inteligencji żydowskiej zintensyfikował się w wyniku procesu asymilacji językowej, polski stał się językiem ojczystym Żydów (zazwyczaj językiem edukacji własnej lub rodziców). System szkolnictwa z obowiązkowym językiem polskim *stworzył Żydom warunki do władania literacką polszczyzną* – ponieważ używanie języka narodowego w wersji standardowej umożliwia – jak pisze A. Kurc (1996: 305–315) – nietypowym jednostkom oraz grupom dostęp do wspólnoty językowej oraz społeczeństwa, które używa tego języka. Język polski w wersji literackiej (jako język edukacji) był głównym wskaźnikiem identyfikacji narodowej wielu polskich Żydów, a negatywne postrzeganie wszelkich form języka wychodzących poza jego standardową formę, wywodziło się jeszcze z czasów żydowskiego Oświecenia, *Haskali.* Po roku 1945 tendencje asymilacyjne nasiliły się i tak językiem ojczystym emigrantów powojennych, a szczególnie emigracji po 1968 był w przeważającej mierze język polski (por. Altbauer 1931; Brzezina 1986; Mead 1991: 9; Gąsowski 1995: 132–133).

emigracji (mającej charakter dobrowolny lub wymuszony[10]) wyróżnić można w przypadku polskich *aliji* przedwojennych czynniki ideologiczne, polityczne, ekonomiczne, w przypadku *aliji* powojennych zaś czynniki psychologiczne (poczucie zagrożenia – Zagłada, kolejne kampanie antysemickie połowy lat czterdziestych i końca lat sześćdziesiątych; chęć rozpoczęcia nowego życia), polityczno-ideologiczne (powstanie państwa Izrael w 1948 roku i jego polityka migracyjna zawarta w ustawie *Prawo powrotu* z 1950 roku[11]) oraz bezpośrednie (osobiste, na przykład podjęcie decyzji o emigracji przez członków rodziny lub brak perspektyw zawodowych w wyniku prześladowań) (Emigracja 1997: 14-21).

Kolejne fale imigrantów napływające do Palestyny, a po 1948 roku do Izraela przyczyniły się do powstania w Izraelu dużej społeczności pochodzącej z Polski, częściowo polskojęzycznej (język ojczysty), co ilustrują wyniki kolejnych spisów ludności kraju. Według spisu z 1926 roku 37,6% ogółu ludności Palestyny pochodziło z Polski, według pierwszego spisu ludności przeprowadzonego w Izraelu w roku 1948 wśród 2.650.000 mieszkańców Palestyny 1/3 stanowili polscy Żydzi, a w kolejnych latach (1949–1972) przybyło do Izraela 170.000 *olim* z Polski. Według spisu z 1983 roku natomiast spośród 3.350.000 Izraelczyków, 166.300 osób urodziło się w Polsce. W roku 1948 zaś 51.760 osób deklarowało, iż mówi na co dzień w języku polskim, zaś w 1983 39.050 osób podawało, iż język polski jest ich językiem ojczystym (Klugman 1994: 113–114).

Polskich *olim*[12] w Palestynie, a po 1948 roku w Izraelu podzielić można ze względu na indywidualne podejście do procesu własnej emigracji oraz sto-

---

[10] W literaturze przedmiotu wyróżnia się czynniki „wypychające" i „przyciągające", zatem z jednej strony czynniki, które przyczyniają się do podjęcia decyzji o opuszczeniu dotychczasowego miejsca zamieszkania, z drugiej natomiast te, które skłaniają do wyboru konkretnego miejsca jako celu migracji (por. Vogel 1977; Erel 1983: 12; Malewska-Peyre 1992: 15–19).

[11] Uchwalone w 1950 roku przez izraelski Kneset *Prawo powrotu* przewidywało, iż przybyć do *Erec Israel* i osiedlić się w tym kraju może każdy Żyd, który „nie działa przeciwko narodowi żydowskiemu" (art.1) oraz „nie zagraża zdrowiu publicznemu lub bezpieczeństwu państwa" (art.2). „Prawo o powrocie" działało wstecz i objęło swoim działaniem także wcześniejszych imigrantów. Ustawa o obywatelstwie izraelskim z roku 1952 przewidywała, iż każdy żydowski mieszkaniec Izraela nabywa izraelskie obywatelstwo automatycznie, o ile nie wniesie się w stosunku do niego sprzeciwu. Ustawy te kontynuowały główne założenia syjonistycznych instytucji *jiszuwu* zakładające, iż imigracja do Izraela staje się dla jednostki *aliją* – „wyniesieniem" i stanowi nie tylko symboliczny, lecz także faktyczny „powrót do ziemi przodków" (por. Tomaszewski/ Chojnowski 2001).

[12] Określenie *ole* wywodzi się od hebrajskiego słowa *alija* i oznacza w nomenklaturze oficjalnej przybyłego na stałe do *Erec Israel* imigranta i funkcjonuje obok pochodzącego od

pień asymilacji w kraju docelowym najogólniej na następujące grupy: emigranci, których cechował brak całkowitej integracji, bo silne byli zakorzenieni w kulturze diaspory; uchodźcy, których cechował brak integracji i nastawienie na pobyt czasowy na emigracji; migranci, których cechowała częściowa akulturacja oraz osiedleńcy, którzy przybyli do *Erec Israel* z pobudek ideologicznych (syjonizm) i poddali się całkowitej akulturacji. Wszystkie te grupy kształtowały się w opozycji do izraelskiego *sabry*[13], a sam etos Izraelczyka – *sabry*, urodzonego w *Erec Israel*, stanowił wyraz przekonania, iż pierwsze pokolenie imigrantów, owych *późno przesadzonych (czy też zasadzonych) Izraelczyków* (niem. *spät verpflanzte Israelis*)[14], jest do pewnego stopnia pokoleniem „straconym", a dopiero pokolenie drugie, ich dzieci, staną się „prawdziwymi" nośnikami nowych izraelskich wartości kulturowych (por. Schwarz-Gardos 1983: 11; Levy 2005: 158-159).

3. *Ani agid leha dugri*[15]. Problemy komunikacyjne (międzykulturowe i językowe) polskich olim

> Pierwsze hebrajskie słowa, których uczy się [...] imigrant to „dziękuję", „proszę", „przepraszam". Są to właśnie te słowa, których się tutaj [w Erec Israel] zwyczajowo nie używa. (Koppel 2000: 23)

Kultura izraelska rozumiana jako zespół symboli i znaczeń ukształtowała się jako efekt oddziaływania na siebie różnorodnych kultur imigranckich, w interesującym nas okresie przede wszystkim tych pochodzenia środkowo-wschodnioeuropejskiego i wschodnioeuropejskiego (głównie rosyjskiego i polskiego) (por. Geertz 1973). Z owej mozaiki kulturowej wyłoniła się nowa jakość kulturowa,

---

niego *ole chadasz* (polskie określenie *nowoprzybyły*), oznaczającego nowoprzybyłego na pobyt stały imigranta (hebr. עלים חדשים, *nowoprzybyli*).

[13] Hebrajski termin *sabra* określa Izraelczyków urodzonych w Izraelu w przeciwieństwie do urodzonych w diasporze i wywodzi się od nazwy owocu kaktusa (hebr. צבר), posiadającego kolczastą skórę oraz miękki i słodki miąższ, co symbolizować miało między innymi zdolność do przetrwania w niesprzyjających warunkach oraz siłę fizyczną, kulturowe cechy męskie, a także ukrytą emocjonalność i uczuciowość, w międzykulturowym ujęciu Hofestede kulturowe cechy żeńskie (Hofstede 2007).

[14] Podobne ujęcie tego problemu napotykamy w relacjach imigrantów z Polski: „Wyrwano nas z ziemi – powie Itka – i wpakowano do doniczek. Zwykle niebrzydkich. To złagodziło szok. Ale byliśmy przyzwyczajeni do ziemi. Izraelskość jest jakimś sposobem na zabicie tamtego. To przecież ojczyzna stworzona. I to jest ta krzywda. Turystami już w Polsce być nie możemy. Dlatego nie jeździmy" (Tuszyńska 1993b: 51).

[15] Hebr. אנ' הג'ד לדה דוגר, pol. *powiem ci to wprost*.

oparta na dwóch filarach politycznych, syjonizmie i socjalizmie oraz filarze ideologicznym – negacji diaspory. Owa izraelska kultura rodzima zaczęła z czasem zarysowywać się jako kultura dominująca. Jej nośnikami stali się *chaluce*, osadnicy i bojownicy, następnie zaś *sabrowie*, pierwsze pokolenie urodzone w *Erec Israel*, dzieci imigrantów, między innymi tych z Europy Wschodniej i Środkowowschodniej.

Właściwy nowej kulturze izraelskiej styl *dugri* jest zdaniem T. Katriel formą rytualną, w której dokonuje się symboliczna reafirmacja obrazu i etosu *sabry*. Wspomniany styl komunikacyjny jest jednocześnie wyrazem samopotwierdzenia kulturowego oraz deklarowanej przynależności kulturowej jej członków. Jednym z przejawów izraelskiej kultury *sabrów* stał się styl komunikacyjny określany jako *dugrijut*. Pod pojęciem tym rozumieć należy z jednej strony etos „szczerości", „naturalności", z drugiej zaś pozytywne wartościowanie odwagi mówienia prawdy, mówienia „wprost". Styl *dugri*[16], opierający się w swoich założeniach na „otwartości", „bezpośredniości" i „szczerości", jest w kulturze izraelskiej zaprzeczeniem stylu komunikacyjnego „europejskiej" proweniencji, opartego na „nieszczerości", „hipokryzji" czy „mówieniu o kimś za jego plecami", które to cechy były tu symbolicznie wiązane z pogardzaną, stereotypowo mieszczańską lub małomiasteczkową, kulturą diaspory (por. Katriel 1986: 10-12, 17-18, 24-27).

Nowa formacja kulturowa, a jednocześnie nowa generacja Izraelczyków o korzeniach emigracyjnych, pierwsze pokolenie urodzonych w *Erec Israel*, zaczęła dochodzić do głosu w latach czterdziestych u zarania państwowości izraelskiej. Wiele jej cech wywodzących się z *chalucowego* ruchu pionierskiego stało się częścią etosu *Palmachu*, zaczątków izraelskich sił zbrojnych. Odmienny spo-

---

[16] Nowy styl komunikacji międzyludzkiej w *jiszuwie* określony później jako *dugri* został opisany już na początku dwudziestego wieku, między innymi w pismach urodzonego w Rosji filozofa Arona Davida Gordona. *Dugri* stać się miało w *Erec Israel* alternatywą dla skomplikowanej i przerysowanej w swych formach „europejskiej", a w istocie „zachodnioeuropejskiej" uprzejmości (niem. *Höflichkeit*) i związanych z nią strategii komunikacyjnych. Nową kategorią regulującą stosunki międzyludzkie i przyjęty w *Erec Israel* sposób komunikacji stać się miały oparte na wzorach biblijnych „prawda" i „prostota", stanowiące zdaniem Gordona także esencję języka hebrajskiego. Jednym z wczesnych przejawów opisanych wyżej tendencji wydają się przyjęte w syjonistycznym ruchu młodzieżowym, przez co także w kibucach, rytuały komunikacyjne o funkcji „oczyszczającej", „rozładowującej napięcia", tak zwane *sihot nefesh* (pol. *rozmowy dusz*). Owe praktykowane w grupie „rozmowy dusz" służyły budowaniu w jej ramach poczucia wspólnoty, a to poprzez szczere wyrażanie własnych myśli, odczuć, zarówno pozytywnych, jak i negatywnych, a także poprzez bezpośrednie wyrażanie krytyki pod adresem swoim i innych członków grupy (por. Gordon 1943; Katriel 1986: 22–23).

sób widzenia rzeczywistości, odmienne wartości kulturowe, uformowane przede wszystkim na zasadzie antytezy wartości diaspory, stały się początkowo kolejnym elementem mozaiki kulturowej pierwszych dziesięcioleci istnienia państwa Izrael i z czasem dominującym modelem kulturowym, który imigrantom był albo narzucany odgórnie, albo przyjmowany przez nich dobrowolnie (por. Katriel 1986: 18, 32).

Emigranci z Polski, podobnie jak *olim* z innych krajów, stykali się z w Palestynie i Izraelu z obcością o charakterze wielowymiarowym, zarówno kulturowym, jak i językowym, przebiegającą na płaszczyźnie kontaktu z dominującą kulturą hebrajskojęzyczną oraz kulturami innych grup imigranckich. Od 1948 roku nowopowstałe państwo izraelskie (a do roku 1948 administracja samorządowa stanowiąca zręby przyszłej państwowości) wykazywało silną tendencję do wytworzenia w tym wielokulturowym tyglu społeczności imigranckich jednej, jednolitej i dominującej, tożsamości narodowej. Wyrażało się to często przymusową „hebraizacją" imion i nazwisk oraz podniesieniem języka hebrajskiego do rangi języka narodowego i propagowaniem go wśród imigrantów poprzez dotowany przez państwo system edukacji (*ulpany*[17]) oraz w sferze publicznej jako języka urzędowego, a także wypieraniem innych języków (imigranckich) z życia publicznego. Tendencje hebraizacyjne silne były w *jiszuwie* już od lat trzydziestych XX wieku, już w okresie przedpaństwowym wywierano zatem na imigrantów nacisk na szybkie przyswojenie języka hebrajskiego i używanie go we wszystkich sytuacjach życia codziennego na zasadzie wyłączności[18] (*I co drugim zdaniem było: „Ba'arez medabrim Iwrit!" – „Tu, w Erec mówi się po hebrajsku. Naucz się hebrajskiego!"*)[19] oraz na sankcjonowane ostracyzmem społecznym zaniechanie używania języków imigranckich w życiu codziennym, jednak w roku 1948, u progu izraelskiej państwowości, ponad pięćdziesiąt procent mieszkańców Izraela posługiwało się jako pierwszym językiem innym niż hebrajski (Eshel 1981; Betten – Du-nour 1995: 118). Chęć integracji z dominującym hebrajskojęzycznym modelem kulturowym w duchu ideologii tygla kultur, przy

---

[17] Hebr.אולפן– organizowane i finansowane przez państwo izraelskie intensywne kursy językowe dla imigrantów.

[18] Decyzja jednostek i grup o wyłącznym używaniu w *Erec* języka hebrajskiego, nawet przy niewystarczającym stopniu opanowania go podejmowana była często także na zasadzie dobrowolnego zobowiązania i stanowiła symboliczny akces do nowej kultury hebrajskojęzycznej (Granach 2005: 93).

[19] Zapis podobnych przeżyć odnajdujemy także we wspomnieniach imigrantów z Polski: „Kiedy tu przyjechałam – wspomina Jadzia, ocalona po aryjskiej stronie – nie wolno było odzywać się po polsku, wszyscy biegali za tobą i krzyczeli *rak ivrit* (*tylko po hebrajsku*)" (Tuszyńska 1993a: 17).

niewystarczającej znajomości tego języka prowadziła często do sytuacji, w której imigranci posługiwali się swoistym *pidginem* (zredukowaną formą języka, ukształtowaną przez osoby, dla których nie jest to język ojczysty, w celu szybkiego porozumiewania się) – „chodzili o kulach językowych", jak o kreślił to zjawisko w latach osiemdziesiątych R. Eshel. Podczas, gdy w okresie przedpaństwowym i w pierwszych dziesięcioleciach istnienia państwa pokolenie rodziców i dziadków posługiwało się najchętniej swoim językiem ojczystym, dopiero dla następnego pokolenia język hebrajski stawał się językiem ojczystym, i stąd długo określany był w Izraelu jako „język dzieci" (Eshel 1981; Granach 2005: 131; Homberger 2000).

Obok trudności o charakterze międzykulturowym, przede wszystkim pragmatycznym (elementy odmienne od wzorców kultury polskiej – stosunkowa bezpośredniość i nieformalność hebrajskich strategii komunikacyjnych, komunikacja w drugiej osobie liczby pojedynczej[20], zredukowane do minimum „grzecznościowe ozdobniki", odmienne strategie przyjmowane w procesie formułowania aktów mowy, na przykład prośby, wzorce egalitarne, gdzie nie uznaje się tytułów naukowych i związanych z funkcją)[21], związanych z funkcjonowaniem jednostki w nowym systemie kulturowym, rozumianym jako układ symbolicznych interakcji społecznych[22], wokół których kształtuje się poczucie tożsamości narodowej (ang. *identity*), występowały tu także w przypadku imigrantów problemy o charakterze *stricte* językowym. Intensywna nauka języka hebrajskiego jako jeden ze sposobów szybkiej asymilacji w nowym społeczeństwie oraz wysiłek czy przymus używania tego języka w sferze publicznej w życiu codziennym nastręczała obiektywnych trudności, nawet osobom znającym starohebrajski[23], a dla osób nim niewładających stanowiła często barierę nie do przełamania

---

[20] Różnice między językiem polskim i hebrajskim na płaszczyźnie pragmatycznej, dotyczące zakresu używania w komunikacji międzyludzkiej formy „ty" i „pan/ pani", definiuje A. Wierzbicka w języku prymitywów semantycznych w następujący sposób, w języku polskim: *Chcę mówić do ciebie w sposób, w jaki ludzie mówią do kogoś, kogo nie znają lub nie znają dobrze, w sposób, w jaki ludzie nie mówią do kogoś, kogo znają, w sposób, w jaki ludzie nie mówią do kogoś, kto jest im równy, chcę mówić do ciebie, w sposób, w jaki ludzie mówią do kogoś, komu okazują szacunek*. W języku hebrajskim zaś: *Chcę mówić do ciebie, w sposób, w jaki ludzie mówią do kogoś, kogo dobrze znają, do kogoś, kogo nie znają dobrze i do kogoś, kogo nie znają. Chcę mówić do ciebie w sposób, w jaki ludzie mówią do każdego*. (Por. A. Wierzbicka 1992: 311–312).

[21] Por. Blum-Kulka – Danet 1985: 113–139; Blum-Kulka 1989;Wierzbicka 1992.

[22] Por. Kłoskowska: 131–132.

[23] Tradycyjny wzorzec kulturowy Żydów Środkowo-Wschodnioeuropejskich zakładał dwujęzyczność, posługiwanie się na co dzień językiem jidysz oraz w sferze sakralnej językiem hebrajskim (por. Shmeruk 1992: 9).

na skutek zupełnej odmienności hebrajskiego od języka polskiego. Występowały tu zatem trudności o charakterze graficznym (standardowy zapis spółgłoskowy bez wokalizacji), fonetycznym[24] (jak na przykład aszkenazyjska zerowa wymowa dźwięcznych głosek gardłowych wychodząca z użycia na korzyść dominującej wymowy sefardyjskiej („gardłowej") oraz sefardyjskie oksytoniczne wzorce akcentowe w przeciwieństwie do aszkenazyjskich paroksytonicznych), morfologicznym (na przykład budowa spółgłoskowo-rdzeniowa języka czy wzorce koniugacyjne oparte na rdzeniach trójspółgłoskowych) czy leksykalnym (częściowa odmienność lub kompensacyjność[25] słownictwa kształtującego się wówczas nowoczesnego języka hebrajskiego w stosunku od języka świętego, *leszon hakodesz*[26]. Kształtujący się tak nowohebrajski pozostawał pod silnym wpływem języka jidysz (i kultur środkowo-wschodnioeuropejskich), a w okresie późniejszym, wraz z falami imigrantów z Bliskiego Wschodu i Afryki Północnej (sefardyjczyków oraz mizrachim) pod wpływem języka arabskiego.

Imigranci z Polski zachowywali czy też mieli możliwość zachowania w Izraelu kontaktu z językiem polskim. W latach wzmożonej imigracji polskojęzycznej do Palestyny i Izraela powstało szereg instytucji: gazety i czasopisma (almanachy) polskojęzyczne („Nowiny", „Kurier" (obecnie („Weekendowe Nowiny-Kurier"), „Akcenty" i „Kontury"), wydawnictwa leksykograficzne[27], księ-

---

[24] Warto jednak zaznaczyć, iż wpływy słowiańskie są we współczesnym hebrajskim, kształtującym się w dwudziestowiecznej Palestynie i Izraelu, zdominowanym w pierwszych dziesięcioleciach przez przybyszów z Rosji i Polski, były bardzo silne, zarówno w dziedzinie morfologii, jak i składni i leksyki: *Muszę powiedzieć coś jeszcze o hebrajskim akcencie. Moja pamięć jest bardzo dobra, lecz czysto wizualna. Nie robiłem zatem nigdy błędów ortograficznych w żadnym z języków, których się uczyłem. [...] Lecz moja pamięć akustyczna nie działa poprawnie. Do tego dochodzi jeszcze, iż nie uważam za słuszne zamieniania mojego hebrajskiego, którego wyuczyłem się z berlińskim akcentem na tak samo błędny akcent rosyjski. Jeśli wszyscy mówiliby tak, jak czynią to Żydzi orientalni, z semickim, pozostającym też pod wpływem języka arabskiego akcentem, zadałbym sobie także trud, żeby mówić w ten sposób* (Scholem 1977: 207–208).

[25] Nieinstytucjonalny, oddolny proces tworzeniem nowych słów dla desygnatów nieposiadających jeszcze w języku nowohebrajskim swojej nazwy trwał od końca dziewiętnastego wieku i rozpoczął się wraz z procesem dostosowywania języka hebrajskiego do roli języka codziennego. W państwie Izrael od 1953 roku aspektami normatywnymi języka hebrajskiego zajmuje się Akademia Języka Hebrajskiego.

[26] Hebr. לשון הקודש.

[27] Interesującym aspektem działalności kulturalnej imigrantów z Polski wydają się wydawnictwa leksykograficzne, pierwszy współczesny słownik polsko-hebrajski autorstwa A. Ben-Uriego wydany został w Warszawie w 1926 w okresie wzmożonej emigracji obywateli polskich do Palestyny, i wznawiany był w latach 1933–1939 wielokrotnie, także w Palestynie (Tel Awiw). W Erec Israel powstały w latach siedemdziesiątych i dziewięćdziesiątych kolejne

garnie (E. Neusteina w Tel Awiwie), fundacje (A. Klugman) oraz stowarzyszenia pisarzy piszących w języku polskim w Izraelu („Związek Autorów Piszących Po Polsku W Izraelu" oraz „Grupa Literacka „Akcenty""). Postępujący od końca lat osiemdziesiątych rozwój techniczny umożliwił imigrantom dostęp do polskich mediów w kraju za pomocą telewizji satelitarnej oraz Internetu (por. Barbur 2006).

Język ojczysty na imigracji ulega z czasem pod wpływem języka kraju docelowego pewnym zmianom, które zazwyczaj mają jednak charakter indywidualny, tak że mówić można jedynie o pewnych ogólnych tendencjach tego typu procesu. W przypadku imigracji do Izraela inteligencji twórczej, piszącej w języku polskim lub innych osób mających z tym językiem na co dzień zawodowo do czynienia, mówić można o zjawisku zachowania języka polskiego w formie niezmiennej[28]. W pozostałych przypadkach w odniesieniu do pierwszego pokolenia imigrantów mamy do czynienia z powstaniem tak zwanego „języka polonijnego", zatem polszczyzny, która w sytuacji migracyjnej przyswoiła wiele elementów obcych i funkcjonuje w życiu codziennym obok języka hebrajskiego jako pierwszy lub drugi język danej jednostki (bilingwizm). Polszczyznę polonijną pierwszego pokolenia cechują zatem w wyniku zachodzenia naturalnych procesów związanych z adaptacją językowo-kulturową do nowej rzeczywistości liczne elementy hebrajskie: cytaty (wtręty), zapożyczenia leksykalne czy kalki językowe (Walczak 2010: 569-573).

W wyniku procesu adaptacji językowo-kulturowej w języku imigrantów pierwszego pokolenia pojawiają się także błędy motywowane z jednej strony odcięciem od żywej i rozwijającej się polszczyzny, z drugiej zaś wynikające z interferencji, wpływu wyuczonego i używanego na co dzień języka hebrajskiego na język pierwszy, a zatem: błędy w pisowni, w użyciu przypadków (na przykład narzędnika i dopełniacza), błędy łączliwości czasownika czy przyimka, błędne formy fleksyjne rzeczownika, czasownika (na przykład po rzeczowni-

---

słowniki polsko-hebrajskie autorstwa M. i D. Shirów oraz A. Klugmana (por. Ben-Uri 1926; Ben-Uri 1936; Shir – Shir 1975; Klugman 1993).

[28] W przypadku inteligencji twórczej, która posługuje się na co dzień językiem ojczystym proces zachowania go w niezmienionej formie wymaga także jednak świadomej pracy nad nim: „Gdy żyje się w kraju, w którym używa się na co dzień innego języka, w którym mówi się na dodatek 71 innymi językami, i żadnym z nich całkiem poprawnie, także językiem tego kraju, dochodzi do zubożenia także własnego języka. Miałam wrażenie, iż muszę walczyć o mój język, w trakcie pisania, z językiem, o język, o jego bogactwo, im więcej czasu mija, im dłużej mieszkam poza tym obszarem językowym, tym mniej jest on [język] twórczy, tym bardziej ubożeje [...] dlatego nadaje się właśnie do dziennikarstwa, jest bowiem ograniczony." (Schwarz-Gardos 1998: XI–XII).

kach męskoosobowych), przymiotnika czy liczebnika, odmienna składnia (na przykład używanie pod wpływem języka hebrajskiego elipsy) oraz nietypowe formy słowotwórcze[29] (Fuhrmann 1998: 163–175; The Cementary Club 2006; Dworzec Gdański 2007).

4. Zakończenie

Omawiając problematykę języka polskiego w Palestynie i Izraelu, a także innych europejskich języków narodowych (szczególnie niemieckiego), zwrócić należy szczególną uwagę na wyjątkowość sytuacji języka polskiego w tym kraju, podobnie jak wyjątkowa wydaje się sytuacja „emigracji do ojczyzny", która jest zarówno „swojska", jak i „obca", gdzie jednocześnie jest się „imigrantem" i powraca się do „ziemi ojców". W przypadku pierwszego pokolenia imigrantów, *olim*, mamy do czynienia z całym spektrum postaw wobec kraju pochodzenia oraz języka przedemigracyjnego. Polaryzację tę, jej bieguny, ilustrują doskonale cytaty przytoczone przeze mnie na początku niniejszego artykułu – z jednej strony zatem z języka ojczystego nie można wyemigrować, jak pisał S. Ben-Chorin, z drugiej zaś, zdaniem M. Broda, dopiero język hebrajski staje się dla Żydów europejskich, *olim*, prawdziwą ojczyzną.

Bibliografia

Altbauer 1929: Altbauer, M. O błędach ortograficznych i gramatycznych w zdaniach polskich Żydów przemyskich. W: M. Altbauer. Wzajemne wpływy polsko-żydowskie w dziedzinie językowej, M. Brzezina (red.). Kraków 2002
Altbauer 1931: Altbauer, M. O polszczyźnie Żydów. W: M. Altbauer. Wzajemne wpływy polsko-żydowskie w dziedzinie językowej, M. Brzezina (red.). Kraków 2002
Barbur 2006: Barbur, E. – Urbański, K. Właśnie Izrael. Warszawa

---

[29] Interesujące porównanie przeprowadzić można tu z badaniami M. Altbauera, dotyczącymi polszczyzny Żydów polskich lat trzydziestych, w okresie ich zintensyfikowanej asymilacji językowo-kulturowej i przechodzenia z języka jidysz (hebrajskiego) do języka polskiego jako języka codziennego (pierwszego). M. Altbauer odnotowuje zatem następujące tendencje: błędy w dziedzinie fonetyki, w dziedzinie morfologii (deklinacja rzeczowników, zakres użycia zaimka dzierżawczo-zwrotnego, mieszanie rodzajów liczebników używanych w funkcji przydawki, mieszanie form czasowników dokonanych i niedokonanych oraz czasowników jedno- i wielokrotnych), w dziedzinie składni (użycie biernika po przeczeniu i czasownikach typu szukać, żądać, błędna składnia przyimków, błędy w składni zgody podmiotu i orzeczenia, błędne użycie podmiotu bliższego i dalszego, błędne użycie imiesłowów jako równoważników zdań pobocznych, błędy w składni zdania względnego, w dziedzinie słownictwa (dosłowne tłumaczenie wyrazów i zwrotów, błędy w zakresie synonimiki, błędne użycie przedrostków, użycie wyrazów w błędnym znaczeniu) (Altbauer 1929; Altbauer 1931).

Bauman 2000: Bauman, Z. Ponowoczesność jako źródło cierpień. Warszawa
Ben-Chorin 1995: Ben-Chorin, S. Sprache als Heimat. W: Die „Jeckes" in Israel. Bonn
Ben-Uri 1926: Ben-Uri, A. Milon polani-ivri. Warszawa
Ben-Uri 1936: Ben-Uri, A. Słownik polsko-hebrajski. Warszawa – Tel Awiw
Berry 1989: Berry, W. Acculturation, Attitudes in Plural Societies. W: Applied Psychology 4/38, 185-206
Betten – Du-Nour 1995: Wir sind die Letzten. Fragt uns aus. Gespräche mit den Emigranten der dreißiger Jahre in Israel. A. Betten – M. Du-Nour (wyd.). Gerlingen
Blum-Kulka – Danet 1985: Blum-Kulka, S. – Danet, B. The Language of Requesting in Israeli Society. W: Language and Social Situations. J. P. Forgas (wyd.). Nowy Jork, 113-139
Blum-Kulka 1989: Cross-Cultural Pragmatics. Requests and Apologies. S. Blum-Kulka et al. (wyd.). Norwood
Brod 1985: Brod, M. Hebräische Lektion. W: Die jüdische Emigration aus Deutschland 1933-1941. Frankfurt/M.
Brzezina 1986: Brzezina, M. Polszczyzna Żydów. Kraków
Cała 1987: Cała, A. Polacy niechciani. Z zagadnień asymilacji inteligencji żydowskiej w Królestwie Polskim 1864-1897. W: Inteligencja polska XIX i XX wieku. R. Czepulis-Rastenis (red.). Warszawa, 191-213
Cała 1999: Cała, A. Kompleks żydowski Polaków. Asymilacja Żydów w Królestwie Polskim a zmiany świadomości narodowej w drugiej połowie XIX wieku. W: Przemiany formuły polskości w drugiej połowie XIX wieku. J. Maciejewski, J. (red.). Warszawa, 271-280
The Cementary Club 2006: The Cementary Club. IL 2006. Reż. T. Shemesh.
Dworzec Gdański 2007: Dworzec Gdański. PL 2007. Reż. M. Zmarz-Koczanowicz
Emigracja 1997: Pisarski, M. Emigracja Żydów z Polski w latach 1945-1951. W: Studia z dziejów i kultury Żydów w Polsce po 1945 roku. J. Tomaszewski (red.). Warszawa
Encyclopaedia Judaica 1972: Encyclopaedia Judaica. Jerozolima
Erel 1983: Erel, S. Neue Wurzeln. 50 Jahre Immigration deutschsprachiger Juden in Israel. Gerlingen
Eshel 1981: Eshel, R. Prawie połowa Izraelczyków nie zna języka hebrajskiego. W: Maariv (15.11.1981). Za: Neue Wurzeln. 50 Jahre Immigration deutschsprachiger Juden in Israel. Gerlingen, 1983, 35 (artykuł o języku hebrajskim)
Famulska-Ciesielska 2008: Famulska-Ciesielska, K. Polacy. Żydzi. Izraelczycy. Tożsamość w literaturze polskiej w Izraelu. Toruń
Gąsowski 1995: Gąsowski, T. Galicja – żydowski matecznik. W: Galicja i jej dziedzictwo. T.2. Rzeszów
Fuhrmann 1998: Fuhrmann, M. M. Alice Schwarz-Gardos als Schriftstellerin (praca magisterska, nieopublikowana). Uniwersytet Wiedeński
Geertz 1973: Geertz, C. The Interpretation of Cultures. Londyn etc.
Gordon 1964: Gordon, M. M. Assimilation in American Life. The Role of Race, Religion, and National Origins. Nowy Jork
Granach 2005: Granach, G. Heimat los! Aus dem Leben eines jüdischen Emigranten. Augsburg
Handbuch 1998: Handbuch der deutschsprachigen Emigration 1933-1945. C. D. Krohn (wyd.). Darmstadt
Hibel 2002: Hibel, K. Obraz emigracji w twórczości izraelskich pisarzy piszących w języku polskim (praca magisterska, nieopublikowana). Uniwersytet Warszawski
Hibel 2008: Hibel, K. Obraz aliji niemieckojęzycznych olim w utworach literackich i źródłach autobiograficznych (praca doktorska, nieopublikowana). Uniwersytet Warszawski

246   Katarzyna Hibel

Hofstede 2007: Hofstede, G. Kultury i organizacje. Warszawa
Homberger 2000: Sachwörterbuch zur Sprachwissenschaft. D. Homberger (wyd.). Stuttgart
Katriel 1986: Katriel, T. Talking Straight. 'Dugri' Speech in Israeli Sabra Culture. Cambridge
Klugman 1993: Klugman, A. Nowy słownik polsko-hebrajski, hebrajsko-polski. Warszawa –
    Tel Awiw
Klugman 1994: Klugman, A. Polonica w ziemi świętej. Kraków
Kłoskowska 1992: Kłoskowska, A. Tożsamość i identyfikacja narodowa. W: Kultura i Społe-
    czeństwo 1, 131–141
Levy 2005: Levy, T. Exilanten, Flüchtlinge, Migranten und Einwanderer: Jeckes im palästini-
    schen Theater. W: Zweimal Heimat. M. Zimmerman – Y. Hotam (wyd.). Frankfurt/M.
Koppel 2000: Koppel, G. Heimisch werden. Lebenswege deutscher Juden in Palästina. Ham-
    burg
Malewska-Peyre 1992: Malewska-Peyre, H. Ja wśród obcych i swoich. W: P. Boski – M.
    Jarymowicz – H. Malewska-Peyre. Tożsamość a odmienność kulturowa. Warszawa
Mead 1991: Mead, M. Einleitung. W: M. Zborowski. – E. Herzog. Das Schtetl. Die unterfan-
    gene Welt der osteuropäischen Juden. Monachium, 9–14
Scholem 1977: Scholem, G. Von Berlin nach Jerusalem. Jugenderinnerungen. Fr./M.
Schwarz-Gardos 1983: Schwarz-Gardos, A. Die Einsamkeit der deutschsprachigen Schrift-
    steller in Israel. W: Heimat ist anderswo. A. Schwarz-Gardos (red.). Freiburg etc.
Schwarz-Gardos 1991: Schwarz-Gardos, A. Von Wien nach Tel Aviv. Lebensweg einer Jour-
    nalistin. Gerlingen
Schwarz-Gardos 1998: Wywiad z A. Schwarz-Gardos. W: M. M. Fuhrmann. Alice Schwarz-
    Gardos als Schriftstellerin (praca magisterska. nieopublikowana). Uniwersytet Wiedeński
    1998. aneks XI–XII
Shir – Shir 1975: Shir, M. – Shir, D. Słownik polsko-hebrajski, cz. 1. Tel Awiw
Shmeruk 1992: Shmeruk, C. Historia literatury jidysz. Wrocław
Statistical Abstract of Israel 2010: Statistical Abstract of Israel 2010.
    http://www.cbs.gov.il/reader/, Statistical Abstract of Israel 2010
Timm 2003: Timm, A. Israel – Gesellschaft im Wandel. Opladen
Tuszyńska 1993a: Tuszyńska, A. Israel ist a real thing. W: A. Tuszyńska. Kilka portretów z
    Polską w tle: reportaże izraelskie. Gdańsk, 11–39
Tuszyńska 1993b: Tuszyńska, A. Kilka portretów z Polską w tle. W: A. Tuszyńska. Kilka
    portretów z Polską w tle: reportaże izraelskie. Gdańsk, 40–60
Vogel 1977: Vogel, R. Ein Stempel hat gefehlt. Dokumente zur Emigration deutscher Juden.
    Zurych – Monachium
Walczak 2010: Walczak, B. Język polski na Zachodzie. W: Współczesny język polski. J.
    Bartmiński (red.). Lublin, 563–574
Wierzbicka 1991: Wierzbicka, A. Cross-Cultural Pragmatics. The Semantics of Human
    Interaction. Berlin
Wierzbicka 1992: Wierzbicka, A. Semantics, Culture and Cognition. Nowy Jork etc.
Yinger 1994: Yinger, J. M. Ethnicity. Source of Strengh? Source of Conflict? Nowy Jork
Znaniecki 1938: Znaniecki, F. Przedmowa. W: J. Chałasiński. Młode pokolenie chłopów.
    Warszawa

STEFAN MICHAEL NEWERKLA (WIEN)

Linguistic Consequences of Slavic Migration to Vienna in the 19th and 20th Centuries

Before examining the linguistic consequences of Slavic migration to Vienna in the 19th and 20th centuries, it seems appropriate to review some historical and linguistic facts. Slavic influence in Eastern Austria has existed for a long period of time, not just the past two centuries. Roughly since the sixth and seventh centuries, Slavs had settled the lands in Central Europe, including much of present day Austria, abandoned by Germanic tribes fleeing the Huns and their allies. In Vienna, traces of this settlement can be found in the names of several districts, such as *Döbling* < **Toplikъ* (Bergermayer 2005: 268), containing the Slavic root for 'warm' due to former warm thermal springs, *Währing* < **Warikъ* (op. cit.: 282–283), containing the Slavic root for 'boil' due to former hot thermal springs, *Liesing* < **Lěsinīt'ā* (op. cit.: 132–133), meaning 'brook through woodlands', or common place names like *Lainz* < **Luncě* (op. cit.: 142), an old Slavic locative singular of **lunka* denoting a meadow or grassland.[1] Only the subsequent expansion of the Magyars as well as the Bavarisation of our region separated the northern and southern Slavs. However, their influence on the language of the people in Eastern Austria has remained intact ever since.

In present day Austria there are seven officially recognized minority languages, i.e., the languages of the six autochthonous ethnic groups officially recognized by the Ethnic Groups Act (*Volksgruppengesetz*)[2] plus Austrian Sign Language (*Österreichische Gebärdensprache*, approx. 9.000 speakers). Several other languages of minorities living here also play an important role.

Residents of Austria

Colloquial language	%	total	Austrian citizenship		other citizenship
			in all	born in A	
total	100	8.032.926	7.322.000	6.913.512	710.926
German only	88,24	7.115.780	6.991.388	6.745.701	124.392

---

[1] Cf. Newerkla (2006: 113–134).

[2] *Bundesgesetz vom 7. 7. 1976 über die Rechtsstellung von Volksgruppen in Österreich* [Federal Act dated 7th July 1976 on the legal status of ethnic groups in Austria].

Colloquial language	%	total	Austrian citizenship		other citizenship
			in all	born in A	
languages of officially recognized ethnic groups (including Windisch)[3]	1,48	119.667	82.504	49.321	37.163
Hungarian (*magyar nyelv*)	0,50	40.583	25.884	9.565	14.699
Slovene (*slovenščina*) without Windisch	0,31	24.855	17.953	13.225	6.902
Burgenland Croatian (*gradišćanskohrvatski jezik*)	0,24	19.412	19.374	18.943	38
Czech (*čeština*)	0,22	17.742	11.035	4.137	6.707
Slovak (*slovenčina*)	0,13	10.234	3.343	1.172	6.891
Romani (*rromani ćhib*)	0,08	6.273	4.348	1.732	1.925

Colloquial language	%	total	Austrian citizenship		other citizenship
			in all	born in A	
Turkish	2,27	183.445	60.028	30.405	123.417
Serbian	2,20	177.320	41.944	18.777	135.376
Croatian	1,63	131.307	25.820	11.216	105.487
English	0,73	58.582	33.427	23.415	25.155
Bosnian	0,43	34.857	3.306	1.286	31.551
Polish	0,38	30.598	12.699	3.695	17.899
Albanian	0,35	28.212	3.766	1.522	24.446
Arabic	0,22	17.592	9.610	3.836	7.982
Romanian	0,21	16.885	4.669	1.228	12.216
Italian	0,13	10.742	5.065	3.335	5.677
Persian	0,13	10.665	4.749	1.258	5.916
French	0,13	10.190	4.977	3.020	5.213
Spanish	0,12	9.976	5.712	3.027	4.264
Chinese	0,12	9.960	5.022	1.543	4.938
Russian & Ukrainian & Belarusian	0,10	8.446	2.980	848	5.466
Filipino	0,07	5.582	3.861	1.281	1.721
Bulgarian	0,07	5.388	1.885	338	3.503
Macedonian	0,06	5.145	1.127	609	4.018
Dutch & Flemish	0,05	3.802	1.413	874	2.389
Hindi	0,04	3.582	1.631	617	1.951
Portuguese	0,04	3.197	1.323	645	1.874
Greek	0,04	3.098	1.643	862	1.455
Swedish	0,03	2.683	872	573	1.811
Vietnamese	0,03	2.310	1.630	473	680
Kurdish	0,03	2.133	1.139	371	994
Japanese	0,02	1.806	405	242	1.401

---

[3] The designation "Windisch" as an overall term for Slovene dialects spoken in Carinthia is officially included only in this figure (and neither counted separately nor subsumed under Slovene).

Colloquial language	%	total	Austrian citizenship		other citizenship
			in all	born in A	
Thai	0,02	1.593	518	211	1.075

Colloquial language	%	total	Austrian citizenship		other citizenship
			in all	born in A	
Korean	0,02	1.264	316	113	948
Hebrew	0,01	1.189	596	237	593
other	0,20	16.498	6.542	3.180	9.956

Source: Statistik Austria, Volkszählung 2001 [Census 2001] (2007–06–01).

As far as Vienna is concerned, the most important autochthonous ethnic group are the Czechs, who have been living in and around the city at least since the thirteenth century, more accurately since the time of Ottokar II of Bohemia, in Czech Přemysl Otakar II, called The Iron and Golden King.[4] Slovak settlements can be found in the Eastern regions of Lower Austria for a period even longer than that.[5]

Furthermore, Vienna has always been a multicultural city due to its status as a university town (since 1365), commercial and administrative centre and, for many centuries, capital of the Habsburg Empire. Already in 1548, the schoolmaster of the so-called Scottish Abbey[6], a Roman Catholic monastery in Vienna's first district, Wolfgang Schmeltzl, described the commercial downtown area as multiethnic and multilingual (Schmeltzl 1548: cjjj[a-b]):

325 „An das Lugek kam ich ongfer,
Da tratten Kauffleüt hin vnd her,
Al Nacion in jr claidung.
Da wirt gehört manch sprach und zung,

Ich dacht ich wer gen Babl khumen,
330 Wo alle sprach ein anfang gnomen, //
Vnd hört ein seltzams dräsch und

Eventually, as I came to the Lugeck,[7]
there were many merchants
of all nations in their clothing.
Several languages and tongues can be heard there,

I thought, I had come to Babel,
where all languages originated from.
And heard strange talking and shouting

---

[4] Ottokar II was the King of Bohemia from 1253 until 1278, the Duke of Austria from 1251 until 1276, Styria from 1260 until 1276, Carinthia from 1269 until 1276, and Carniola from 1269 until 1276. On 26 August 1278, Ottokar was killed at the Battle of Dürnkrut and Jedenspeigen on the March while attempting to recover his lost lands in Austria by force.

[5] Cf. for example Fleck 2011 with further literature.

[6] The Benedictine Abbey of Our Dear Lady to the Scots (in German Schottenstift or Benediktinerabtei unserer Lieben Frau zu den Schotten) was founded in Vienna in 1155 by Irish monks from Regensburg.

[7] The Lugeck is a place in Vienna's first district (Inner City) between Rotenturmstraße, Köllnerhofgasse, Sonnenfelsgasse and Bäckerstraße.

gschray

Von schönen sprachen mancherlay.	of several beautiful languages.
Hebreisch, Griechisch und Lateinisch,	Hebrew, Greek and Latin,
Teutsch, Frantzösisch, Türkisch, Spanisch,	German, French, Turkish, Spanish,
335 Behaimisch, Windisch, Italienisch,	Czech, Slovene, Italian,
Hungarisch, guet Niderlendisch,	Hungarian, good Dutch,
Naturlich Syrisch, Crabatisch,	Syrian of course, Croatian,
Rätzisch, Polnisch und Chaldeisch."	Serbian, Polish and Chaldean Neo-Aramaic.[8]

To cut a long matter short, we can see that the beginning of the 19th century is certainly not the starting point of Slavic migration to Vienna. Around 1800, Vienna already counted about 230.000 inhabitants, and many of them had a Slavic background. The most numerous among them were the Czechs. From the first half of the 18th century they regularly gathered for Czech masses (Schamschula 1973: 145), and in 1761 the first Viennese newspaper in Czech by the name of *C. k. privilegované české vídeňské poštovní noviny* was published (Duchkowitsch 1980; 2004).[9] Due to the many Czech migrants to Vienna, an imperial decree of 1778 even ordered all announcements in the suburbs of Wieden (today Vienna's fourth district and parts of its tenth district Favoriten) to be made both in German and Czech (John – Lichtblau 1990: 251).

During the 19th century, Vienna witnessed an enormous increase in population, so that in 1910 it counted 2.031.498 inhabitants, a number almost ten times as high as around 1800. Simultaneously, we can observe a huge Czech migration to Vienna, especially during the second half of the 19th century. Even in official statistics, their number increased from 25.186 persons with Czech, Moravian or Slovak as their common means of communication in 1880 to 102.974 in 1900. But in reality, their number must have been at least two times as high, since we know that after the breakup of the Habsburg monarchy, about 150.000 Czechs remigrated back from Vienna to the new Czechoslovak Republic, leaving around 80.000 persons with Czech mother tongue still in Vienna in 1923. These numbers would provide us with a sum of about 230.000 persons with Czech background between 1900 and 1918. The number of Slovaks living in Vienna and the Moravian field (*Marchfeld*) also reached its highest point during these years (Brousek 1980: 23; Rattensperger 2003: 52–53).

---

[8] Chaldean Neo-Aramaic, not to be confused with the original "Chaldean language" (= Urartian, Vannic), referring to the late Old Aramaic dialect of the Chaldean Dynasty of Babylon (6th century BC). Most speakers of Chaldean Neo-Aramaic are Chaldeans adhering to the Chaldean Catholic Church.

[9] Cf. also Vintr – Pleskalová (2004: 118).

This fact documents the growth and impressive development of Vienna's Czech community during the 19th century up to its heyday after the turn of the 20th century. During those years, language increasingly came to be regarded as the source and main indicator of national identity. Consequently, Czech could no longer remain in its underprivileged role as a primarily home language. It had to challenge the traditional hegemony of the German language in Vienna by penetrating the domains so far reserved for the dominant language. As Eric J. Hobsbawm (1990: 96) aptly remarks in his book on nations and nationalism since 1780, "linguistic nationalism was and is essentially about the language of public education and official use." Therefore, the demand for national autonomy increased as rapidly as the push for education in Czech. Thus, besides Czech associations, the first independent Czech schools were founded only during the end of the 19th century.

This development triggered anti-Czech sentiment among parts of Vienna's German speaking population. After the break-up of the Habsburg monarchy, there even existed a certain fear that the Czechs and Slovaks would become too influential in the city council, which is nicely illustrated by the lyrics of a Viennese song of that time: „Wer wird uns in Wien jetzt regier'n? Wer wird uns in Wien jetzt regier'n? Der Tschechoslowak mit'n Zylinder und Frack, Der wird uns in Wien jetzt regier'n!" [Who will govern in Vienna now? Who will govern us now? The Czechoslovaks, with top hats in tails, will govern us in Vienna now.] (Glettler 1985: 33).

Such fears, however, were unfounded, since most of the Czechs, who stayed in Vienna as loyal Austrians, very soon switched completely from their original mother tongue to German. Nevertheless, in doing so they left many traces of Czech in the Viennese variety of German and thereby influenced the language of Vienna's non-Czech population and, in certain instances, the Austrian standard variety of German itself. What's more, characteristic interference phenomena such as loan words, phrases and idioms eventually became typical expressions of the Viennese dialect, which speakers of this variety of German are proud of up to this day.

Here, again, a differentiation is necessary in order to get to the core of the matter. By the phenomena mentioned above, we do not mean to imply the clear convergence of the vocabularies of Czech, Slovak, Hungarian and the German standard as spoken in Old Austria, which I have already touched upon in other papers (Newerkla 2007a+b, 2009, 2011a: 76–86). Of course, there are many loans in Czech, Slovak and Hungarian that derive from German words, which are still or at least were in use solely in the Austrian variety of High German. On

the other hand, many Slavic, Hungarian and also Romance words found their way into the German of Old Austria and thus set to a great extent the typical character of the Austrian variety of standard High German (e.g. *Buchtel, Klobasse, Zipp, Automatenbuffet, Chauffeur, Fauteuil, Garçonnière, Lavoire, Plafond, Bartwisch, Busserl, Bussi, Dekagramm, Fasching, fesch, Hetz, Semmel, Werkel, Zeller, Biskotten, Karfiol, Malter, sekkieren, Trafik, Adjunkt, Evidenz, lizitieren, Matura, Ribisel, paprizieren, Palatschinke, Pogatsche, Kukuruz* and so on).[10] Many of these words were again passed on to other languages of the Habsburg Empire through the medium of Austrian German, the lingua franca of that time.

Moreover, the vocabularies of German, Czech, Slovak, Hungarian, etc. are distinguished not only by this manifest lexical convergence. The close contact between these languages for centuries has also created many commonalities among the distribution of their word fields. The Czech scholar Emil Skála (1992: 176) mentions, for example, the far-reaching semantic conformity of the word field of the about 150 verbs of locomotion in Czech and German.

The convergence of Czech, Slovak, Hungarian and Austrian German also becomes manifest on other linguistic levels, e.g., in the grammatical structure of these languages, although, again, on a deeper layer of semantic content. Take, for example, the use of prepositions in Austrian German, Czech and Slovak as well as the use of the corresponding suffixes in Hungarian. In English and in German as spoken in Germany, we take an examination *in* a subject such as Russian, mathematics and so on (= *eine Prüfung in Russisch, ... ablegen*); however, the equivalents in Austrian German, Czech, Slovak and Hungarian are in this succession: *eine Prüfung aus Russisch, ... ablegen*; *vykonat zkoušku z ruštiny, ...*; *vykonať skúšku z ruštiny, ...*; *oroszból, ... vizsgázni*. The meaning of the prepositions *aus, z/ze* and *z/zo* as well as the Hungarian suffixes *-ból/-ből* is the same (literally *out of, from, of*). Similarly, in English and German as spoken in Germany we sit *at* the table (= *am Tisch sitzen*); the equivalents in Austrian German, Czech, Slovak and Hungarian are *bei Tisch sitzen*; *sedět u stolu*; *sedieť pri stole*; *asztalnál ülni*. The meaning of the prepositions *bei, u* and *pri* as well as the Hungarian suffixes *-nál/-nél* is the same, again (literally *near, close to*). A

---

[10] The English equivalents are in succession of their appearance: *yeast pastry*; *hard smoked sausage*; *zip-fastener*; *automat*; *chauffeur*; *armchair*; *bed-sitter*; *wash-basin*; *ceiling*; *handbrush*; *little kiss*; *10 grammes = 154,324 grains* (troy and avoirdupois); *Shrovetide*; *smart*; *fun*; *(Vienna) roll*; *barrel-organ*; *celeriac*; *biscuits*; *cauliflower*; *mortar*; *pester*; *tobacco-shop*; *assistant director* (one of the innumerable titles of civil servants in the Habsburg Empire); *register*; *school-leaving exam*; *sell by auction*; *currant*; *spice with paprika*; *pancake*; *pancake with greaves*; *Indian corn*.

striking feature of Austrian German—especially of its colloquial variety—in contrast to German as spoken in Germany is also the extensive and unmarked use of the preposition *auf* (= literally *on, upon*): *auf der Universität, auf der Post, auf dem Hof, auf dem Konzert, auf dem Markt.*[11] In many cases, this special characteristic can once more be associated with the use of the preposition *na* in Czech *na univerzitě, na poště, na dvoře, na koncertě, na tržišti*, ..., and Slovak *na univerzite, na pošte, na dvore, na koncerte, na trhovisku*, ..., as well as the use of the Hungarian suffix *-n* (*-on, -en, -ön*) with the same meaning: *az egyetemen, a postán, az udvaron, a koncerten, a piacon*, ... (Newerkla 2011a: 80).

All of these examples support the assertions of the American sociolinguist Dell Hymes (1974), who claims that different languages can form a speech community under political and social influence.[12] However, from this major language contact zone in Central Europe which we can associate with the former centre of the Austro-Hungarian Empire (with German, Hungarian, Czech and Slovak as core languages as well as Polish and Slovene as peripheral languages), a micro-area emerged in Vienna and Eastern Austria that was particularly affected by the influence of Czech on German due to the huge migration to Vienna during the second half of the 19th century and the assimilation processes during the first half of the 20th century (Newerkla 2007a: 275; 2007b: 31, 33).

As a consequence of this development, we up to this day encounter persons in all spheres of Vienna's public life whose ancestors were born in the Bohemian countries and Upper Hungary or who at least have Czech or Slovak family names. Just consider the family background of the former Austrian chancellor Bruno Kreisky or the former Viennese mayor as well as former president Franz Jonas, or the Czech names of other Austrian politicians such as Blecha < *blecha* 'flea'; Busek < *Bušek*, a diminutive of *Buš* derived from the name *Budimír, Budislav, Budivoj* or *Bohuslav*; Cap < *čáp* 'stork', Ceska < *čieška* 'small bowl' in Old Czech; Dohnal < *dohnal* 'he who caught up with'; Klestil < *klestil* 'he who pruned'; Klima < *Kliment* (= lat. *Clemens*); Kukacka < *kukačka* 'cuckoo'; Lacina < *laciný* 'cheap'; and so on (Newerkla 2009: 8).[13]

---

[11] The English equivalents are: *at the university, at the post-office, in (on) the courtyard, at the concert, in (on) the market.*

[12] Roman Jakobson (1938: 52) anticipated this idea by stating that the limits of language convergence seem to coincide strikingly with boundaries of physical and political geography.

[13] Incidentally, Austrians normally do not know that the first three of their presidents after 1945—Karl Renner, Theodor Körner, Adolf Schärf—were all born outside the territory of today's Austria despite their German family names: Renner in the Moravian village of Dolní Dunajovice (Untertannowitz), Körner in today's Slovak-Hungarian border town Komárno/

Stefan Michael Newerkla

Already in the 19th century the knowledge of Czech loan words in Vienna was so strong that the well-known Austrian actor, singer and playwright Johann Nepomuk Eduard Ambrosius Nestroy could make use of them in his comedies and other dramatic pieces. We can identify at least 50 words ranging from *ale* 'but' in his play *Martha oder Die Mischmonder Markt-Mägde-Mietung* (1848) to the pejorative denotation of Czechs as *Zopak*, derived from *copak* 'what?', in his play *Eisenbahnheiraten oder Wien, Neustadt, Brünn* (1844). Other expressions used by Nestroy and thus commonly known are *heidipritsch* 'totally gone' (< onomatopoetical *hajdy* and *pryč* 'gone'), *hubitschko* 'peck on the cheek' (< *hubička* 'little kiss'), *Kaluppe* 'dilapidated, ramshackle hut' (< *chalupa* 'hut'), also in the German diminutive form *Kalupperl*; *Leschak* 'lay-about' (< *ležák*), *nemam* 'have-not' (< *nemám*), *petschieren* 'seal' (< *zapečetit*), *powidalen* 'tell' (derived from the preterite form of *povídat*), *Rosimi (-sim-/-sum-)* 'wits' (< *rozum*) and so on (Newerkla 2009: 9).

The influence of Czech and Slovak was also very strong in the semantic field related to cooking (kitchen words, denotations of food and meals). Words such as *Bramburi* 'potatoes' < *brambory*; *Buchtel* (B-/W-) 'yeast pastry' < *buchta*; *Liwanze* 'pancakes' < *lívanec*; *Klobasse* (-e/-i) 'hard smoked sausage' < *klobása*; *Kolatsche* (K-/G-) 'small yeast cake with filling' < *koláč* 'cake'; *Oblate* (stressed on the first syllable as in Czech!) 'fine wafer' < *oplatka*; *Palatschinke* < *palačinka* (< Hungarian *palacsinta* < Romanian *plăcintă*) 'jam-filled pancake'; *Powidl* 'plum jam' < *povidla*; *Skubanki* (Sk-/St-) 'sweet noodles with poppy seeds' < *škubánky*; but also *Brimsen* 'sheep's milk cheese' < Slovak *bryndza* (< Romanian *brînză* apart from *brânză* 'cheese'); *Haluschka* 'chopped cabbage fried in butter and served over boiled noodles' < Slovak *haluška*; and others are commonly known in Vienna up to this day (Newerkla 2011b: 208–209).

The language contact with Czech also had immediate influence on word formation in the colloquial variety of German in Vienna. This can be seen, e.g., in the use of the Czech word formation suffix *-ák* in words not known in Czech such as *Böhmak* 'Czech male', *Feschak* 'dashing young man', *Tränak* 'camp follower' (< French *train* and *-ák*) and so on. But also the use of Czech stems with German suffixes is possible, such as *Tschunkerl* 'mucky pup' < *čuně* 'piglet' and the Bavarian diminutive suffix *-erl*, or mixed suffix forms, such as *Armutschkerl* 'poor wretch' with two combined diminutive suffixes (< Czech *-č(e)k-* and Bavarian *-erl*). German verbs could also be derived from Czech

---

Komárom (Komorn) and Schärf in the Moravian town of Mikulov (Nikolsburg) (Newerkla 2005: 159).

words, such as *verdobrischen* for 'squander, blow' < *dobrý* 'good' (Newerkla 2009: 9).

Some Czech family names became denotations of certain typical characters, e. g. *Březina*, *Novák* and *Trávníček* in expressions such as *Na servus Brežina!* in order to express unpleasant surprise; *Er ist immer der Nowak* conveys a sense of 'he is always the victim, he is always abused'. *Trawnitschek* is the embodiment of the typical petty bourgeois, known in Austria as the *alter ego* of the actor Helmut Qualtinger. If there is an unbelievable story, one talks about telling it to Mrs. *Blaschke* (cf. *Blažek*, *Blažková*), who was the prototype of a naive person. Originally, *Drahánek* was the name of a favourite popular musician and then became the expression used when accidently meeting a known person. The family name *Macháček* became as *Machatschek* the expression for 'doer, pompous ass' (Newerkla 2009: 9).

The most important TV programme for children by the Austrian broadcasting corporation (ORF) between the years 1975 up to 1993 was called *Am dam des* and began with the children rhyme *Am dam des, diese male press, diese male pumperness, am dam des*. This is nothing else than a bowdlerization of the Viennese Czech rhyme *Am dam des, ty jsi malý pes, ty jsi malý pumprnes, am dam des*, originally *Uno duo tres, ty jsi malý pes, ty jsi malá veveřice, ty si zůstaň kdes* 'One two three, you are a little dog, you are a small squirrel, stay where you are', adapted for the Austrian broadcasting corporation by the author Leo Parthé (Newerkla 2009: 9–10).

Contact between Czech and German led also to the characteristic use of prepositions in the Viennese colloquial variety of German. Take, for example, the equivalent prepositional phrases *auf Urlaub fahren* < *jet na dovolenou* 'go on holiday'; German *in Urlaub fahren*; *auf zwei Tage nach Prag fahren* < *jet na dva dny do Prahy* 'go two Prague for two days'; German *für zwei Tage nach Prag fahren*; *auf jmdn./etw. denken* < *myslet na někoho/něco* 'think of someone'; German *an jmdn./etw. denken*; *Vorbereitungen auf etw.* < *přípravy na něco* 'preparations for something'; German *Vorbereitungen für/zu etw.*; *in der Nacht auf Sonntag* < *v noci na neděli* 'in the night to Sunday'; German *in der Nacht zum Sonntag*; *sich auf jmdn./etw. erinnern* < *vzpomenout si na někoho/něco* 'remember someone'; German *sich an jmdn./etw. erinnern*; *auf jmdn./etw. vergessen* < *zapomenout na někoho/něco* 'forget someone'; German *jmdn./etw. vergessen* (Newerkla 2007a: 281; 2007b: 40).

Czech and the languages of other Slavic immigrants also fostered the use of hypocoristics and diminutives in Viennese German such as *Anči* for Anna or *Mamitschka* for mummy (< *mamička*) as well as the so-called double negation

of the type *er hat kein Geld nicht g'habt* in equivalence with Czech *neměl žádné peníze* 'he did not have any money', *sie hat niemandem nichts gesagt* as in Czech *nikomu nic neřekla* 'she did not tell anyone' and so on (Newerkla 2009: 10).

Further traits of the language change from Czech to German in Vienna are phrases typical of today's Viennese dialect of German. Among these are *Er/sie soll sich ausstopfen lassen!* < *Ať se jde vycpat!* in the sense of *Zum Kuckuck mit ihm/ihr!* 'Damn him/her!'; *Ohne Arbeit gibt's keine Kolatschen!* < *Bez práce nejsou koláče!* meaning *Ohne Fleiß kein Preis!* 'no pains, no gains'; *die Kinder spielen sich* < *děti si hrají*, German *die Kinder spielen* 'the children play'; *Sonst bist g'sund?* < *Jinak si zdravý?* in the sense of *Bist du (noch) bei Trost?* 'Have you gone mad?'; *die Patschen strecken* < *natáhnout papuče/bačkory* for German *versterben* 'pass away'; *sich etw. aus dem Finger zuzeln* < *něco si vycucat z prstu* meaning *etw. erahnen, erfinden* 'make something up'; *es steht (sich) (nicht) dafür* < *(ne)stojí to zato* meaning *es lohnt sich (nicht)* 'it is (not) worth the effort'; *seine sieben Zwetschken packen* < *sbalit si svých pět švestek* (in Czech there are just five plums), in the sense of *sein Hab und Gut packen und gehen* 'to pack everything one owns and move to another place'; *das geht sich (nicht) aus* < *to (ne)vyjde* for German *das klappt (nicht)* 'turn out well/badly, work out all right'; *Das ist nicht mein Gusto!* < *To není mé gusto!* in the sense of *Das ist nicht mein Geschmack!* 'This is not my liking!' and so on (Newerkla 2007a: 281; 2007b: 41).

These phrases have become integrated into Austrian German to an extent, and they are no longer perceived as foreign, but as acceptable uses of language typical of the Austrian variety of German. For example, the well-known Austrian poet H(ans) C(arl) Artmann, who died ten years ago, expressed in his early poems written in Viennese (*med ana schwoazzn dintn* 'with black ink', 1958) his dissatisfaction with the common denotations for passing away, if someone *af guad deitsch de potschn streckt* 'in good German departs this life'. Or the Austrian singer-songwriter Wolfgang Ambros makes use of the phrase *denn es steht si ned dafür* 'it does not pay, it is not worth the effort' in the lyrics of his song *Steh grod* 'stand erect' (2006).

Other typically Viennese phrases include *auf Lepschi gehen* 'enjoy one-self' equivalent to Czech *jít na lepší*; *außer Obligo sein* 'be free of any obligation' < *být z obliga*; *bridsch sein* in the sense of 'be gone, be lost' < *pryč*; *na servus!* meaning 'fancy that' and expressing unpleasant surprise in equivalence to *no nazdar!* resp. *no servus!*; *pomáli, pomáli!* 'not so fast!' < Moravian Czech or Slovak *pomaly* 'slow'; and many more (Newerkla 2007a: 281; 2007b: 41).

However, the 20th century also brought about a significant change in the importance of the several ethnically Slavic minority groups in Vienna, as we can see by the figures given in the chart on the languages of the residents of Austria. Whereas the influence of the Czech and Slovak deteriorated,[14] the importance of other groups increased, i.e., the Poles (after 1978) and especially Serbs, Croats and Bosnians, successively throughout the second half of the 20th century. These immigrant workers arrived in large numbers in the wake of the war in the Balkans (1991–2002) in parallel with the increase of Turks in Austria.[15]

The linguistic consequences of this development include the vanishing of several Czech and Slovak loan words from the colloquial vocabulary of Viennese speakers, such as *Babutschen* 'fabric slippers' < *papuče*; *fix Laudon* 'blasted!' in equivalence to *fix Laudon*; *geh' zum Tschert* 'go to hell!' < *jdi k čertu*; *Howno* 'shit' < *hovno*; *Klitsch* 'key', primarily in the sense 'skeleton key' < *klíč*; *Kudlička* 'simple penknife' < *kudlička*; *Mamlas* 'coward, idiot' < *mamlas*; *motz* 'much' < *moc*; *Naschi-Vaschi* 'a (forbidden) card play' < *naši – vaši* 'yours – ours'; *Nusch (N-/K-)* 'knife' < *nůž*; *Penise* 'money' < *peníze*; *Piwo* 'beer' < *pivo*; *platti/zaplatti* 'pay' < *platiti, zaplatiti*; *potschkai troschku* 'wait for a moment' < Moravian Czech and Slovak *počkaj trošku*; *(keinen) Rosomi haben* in the sense of 'have (no) wit' < *rozum* 'common sense'; *schezko jedno* 'no matter (who, what, when, where, why, how)' < *všecko jedno*; *Schwerak* 'comedian, rogue' < *čtverák*; *spatni* 'bad' < *špatný*; *Tamleschi* 'clumsy person' < *tam leží* '(s)he is lying there'; *Tanzowat* in denoting a dance club for Czech maids and soldiers < *tancovat* 'dance'; *Topanken* 'thick-soled ankle boots' < Slovak *topánky* 'shoes'; *Wetsch* 'button, small ball' < *veteš* 'junk, rubbish' in merging with *věc* 'thing'; *Wojak* 'soldier' < *voják*; and so on (Newerkla 2009: 11; 2011b: 208–209).

On the other hand, language contact with Serbian, Croatian and Bosnian has become the most important Slavic influence on the colloquial language of many Viennese speakers of German, especially young ones, in recent years. Apart from these Southern Slavic languages, there are only two other languages with equally significant influence on Viennese German, i.e., English and

---

[14] For example, the last official census in Austria came up with the following figures for the Czechs: There are 54.627 persons of Czech origin, 46.100 (about 84,4%) of them have Austrian citizenship, but just 17.742 (approximately 32,5%) put a cross next to Czech as their colloquial language (www.mzv.cz/jnp/cz/zahranicni_vztahy/kultura_a_krajane/krajane/komunity/rakousko.html, Ministerstvo zahraničních věcí České republiky, 13. 03. 2009, 13:56 h).

[15] For further information on the teaching of minor Slavic languages in Austria, see Newerkla (2008b).

Turkish. This fact is also reflected in the language policy of the city of Vienna. Although none of these Slavic ethnic groups has been granted official minority status in Austria, one can find instructions for buying tickets in Vienna trams and buses in their languages. Several publications for inhabitants of Vienna—not touristic brochures—are published not only in German, but also in Turkish, Serbian, Croatian and Bosnian, sometimes even combined (e. g. the magazine *Welt & Stadt* 'world & town'). Vienna's web site can be read in German, English, Bosanski (Bosnian), Hrvatski (Croatian), Srpski (Serb) and Türkçe (Turkish). Several newspapers are published in these Southern Slavic varieties (the most important of which is KOSMO,[16] with a circulation of 120.000), radio programmes are produced, etc.

Especially among the younger generation, we can witness frequent code-switching between German and Slavic languages. Of course, this fosters language contact phenomena and also influences the German variety spoken by non-Slavic inhabitants of Vienna. *Volim te über alles.* 'I love you more than anything.' *Nema problema.* 'No problem.' (Brodnig 2010). The colloquial variety of German in Austria can certainly cope with this situation, as it has not only successfully coped with, but has also profited from, the influence of Czech around the turn of 19th and 20th century.

In short, Vienna without its Slavs would be like "Wiener Schnitzel"[17] without its breadcrumb coating. And is it any wonder that also this "schnitzel" is probably just an immigrant to Vienna?

Bibliography

Ambros 2006: Ambros, W. Steh grod. In: idem. Steh grod. München (Ariola, Sony Music), song no. 1

Artmann 1958: Artmann, H. C. med ana schwoazzn dintn. gedichta r aus bradnsee. Salzburg

Bergermayer 2005: Bergermayer, A. Glossar der Etyma der eingedeutschten Namen slavischer Herkunft in Niederösterreich. Wien (Schriften der Balkan-Kommission 44)

Brodnig 2010: Brodnig, I. Geh'n wir Park? Nimmst du Augenbrauen? In: Falter 18/2010, 5. 5. 2010. *http://www.falter.at/web/print/detail.php?id=1144*, 11. 12. 2010

Brousek 1980: Brousek, K. M. Wien und seine Tschechen. Integration und Assimilation einer Minderheit im 20. Jahrhundert. Wien (Schriftenreihe des Österreichischen Ost- und Südosteuropa-Instituts 7)

---

[16] www.kosmo.at.

[17] The Wiener (Viennese) Schnitzel is a traditional Austrian dish made with boneless meat (originally veal) thinned with a mallet, coated in breadcrumbs and fried, and traditionally garnished with a lemon slice and either potato salad or potatoes with parsley and butter.

Duchkowitsch 1980: Duchkowitsch, W. Die erste tschechischsprachige Zeitung Wiens (1761). Gründung und Bedingungen. In: Österreichische Osthefte 22, 118–130

Duchkowitsch 2004: Duchkowitsch, W. „České vídenské poštovní noviny": Die erste tschechischsprachige Zeitung Wiens (1761). In: Medien und Zeit 19, 35–43

Fleck 2011: Fleck, D. Die Stellung der Slowaken in Österreich – der lange Weg bis zur Anerkennung als eigenständige Volksgruppe. Geschichtlicher Grundriss, Vereinstätigkeit, der Status der Slowaken innerhalb der österreichischen Volksgruppen sowie der Unterricht der slowakischen Sprache bis in die Gegenwart. Wien

Glettler 1985: Glettler, M. Böhmisches Wien. Wien

Hobsbawm 1990: Hobsbawm, E. J. Nations and Nationalism since 1780. Programme, Myth, Reality (The Wiles lectures given at the Queen's University of Belfast). Cambridge

Hymes 1974: Hymes, D. Foundations in Sociolinguistics. An Ethnographic Approach. London

Jakobson 1938: Jakobson, R. Sur la théorie des affinités phonologiques des langues. In: Actes du quatrième congrès international de linguistes tenu à Copenhague du 27 août au 1er septembre 1936. Copenhague, 48–59

John – Lichtblau 1993: Schmelztiegel Wien – einst und jetzt. Zur Geschichte und Gegenwart von Zuwanderung und Minderheiten. Aufsätze, Quellen, Kommentare. 2., verbesserte Auflage. Mit einer Einleitung von Erich Zöllner. Ed. by M. John – A. Lichtblau. Wien – Köln – Weimar

Newerkla 2005: Newerkla, S. M. Vídeň a její Češi. In: Bohemistyka V/3, 159–170

Newerkla 2006: Newerkla, S. M. Slavische und slavisierte Toponyme in Österreich am Manhart und unter der Enns. Ergänzende Bemerkungen zu einem neuen Glossar von Etyma eingedeutschter Namen slavischer Herkunft in Niederösterreich. In: Wiener Slavistisches Jahrbuch 52, 113–134

Newerkla 2007a: Newerkla, S. M. Areály jazykového kontaktu ve střední Evropě a německočeský mikroareál ve východním Rakousku. [Language contact areas in Central Europe and the German-Czech micro-area in Eastern Austria; Sprachkontaktareale in Mitteleuropa und das deutsch-tschechische Mikroareal in Ostösterreich]. In: Slovo a slovesnost 68, 271–286

Newerkla 2007b: Newerkla, S. M. Kontaktareale in Mitteleuropa. [Areały kontaktów językowych w Europie Środkowej]. In: Słowiańsko-niesłowiańskie kontakty językowe. Slawisch-nichtslawische Sprachkontakte. Materiały z międzynarodowej konferencji naukowej zorganizowanej przez Wydział Filologii Wszechnicy Mazurskiej i Instytut Filologii Germańskiej Uniwersytetu Gdańskiego w dniach 27–28 czerwca 2005 r. Słowiańskoniesłowiańskie kontakty językowe w perspektywie dia- i synchronicznej. Slawisch-nichtslawische Sprachkontakte in dia- und sychronischer Sicht. Ed. by A. Kątny. Olecko, 29–48

Newerkla 2008a: Newerkla, S. M. Slovenská menšina vo Viedni a slovakistika v Rakúsku. [A bécsi szlovák kisebbség és az ausztriai szlovakisztika. Die slowakische Minderheit in Wien und die Slowakistik in Österreich]. In: Slovenčina v menšinovom prostredí. Štúdie z II. medzinárodnej vedeckej konferencie Výskumného ústavu Slovákov v Maďarsku, Békešská Čaba 17.–18. októbra 2007. Ed. by A. J. Tóth – A. Uhrinová. Békešská Čaba/Békéscsaba, 120–126

Newerkla 2008b: Newerkla, S. M. Kleine (slawische) Sprachen in Österreich und die Lehrerausbildung. In: Ungarischunterricht in Österreich. Perspektiven und Vergleichspunkte. Teaching Hungarian in Austria. Perspectives and Points of Comparison. Ed. by J. Laakso. Wien – Berlin (Finno-Ugrian Studies in Austria 6), 65–84

Newerkla 2009: Newerkla, S. M. Bohemismen (und Slowakismen) in Wien (und Österreich). In: tribüne. zeitschrift für sprache und schreibung 3, 8–12

Newerkla 2011a: Newerkla, S. M. Sprachkontakte Deutsch – Tschechisch – Slowakisch. Wörterbuch der deutschen Lehnwörter im Tschechischen und Slowakischen. Historische Entwicklung, Beleglage, bisherige und neue Deutungen. Zweite, durchgehend überarbeitete und aktualisierte Auflage Frankfurt/Main (Schriften über Sprachen und Texte 7)

Newerkla 2011b: Newerkla, S. M. Stopy vzájomného ovplyvňovania a prelínania jazykov a kultúr na východe Rakúska s osobitným zreteľom na slovenčinu. [Traces of Mutual Influences and Overlaps of Languages and Cultures in the East of Austria, with Particular Regard to Slovak]. In: Jazyk a komunikácia v súvislostiach III. Zborník príspevkov z medzinárodnej vedeckej konferencie konanej 8. – 9. 9. 2010 na Katedre slovenského jazyka Filozofickej fakulty Univerzity Komenského v Bratislave. Ed. by O. Orgoňová. Bratislava, 203–214

Pohl 2006: Pohl, H. D. Zur bairisch-österreichischen Küchensprache. In: Onomasiology Online 7, 16–33

Pohl 2007: Pohl, H. D. Die österreichische Küchensprache. Ein Lexikon der typisch österreichischen kulinarischen Besonderheiten (mit sprachwissenschaftlichen Erläuterungen. Wien (Studia interdisciplinaria Ænipontana 11)

Rattensperger 2003: Rattensperger, P. Interkultureller Zugang zum Tschechischunterricht in der Erwachsenenbildung. Wien

Schamschula 1973: Schamschula, W. Die Anfänge der tschechischen Erneuerung und das deutsche Geistesleben (1740–1800). München

Schmeltzl 1548 [1849]: Schmeltzl, W. Ein Lobspruch der Hochlöblichen weitberümbten Khünigklichen Stat Wień in Osterreich, wölche wider den Tyrannen vnd Erbfeindt Christi nit die wenigist, sondern die höchst Hauptbefestigung der Christenhait ist, Rö. Khü. May. &c. vnserm aller genedigsten Herrn zů Ehren beschriben, durch Wolffgang Schmeltzl, Schulmaister zun Schotten, vnd Burger daselbst im 1548 Jar. Zů dem dritten mal vbersehen vnd gebessert, Wienn in Osterreich, durch Mattheum Kuppitsch, Bůchfürer

Skála 1992: Skála, E. Deutsch und Tschechisch im mitteleuropäischen Sprachbund. In: brücken. Germanistisches Jahrbuch. Neue Folge 1 (1991/1992), 173–179

Statistik Austria 2001: Statistik Austria, Volkszählung 2001 [Census 2001], (2007–06–01). *http://www.statistik.at/web_de/statistiken/bevoelkerung/volkszaehlungen_registerzaehlung en/bevoelkerung_nach_demographischen_merkmalen/022896.html* (last change: 2008–01–22)

Vintr – Pleskalová 2004: Vídeňský podíl na počátcích českého národního obrození. J. V. Zlobický (1743–1810) a současníci. Život, dílo korespondence. Wiener Anteil an den Anfängen der tschechischen nationalen Erneuerung. J. V. Zlobický (1743–1810) und ˙eitgenossen: Leben, Werk, Korrespondenz. Ed. by J. Vintr – J. Pleskalová. Praha

hausen 2001: Zahnhausen, R. Das Wiener Schnitzel. Struktur und Geschichte einer alllichen Speise. In: Wiener Geschichtsblätter 56/2, 132–146